JN299084

開発経済学と
現代中国

Katsuji Nakagane
中兼和津次 ………… 著

Development Economics and Contemporary China

名古屋大学出版会

開発経済学と現代中国

目　次

序　章　中国経済の捉え方：開発経済学的枠組みと視座 ……………… 1

　はじめに　1
　1. 経済発展または開発：基本的概念と分析枠組み　2
　2. 時期区分：改革開放以前と以後　8
　3. 実験場としての中国　10
　4. 本書における開発モデル　12
　5. 準拠枠としてのモデルと仮説　15
　6. 実証方法について　17
　補論 1　現代中国経済略史：開発戦略の変遷過程　19

第 1 章　初期条件と歴史的文化的特性 ……………………………… 27

　はじめに　27
　1. ガーシェンクロンの「後進性の優位」仮説　28
　2. 制度の形成と進化：
　　　ノースの「経路依存性」論と速水の「誘発的制度革新」論　30
　3. 2 つの歴史的遺産：1949 年と 1978 年　33
　4. 歴史的視野から見た現代中国の経済発展：市場経済の発展　36
　5. 文化論：ウェーバーの「儒教論」はなぜ間違っていたのか　39

第 2 章　成長モデルと構造変化 ……………………………………… 44

　はじめに　44
　1. ハロッド＝ドーマー・モデル　45
　2. 貯蓄率と成長：ロストウの段階論，中国の高貯蓄　50
　3. 重工業化モデル：
　　　マハラノビス・モデルとフェリトマン＝ドーマー・モデル　54
　4. 成長会計モデルとチェネリーの標準パターン論：中国への適用　60
　5. ペティ＝クラークの法則，ホフマン法則と中国　63
　6. 不均整成長論，ビッグプッシュ・モデルと計画経済　69
　7. 内生的成長論と経済発展　71
　補論 2　グレンジャーの因果分析　73
　補論 3　重工業と軽工業　75

第3章　ルイス・モデルと中国の転換点 ……………………… 76

はじめに　76
1. 転換点論争　77
2. ルイス・モデルとレニス＝フェイ・モデル　79
3. 過剰労働論再考：ヌルクセ型偽装失業とルイス型過剰労働　81
4. 日本，台湾，韓国における経験と中国　84
5. 都市農村分断と転換点　89
6. 郷鎮企業モデル　92
7. ハリス＝トダロ・モデルと中国における労働移動：盲流から民工潮へ　95
8. 開発と都市化　99

第4章　外向型発展モデルと中国 ……………………… 103

はじめに　103
1. 2つの開発戦略：輸入代替と輸出主導　104
2. 貿易と交易条件：プレビッシュ＝シンガー命題を中心に　108
3. 中国の貿易政策：貿易の自由化とWTO加盟　113
4. 中国の新たな貿易レジーム：特区と加工貿易　116
5. 外国直接投資の役割と決定要因　118
6. 成長，貿易，FDIのダイナミックス　124
7. 外資に対する評価　126

第5章　雁行形態論・キャッチアップ型工業化論とその限界 …… 129

はじめに　129
1. 雁行形態の3類型　130
2. アジアの経験：第1次輸入代替から第2次輸出代替へ　133
3. 雁行形態論と産業・技術の国際的伝播　134
4. 特化係数やRCA指数から見た雁行形態モデルと中国　136
5. 輸出財の技術集約度　138
6. 中国に「雁行形態モデル」は妥当するか　142
7. キャッチアップ型工業化論の限界　149

第 6 章　人口転換と人口ボーナス　………………………153

　はじめに　153
　1. 人口と経済発展：マルサスの罠と低水準均衡の罠　154
　2. 人口転換とは　155
　3. 中国の人口構造の推移と特色　157
　4. 人口ボーナスとは　160
　5. 中国における人口ボーナス論　164
　6. 高齢化が中国にもたらすもの　165
　7. 人口規模と経済発展：中国の経験　167

第 7 章　分配と貧困　………………………172

　はじめに　172
　1. クズネッツ仮説とその妥当性　173
　2. 中国における格差の構造と推移　177
　3. 格差の決定因　180
　4. ウィリアムソン仮説と地域格差拡大・縮小のメカニズム　184
　5. 中国における貧困水準の動きと貧困の構造　188
　6. 格差と貧困をめぐるいくつかの問題　193
　　補論 4　ワハカ＝ブラインダー（OB）分解　198

第 8 章　人的資本と教育　………………………200

　はじめに　200
　1. シュルツとベッカーの人的資本論　201
　2. 教育のミンサー型収益率　202
　3. 中国における人的資本の蓄積　205
　4. 中国における教育の収益率とその効果　207
　5. 教育の収益率のダイナミックス　211

第 9 章　環境クズネッツ曲線と中国の環境問題　………………………213

　はじめに　213
　1. 環境と経済発展　214

2. 環境クズネッツ曲線　217
　　3. 中国の経済発展と環境クズネッツ曲線　218
　　4. 中国における環境政策の変遷　221
　　5. 国際環境問題と中国の主張　225

第10章　開発独裁モデル：中国における政府と市場の関係 …… 229
　　はじめに　229
　　1. 開発独裁とは，開発主義とは　230
　　2. 開発における国家・政府と市場　233
　　3. 東アジアにおける経験：アムスデンと村上泰亮　235
　　4. 中国の特殊性：共産党と国民党の比較　238
　　5. 政治体制と成長：民主主義，独裁と成長　241
　　6.「開発」の意味論：センの「自由としての開発」論と中国　245

終　章　中国の開発経験をどう見るか …… 248
　　はじめに　248
　　1. 中国の開発経験：その開発経済学への貢献と示唆　249
　　2. 市場創生のダイナミズムと技術吸収　253
　　3.「中国モデル」再考　255
　　4.「調和の取れた社会」，「科学的発展観」と開発論　259
　　5.「中所得（国）の罠」を超えて　261

参考文献　265
あとがき　281
図表一覧　287
人名索引　289
事項索引　292

序章

中国経済の捉え方
開発経済学的枠組みと視座

はじめに

　中国（中華人民共和国）は 2010 年に日本を抜いて世界第 2 位の経済大国に躍り出て，その影響力は高まる一方である。いまや，中国を抜きにして世界経済を語れないし，中国との貿易を抜きにして日本経済の成長も見込めないほどである。外貨保有高で日本をはるかに引き離して世界第 1 位となり，経済のみならず，国際政治の面でも，また軍事の面でも，いわば一種の「準覇権国」になってきた中国。経済力の強大化は政治的威信の高まりと軍事的拡張をも可能にし，これまでの脅威論とは比較にならないほどの「中国脅威論」が世界各国で現れた。こうした中国の経済とその発展過程，またその行く末をどう捉えればいいのか？

　経済発展の実績を背景に，中国国内ではいささか得意げな「中国モデル（中国模式）」論が登場することになった。つまり，中国独自のモデルによって経済は発展したというのである。それではこの中国モデルなるものはいったい何なのだろうか，またそれは開発経済学的にどのような意味を持つものだろうか？　それは「中国的特色のある開発モデル」といえるだろうか？

　中国経済は 1949 年以降激動の時代を，時には膨大な犠牲者を出しながら，時には国際的な荒波に晒されながら歩んできた。人々は時代に翻弄され，あるいは変化の波を捕えたくましく，生きてきた。そうした時代の動きや変化を経済開発論の枠組みと視点でどのように整理できるのだろうか，中国の経済発展

の道は果たしてどのような特色があり，開発経済学的に見てどう評価されるべきなのか，これが本書における主たる課題である。もとより中国という巨大で，しかも変化の激しい対象を捉えきることはできないかも知れない。まさに「群盲象をなでる」がごとき作業をするのがせいぜいかも知れない。しかし，多面的な存在を多角的，かつ多元的に描くこともまた必要ではないかと信じる。

　ここではまずはじめに，中国の経済発展とその変化を捉えるために使われる基本的概念，分析枠組みを用意しよう（第1節）。次に，ごく簡単にではあるが，1949年以降今日までの中国の動きを，毛沢東時代と改革開放以後の2つの時期に区分することと，その理由について述べておこう（第2節）。なお，現代中国の歴史に明るくない読者のために，1949年の新中国建国以後の足取りと主な歴史的出来事については，本書と関係する経済的出来事を中心に，補論1の中でちょうどヴィデオの早送りのように駆け足で整理している（表0-2参照）。次いでなぜ中国を取り上げるのか，またなぜ中国経済に開発論的に接近するのか，その意味を考え（第3節），以下の各章でどのような開発「モデル」ないしは仮説が取り上げられるのか，はじめに概観しておくことにする（第4節）。そのモデルや仮説を中国経済を見るさいの1つの準拠枠としてなぜ取り上げるのか，その目的や意味を考えたのち（第5節），最後に，こうしたモデルや仮説の実証方法について，われわれなりの見方をまとめておくことにする（第6節）。

1．経済発展または開発：基本的概念と分析枠組み[1]

　まず，経済発展あるいは経済開発（economic development）とは何だろうか？はじめに何冊かの標準的な経済開発論のテキストから経済発展や経済開発の定義を抜き出してみよう。

　たとえばトダロは発展を次のように捉えている。「発展とは，社会構造，

[1) この節は，基本的に中兼（2002）第1章第1節および第6節に負っている。

人々の態度，国民的諸制度の大きな変化と，経済成長の加速化，不平等の低減，貧困の撲滅を含む多元的（multidimensional）過程である」（Todaro 1994, p. 16）。またマイヤーはこう定義している。「経済発展とは，『絶対的貧困線』以下の人数が増加せず，所得分配がより不平等にならないという**条件**のもとで，1国の**実質1人当たり所得**が**長期にわたり**増加する過程である」（Meier 1995, p. 7. ゴチックは原文ではイタリック）。他方，サールウォールは，以下で述べるセンなどの考え方を踏襲し，「基本的ニーズに改善が見られ，経済的進歩が1国あるいはその中の諸個人にとって自尊心の感覚をいっそう強めるのに貢献し，また物的向上が人々の権原（entitlements）と潜在能力（capabilities）を拡大させたときに発展があったという」と述べている（Thirlwall 1999, p. 13）。

さらにジリスたちは，「経済発展とは，1人当たり所得が増大するだけではなく，経済構造の根本的変化（fundamental changes）を指している。……経済発展における鍵は，これらの構造変化を引き起こした過程において，その国の人々が主な参加者でなければならないことである」という（Gillis et al. 1996, p. 8）。ここでいう構造変化には産業構造の変化，都市化，人口構造や消費構造などの変化も含まれている。あるいは速水佑次郎は，「発展（development）とは，……経済変数の数量的な拡大と関連して生ずる社会の組織，制度，文化など非数量的な変化をも含む過程」と見ている（速水 1995, 4ページ）。ここでいう数量的な拡大とは，具体的には1人当たり所得の増大を指している。

以上の各種定義を参考に，本書では以下「経済発展とはさまざまな構造変化を伴い，その国の国民が利益を享受する長期成長過程」と定義することにしよう。それゆえ，経済成長が一元的な過程であるのに対して，経済発展はきわめて多元的な過程だといえる。発展も開発も英語でいえば development であるが，日本語のニュアンスとして，「開発」とは意図的な発展政策，ないしは発展の政策的過程という意味を持っているので，ここでは「政策的な発展過程」を開発と呼ぶことにしよう。途上国にとっては自然に発展していく過程に従うことも大事だが，早く発展したいとすれば政策的に発展を後押しすることが必要となる。それゆえ，政策としては「発展政策」ではなく「開発政策」のみが存在する。まして中国のような「社会主義」を標榜する途上国の場合，政府の

経済に対する干渉と関与がより強いから，発展よりも開発こそが求められることになる。

　ここで2種類の経済開発・発展を区別しておこう。近来における経済開発論の流れは，従来の資本，労働，技術といった生産要素の成長や配分を重視する議論から，効率的な体制や制度の構築といった面に重点が移ってきた。また，制度も経済制度ばかりではなく，政治や社会制度も含むもっと広い視野から見た制度へと，考察対象の範囲は移ってきた。言い換えれば，単に経済的な生産要素を増大させるだけでは経済発展できないし，またそうした生産要素を増大させるためにも制度の創造や変革，とくに政府と市場を効率よく動かすための政治的，社会的，あるいは法的制度の発達こそが大事だという認識が深まってきた。そうした開発思想の変遷に伴い，あるいはそうした動きを後押しするように，開発・発展という概念自体も次第に変化してきた。ここでは経済的な要素・要因の変化による開発・発展のことを「狭義の開発・発展」と呼び，もっと広い，社会構造全体の変化を伴う開発・発展のことを「広義の開発・発展」と名付けておくことにする。あるいは，前者を「経済開発・発展」と呼び，後者を「社会開発・発展」と言い換えられるかも知れない。上記の経済発展の定義からも分かるとおり，トダロやサールウォールは広義の開発や発展に着目している。このような広義の開発・発展観を創造し，育て上げるうえで最も大きく貢献したのがセンであるが，第10章で少し詳しく彼の「開発哲学」を見ることにする。

　経済発展が複雑な，また一般には大規模な構造的変動であるなら，この変動を生み出す要因は多種多様だが，狭義の発展にかんする限り，煎じ詰めれば次の4つの要素にまとめられる[2]。1つは経済実績であり，そこには成長率や1人当たり所得，貿易額や投資規模など，主としてマクロ的な経済指標が含まれる。2つ目は政策であり，財政，金融，貿易，産業，立地など，主としてマクロ経済政策に絡む経済政策と，制度の創成・発展に関わる経済政策からなる。3つ目は制度であり，ここにも所有制度，分配制度，意思決定制度をはじめ，

---

　2) 広義の開発・発展は，そこに政治や文化などの非経済的要素が被説明変数として入ってくるのではるかに複雑になる。

経済体制を構成している各種の制度が含まれる。4つ目の条件とは環境要因（environmental factors）といわれているものであり，開発や移行の出発点において政策当局者をはじめ，何びとも簡単には動かすことのできない条件を指している。具体的には歴史や文化，それに国際環境などがそれに相当する。これら4つの要素は相互に関連しており，次のような関係にあると想定できる。

　　　経済実績＝f（経済実績，政策，制度，環境条件）　　　　①

説明変数の中に経済実績が加わっているのは，それが複数の実績を含むからである。たとえば，成長という実績は，産業構造の変化という実績によっても強く支配される。

　いま環境条件を初期条件（initial conditions），つまりある国の発展開始時における状態に置き換えてみよう。もし初期条件を経済実績および制度に限定すると，上の式は次のように読み替えることができる。

　　　今期の経済実績＝f（今期の政策，現在の制度，初期の経済実績と初期の制度）
　　　　　　　　　　　　　　　　　　　　　　　　　　　　　　　　　　　②

（狭義の）経済発展とは主としてこうした経済実績の変化で表せ，他方，体制はさまざまな制度（institutions）の有機的組み合わせを指すから，体制移行とは主に制度の大規模で包括的な転換と見ることができる。

　制度と実績が密接に絡んでいるから，①式を次のように表すこともできる。

　　　制度＝f（経済実績，政策，制度，環境条件）　　　　　　①′

当然，それに応じて②式も変わってくる。ここでも，説明変数に制度が入っているのは，経済実績の場合と同じく，制度が複数含まれるからである。たとえば，所有制は市場や計画といった資源配分メカニズムという制度に影響するし，また逆にそれによっても影響される。

　以上の式は，4つの変数（実績，政策，制度，それに環境条件）の論理的な相互関係を言葉で表したものであるが，実際にはこれら全ての変数が計量化されると，クロスセクション（横断面），タイムシリーズ（時系列），それにパネル

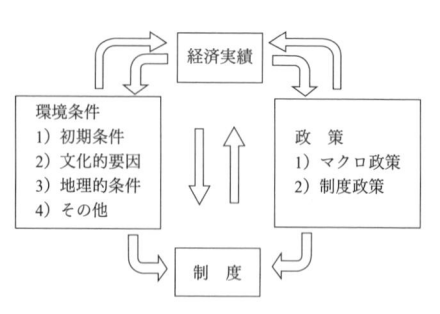

```
          ┌─────────┐
      ┌──▶│ 経済実績 │◀──┐
      │   └─────────┘   │
┌──────────┐   ▲   ┌──────────┐
│ 環境条件 │   │   │  政 策   │
│1) 初期条件│   │   │1) マクロ政策│
│2) 文化的要因│ │   │2) 制度政策 │
│3) 地理的条件│ ▼   │          │
│4) その他 │       │          │
└──────────┘       └──────────┘
      │   ┌─────────┐   │
      └──▶│ 制 度   │◀──┘
          └─────────┘
```

図 0-1　経済実績，制度，政策，環境条件
出所）中兼（2002）より。

データに当てはめ，定量的に関係を導き出すことができる。たとえば，ある実績の変数と他の実績の変数との関係を因果関係として見たとき，以上の式は因果性の検定に用いられる。実績同士だけではない。制度と制度との間にもある種の因果関係があると考えられるなら，①′のような式を用いて因果性の研究が進められることになる。

　以上の関係は図 0-1 に示されている。これら 4 つの変数には変化の早さ遅さに違いがある。一部の経済実績は別だが，一般には制度の方が実績より変化は緩やかだろうから，①′式よりも①式の方がより現実的だといえるかも知れない。また環境条件に含まれる文化は変化がきわめて遅く，たとえば民族性や宗教なるものは容易に変わるものではない。これについては次章で論じることにしよう。

　以上のことを別の側面から捉え直してみよう。中国は，長い歴史を持った，巨大で，急速な経済発展を遂げつつある，しかも社会主義から資本主義への体制移行を進めている国である。こうした対象を理解するには，どのようなアプローチが必要なのだろうか？　かつて河地重蔵は現代中国を捉えるには経済開発論（原文は低開発発展論），社会主義論（原文ではマルクス・レーニン主義論），それに歴史という 3 つのアプローチが必要で，これら 3 つの領域が交差するところに正しい中国像が描けると考えた（河地 1972）。その発想を借用し，われわれは現代中国経済を理解するには経済開発論，体制移行論，それに歴史の 3 つのアプローチが必要だと考える[3]。上述した初期条件は，ここでいう歴史に

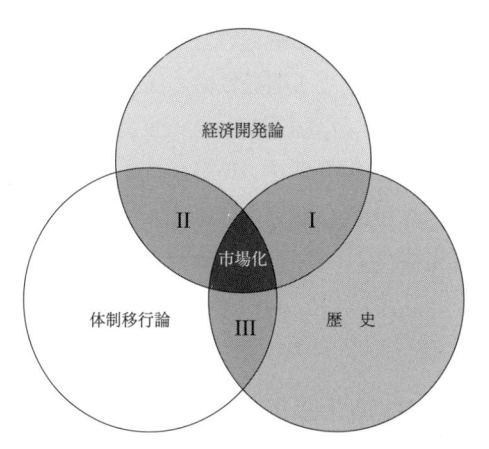

図 0-2 現代中国経済を捉える3つのアプローチ
出所）中兼（2010d）より。一部修正。

対応している。以下で述べる近代化は，歴史的に見て伝統社会から近代社会へ中国が移行することを指しているから，歴史的アプローチが求められる分野である。また，体制移行が進み，社会主義的な制度，たとえば計画制度や公有制度が資本主義的なそれ，具体的には市場制度や私有制度に次々と置き換えられていくに従い，体制移行論の果たす役割は小さくなるはずである。他方，中国にとって経済開発の目的は変わることなく，しかもいずれは1人当たりで計算して先進国の水準に追いつくという長期の開発戦略を描いているから，経済開発論したがって開発経済学の役割は決して小さくならない（図 0-2 参照）。この図では，これら3つの領域が交差する領域Ⅰ，Ⅱ，Ⅲが記されているが，それぞれの交差領域を追究することはきわめて大事である。また全ての領域が交差する中心に「市場化」を考えたが，それは，これこそが3つの領域に共通するキーワードだからである（そのほかにも「制度化」などが挙げられよう）。

最後に，開発戦略（development strategy）について述べておこう。経済開発のためには，初期条件を所与として，ある種の政策が必要とされる。ところで，政策とは必ずある目的をもっているから，そうした開発目的とそのための手

---

3) これにかんしては，中兼（2010d）参照。なお毛里和子も似たような捉え方をしている（毛里 1993）。

段・政策の体系を総称して開発戦略と呼ぶことにしよう（中兼1999, 39 ページ）。中国はこれまで3つの異なる開発戦略を採用してきた。すなわち，時間的順序からいってスターリン型開発戦略，毛沢東型開発戦略，それに鄧小平型開発戦略である[4]。異なった開発戦略が採用されるのは，目的が大きく変化したか，そして／あるいは手段（政策）がそれに合わせて変わった場合である。開発戦略の大きな変更は，以下でも述べるように，その背景にある政策哲学の変化を伴っていた。

2. 時期区分：改革開放以前と以後

　経済の体制とその質，それに開発戦略を基準に分ければ，中国の現代経済発展史は大きく改革開放以前と以後とに分けられる。1978 年に始まる改革開放は新中国建国後，政治的にも経済的にも，あるいは社会的にも文化的にも大きな分水嶺だった。毛沢東は 1976 年にこの世を去るが，ここでは改革開放前の1978 年までを「毛沢東時代」と呼ぶことにする。一般にはこの時代を「計画経済」期と称することが多いのだが，毛沢東時代に真の意味での「計画」があったかどうか，きわめて疑問であり，敢えていえば計画経済という名に値しない時代だった。それは1つには中国が低開発国だったために計画化の制度的用意が不十分だったからであるが，もう1つには，計画化という制度を毛沢東が意識的に壊したからでもある[5]。革命後中国は社会主義建設を始めるに当たって，当時としては唯一可能な実行モデルとして，つまり実際経験のあったソ連における政治経済システムを模倣し，導入したが，後でも指摘するように（第 10 章参照），政治体制はまるっきりソ連のそれを模倣し，それを強化して

---

　4) 詳しくは中兼（1999）第2章参照。鄧小平型を2つに分け，江沢民時代までの鄧小平型と区別して，胡錦涛時代（2004 年以降）の開発戦略は「ポスト鄧小平型」と呼べるかも知れない。ポスト鄧小平型の開発戦略の方が，分配や社会的安定という開発目的にいっそう重点を置いている。しかし，それが実現できているかどうかは別問題である。終章参照。
　5) ソ連の経験が示しているように，計画化には統計機構を含めて膨大な官僚組織が必要になるが，毛沢東は官僚化はもとより，制度化そのものを嫌っていた。

自らの体制を作り上げていったものの，経済体制は中央集権的計画体制を真似しようとしても真似できなかったし，また1950年代半ば頃から真似することを止めたのである[6]。上で述べたスターリン型開発戦略も短い時期に，しかも不完全な形でしか導入，実施できなかった。

他方，毛沢東以後の時代を改革開放期と呼び，現代中国を大きく毛沢東時代の約30年と改革開放期の約30年とに分けることは自然である。しかし細かく見れば，毛沢東時代も改革開放期もいくつかの準時期（sub-periods）に区分できる。たとえば，1956年頃から毛沢東は「独自の」社会主義を模索し始めるが，それ以前と以後とでは区別される。また改革開放期も，1992年の鄧小平の「南巡講話」以後急速に市場化が拡大していくが，それ以前と以後とでは経済体制は大きく性格を異にしている（補論1参照）。

重要なことは，毛沢東時代と改革開放期とでは経済開発戦略と，それを支える経済制度，さらにはその根底にある政策哲学ないしは原理が大きく異なっていることである。毛沢東時代とは，毛沢東型開発戦略が採用された時代だったし，改革開放期とは鄧小平型開発戦略が採用された時代だったといえる。この2つの時代は，単純化していえば政治の毛沢東時代，経済の改革開放期，さらには社会主義の毛沢東時代，資本主義の改革開放期に分けられるが，それぞれの時代にそれぞれの戦略と政策哲学をもって国家は経済を運営してきた。いまこうした違いを一覧表でまとめておこう（表0-1参照）。

毛沢東は平等主義的な，かつ非制度的な，また自力更生を主眼とする，そして時には政治優先の政策を志向した。こうした政策目的と理念には，スターリン型の官僚主義的計画経済は合わなかった。1956年2月のソ連邦共産党第20回党大会でスターリン批判が行われ，「個人崇拝」が否定されると，それをきっかけに毛沢東とソ連との間で亀裂が生まれ，その亀裂が徐々に拡大していって，ついには激しい中ソ対立にまで至るのであるが，経済開発戦略もその間ますます中国，というよりは毛沢東独自の路線に沿うものになっていった。こうした毛沢東型の開発戦略が途上国中国の貧しさを解決できなかったため

---

6) われわれは，毛沢東時代の経済体制を「緩い集権制」と呼ぶ。それは，制度化されない集権制を意味している。中兼（1999）参照。

表 0-1 中国における開発戦略の変遷

	スターリン型	毛沢東型	鄧小平型
時期	1952-56	1956-78	1978-
開発目的	富国強兵	国家防衛	経済発展
	社会主義工業化	共産主義化	
政策手段			
マクロ政策	重工業化	自力更生	対外開放
		三線建設	
制度政策			
意思決定制度	中央集権	地方分権	企業分権
企業制度	「一長制」	党委員会指導	株式会社制度
所有制度	国有化	公有化	多重所有制
農業制度	農業集団化	人民公社化	個人農化
市場制度	価格統制	市場閉鎖	市場化
計画制度	集権的計画	非制度的計画化	計画制度の廃止
分配制度	格差容認	平等分配	不平等容認（先富論）
開発哲学	統制と支配	政治優先	経済優先
		大衆動員	
国際関係	ソ連一辺倒	中ソ対立	WTO加盟とグローバル化
		国際孤立	

注）その時期に強調されたか，その時期を典型的に象徴する政策だけを取り上げている。
出所）筆者作成。

に，鄧小平は大胆な路線転換をはかり，政治優先から経済優先へ，平等から成長へ，自力更生から対外開放へ，そして行政的統制経済から市場経済へと，思い切って舵を切ったのである。それがいかにすさまじい経済発展をもたらしたかは，以下の各章で詳細に論じられる。

3. 実験場としての中国

さて，本書は開発論的視野から現代中国の経済発展過程とその特徴を観察し，整理，分析していくのだが，なぜ中国経済を取り上げるのか，その意味と意義についてはじめに述べておくことにする。

先に現代中国を捉える3つのアプローチについて述べたが，われわれは中国はいま3つの転換過程にあると見ている（中兼2000）。すなわち，1つには貧しさから豊かさへという，いわゆる経済発展という転換過程である。1つは社

会主義から資本主義，それも原始的な資本主義からより完成された資本主義へという体制移行といわれる転換過程である。そしてもう1つは近代化という転換過程で，資本主義先進国が達成してきた近代化過程を中国はかなり後方から追いかけてきている，といえる。現代中国は，こうした多面的かつ大規模な転換過程にあると考えられる。いうまでもなく，こうした3つの転換は相互に絡み合っている。経済発展をすれば財・サービスは増大し，多様になり，それは市場化という体制移行を推進する。市場化は逆に経済発展の動力になる。また，経済発展過程は市場化体制をいっそう資本主義的にするだろうし，それを促進するためには制度化，法治化という社会の近代化も必要になり，近代化が進めばルール化，制度化が進むから経済発展も体制移行もいっそう前進することになる。これら3つの転換過程を最も大規模に，かつ急激に実施している国，それが中国である。

中国の経済発展の特色はそれにとどまらない。まず，人口13億以上という世界最大の人口大国による近代における経済発展は例を見ない。人口第2位の大国インドがいま中国を追って成長しており，のちに本書の各所で取り上げるが，既存の開発論では解釈できない重要な争点（issues）を中国（およびインド）は投げかけている。たとえば，従来，人口が多く人口増加率も高いことは経済発展の障害と見なされてきたが（マルサスの罠），なぜこうした国で今日高い経済成長を達成，維持できているのだろうか？　これまでの開発論では地域格差がほとんど無視されてきたが，人口が多く，国土が広く，歴史の長い国ならば当然地域差も大きいはずである。それでは中国では地域格差はどの程度，またいかなるメカニズムの下で拡大してきているのだろうか？

次に，中国は共産党独裁体制の下での急速な開発・発展と体制移行，それに近代化を進めようとしているが，この点は同じ人口大国のインドとも異なっている。中国の広義の開発・発展がどこまで進むのか，とりわけ経済の市場化と政治の独裁体制とはどこまで両立可能（compatible）なのか，よく取り上げられるテーマであるが，中国経済発展の行く末を考えるとき，避けて通れない争点である。しかし，経済開発・発展にのみ関心を持ってきた既存の経済開発論の枠組みでは，こうした政治問題を扱うことは適さない。

現代中国という複雑で巨大な存在に近づけば近づくほど，突きつけられる課題が大きく，かつ多様であるために，既存の手法で分析するのは無力なのかも知れない。しかし，そうであればあるほど，中国に接近し，それに挑戦することの意味は大きい。かつて毛沢東時代には中国が「社会主義の理想」を実現する場だと錯覚されたことがあった。まさに「夢中」（中国に夢を抱く）になった人々が相当数いたのである。しかし，そうした夢から覚めた今日，中国を単なる商売相手として見るか，あるいは政治，経済，軍事の全ての面で脅威と捉えるかの，どちらかに走る傾向が見られる。しかし，もう1つ別の見方があるのではないか。つまり，現代中国を社会科学の実験場として見る見方である。もし中国が，上述した3つの転換過程にあるとすれば，その全てにおいて中国は独特な転換を見せているように見える。実験ができない社会科学において，たとえば，われわれの持っている知識でどの程度解釈が可能なのか，われわれの目を確かめる実験場を中国は提供してくれているような気がする。そのためには，中国に「熱中」することなく，といって「忌中」することもない，少し離れた地点から，時には対象を「突き放して」見る必要があるだろう。

4. 本書における開発モデル

それでは，開発経済学的視点から見た場合，中国が改革開放以後30年にわたって採用し，実践してきた開発戦略はどのように評価されるのだろうか？ この点を明らかにすることも，本書の狙いの1つである。経済開発モデルとして現代中国の経験あるいは戦略はどれほどユニークだったのだろうか，逆にどれほど一般的なもので，普遍的なものだったのだろうか，またそれは毛沢東時代に追求されたモデルとどのような関連があるのだろうか？ こうしたことを明らかにするには，ある種の準拠枠（frame of reference）や枠組み（framework），それに尺度（standard）がなければならない。

見方を変えれば，次のようにいうことができよう。既存の開発論を中国に応用し，どこまでこれまでのモデルや枠組みで現実を説明することができるか，もしうまく説明できない部分があるとすれば，それを中国の「特殊性」の反映

として捉える。もちろん，現実は複雑であり，現実とモデルとの差を全て各国の特殊性と見てしまうことには異論があるかも知れないが[7]，これは1つの便宜的手段として許されるのではなかろうか。中兼（2002）は国際比較という方法で，多方面から中国の開発経験の一般性と特殊性を見ようとしたが，本書では，よく知られた経済開発論を準拠枠にして，中国の発展過程の特徴を測ろうとする。考えてみれば，「開発モデル」とは現実の経済発展過程を抽象化したものにほかならず，たとえ理論的に定式化されたものであっても，その背後には多くの国の開発経験が凝縮されているはずである。ここでは前節で述べたように中国を経済開発論の実験場と見立て，さまざまな面から中国の現実を見ていくことにする。逆にそうした方法を採ることによって，既存の開発論の限界を知る1つの手がかりが得られるかも知れない。またそうすることで，中国の開発経験が「開発経済学」に与える「貢献」を見出すことができるかも知れない。本書では，そうした準拠枠としてまずは既存の開発モデルを用いる。

　以下の各章では，これまでの開発経済学で取り上げられたモデルや仮説，あるいは法則が多数登場する。まずガーシェンクロンの「後進性の優位」仮説が取り上げられるし（第1章），ハロッド＝ドーマー・モデルやフェリトマン＝ドーマー・モデルなどの成長モデル，「貧困の悪循環（罠）」説，また産業構造の変化をめぐるペティ＝クラークの法則やホフマン法則なども出てくる（第2章）。さらにルイスやレニス＝フェイの二重構造モデルとその転換点モデル，あるいは労働移動にかんするハリス＝トダロ・モデル（第3章），貿易にかんしては国際貿易論で登場する比較優位仮説，プレビッシュ＝シンガーの交易条件悪化説，また外国直接投資を説明するモデル（第4章），さらにはこうした貿易・投資モデルと密接に絡んでいる雁行形態論（第5章）も準拠枠として用いられる。第6章では人口増大に関わるマルサスやライベンスタインの仮説，それに人口転換モデルや人口ボーナス論が，第7章では所得分配にかんするクズネッツの逆U字仮説が，第8章ではベッカーらの人的資本論や教育の収益

7）というのは，モデルが，とくに理論モデルの場合，さまざまな仮定や前提を基にして作られたものであり，ある種のバイアスがかかっているからである。標準パターンとしてのモデルは現実とモデルとの距離が短く，そうした不安は若干解消される。

率仮説が，第9章では環境経済論やそれに関連した環境クズネッツ曲線などが取り上げられ，第10章では開発の政治経済学モデルとして開発独裁論や東アジアモデルが，中国の経済発展との比較のために使用される。

もとより，こうしたモデルや仮説，あるいは理論は，重要とはいえ開発論の中の一部を占めているに過ぎず，そのほかに注目すべき多くのモデルや理論が紙幅の関係上取り上げられていない。たとえば，開発金融における重要なテーマの1つである「金融抑圧（financial repression）」論であるとか，近年急速に注目を集めてきている産業集積（agglomeration）論やフラグメンテーション（fragmentation）論といった理論がそうである[8]。

一方，本書の終章で取り上げるのが「中国モデル」である。これは上記のモデルや仮説とは大きく異なり，開発経済学に登場してきたわけでもなければ，開発問題を論じるさいにしばしば言及される枠組みでもない。しかし，中国における開発経験のいわば総体として，「中国モデル（中国模式）」，あるいは「中国方式（中国道路）」という言葉が中国国内のマスコミや学界において流行りだした。これは，開発論的に見ればどのように捉えることができるのか，最後に考えてみることにしたい。

中国モデルは別にして，こうしたモデルや仮説は，そのほとんどが（環境経済論を除き）1950年代から60年代にかけて開発経済学や経済発展論の中で提起されたか，議論されたものであり，多くがいわゆるマクロ的開発論の分野で出てくるものである。逆にいえば，比較的最近登場してきたミクロ的開発論に関わるモデルや仮説は本書では扱わない[9]。それは，中国の開発経験を評価する場合，対象をあくまでもマクロ的事象に絞りたいからであり，たとえば農民や家計がどのように行動するか，彼らが市場の不完全性や不確実性（リスク）に対していかなる態度を取るのか，というミクロ経済学的テーマは対象にしないからである。

---

8) 産業集積については本書の一部の箇所で触れているが（たとえば第5章や第10章），その理論を基に中国の現実を分析しているわけではない。

9) 開発のミクロ経済学にかんしては，黒崎（2001）のような優れたテキストがあるのでそれに任せたい。

とはいえ、マクロモデルの一般性や異質性を論じるとき、どこかでミクロの問題が出てくる。以下で中国における労働移動が考察の対象となるが（第3章）、そこでは、中国独自の制度的枠組みである「戸籍制度」がミクロの労働移動と意思決定にいかなる影響を及ぼすかが、きわめて重要なテーマになってくる。また所得分配（第7章）や教育の収益率（第8章）を議論するさいには、必ずミクロ的調査やそれに基づいた発見が取り上げられる。それゆえ、本書が全てマクロのテーマやデータを扱っているというわけではないが、より専門的にミクロのテーマやデータを取り上げた、いわば「ミクロ的開発論と現代中国」と題する研究が今後展開されていくことを期待したい。実際、中国の独特な経済制度に接近するさいに、ミクロ経済学的な視点がどうしても欠かせない[10]。

5. 準拠枠としてのモデルと仮説

かくして本書では多くの開発モデルや開発問題に登場する仮説が取り上げられる。これらのモデルは多様であるが、多くは現実のデータを基に帰納的に作られてきた。たとえば、チェネリー＝サーキンによる標準パターン（standard pattern）論がその典型で、彼らは世界各国の経済実績にかんする大量のデータを集積し、1人当たり所得と人口規模によって発展のさまざまな様式化された事実（stylized facts）を描き出し、経済発展の一般的パターン、経路を描いた（Chenery and Syrquin 1975, Chenery, Robinson and Syrquin 1986）。また、産業構造の変化をモデル化したペティ＝クラークの法則もその一例である。したがって、これらのモデルを準拠枠にして現実と対比させれば、現実の特色が浮かび上がることになる。その中でも、一部の地域のみに適用可能なモデルがある。雁行形態論はアジア、とくに東アジアに対して取り上げられるモデルであり、南米やアフリカの開発経験についてこれまで議論されてこなかったのは、おそらくそうした「地域特殊的」なモデルのせいかも知れない。ルイス・モデルにして

---

10) たとえば、財政をめぐる中央と地方との関係を理論的に扱った梶谷（2011）などを参照のこと。

も，人口が稠密な途上国に妥当する（と想定される）モデルであり，全ての地域に当てはまるとは思われない。開発独裁モデルも全ての国に当てはまるものではなく，権威主義的政治体制を採った，あるいは採っている国や地域でのみ当てはまる。最後に取り上げる「中国モデル」は，まだモデルや仮説自体必ずしも確立したものではなく，その概念も決して明確ではないモデルであるが，「中国特殊的」モデルといえるのかも知れない。

　もう1つのタイプのモデルが演繹的モデルで，ルイスの転換点モデルも元来は二重構造と労働移動という条件の下に導き出されたモデルであるし，ハロッド＝ドーマー・モデルにしても，あるいはそれを基に発展させた2部門モデルであるマハラノビス・モデルやフェリトマン＝ドーマー・モデルも，もともとは歴史的事象を念頭に置きつつも，あくまでも理論モデルとして考え出されたものである。

　通説的な仮説としてのモデルを準拠枠にするに当たり，そのモデルがどれほど現実の一般化に当たるのか，モデルの現実妥当性についてチェックしなければならない。とりわけ演繹的なモデルの場合，抽象の世界から現実の世界に移るに当たって，そのモデルが現実をどれだけ説明しているのかを明らかにする必要がある。もし実証研究により現実適用性に疑問符がつけられた場合，モデルを現実比較のための準拠枠にすることに対して批判的意見が出されるかも知れない。いうなれば，目盛りが狂っている尺度を用いて何かを測るようなものである。しかし他方，実証作業の結果，モデルに現実適用性が欠けていることが分かったとしても，それを準拠枠として使うことには意味がある。あるモデルは現実に当てはまるのかどうか，さまざまにテストされてきたが，断定的なことがいえないことが分かったとしよう。そうした場合，そのモデルは無用なものとして葬ってしまうことはよいことだろうか？　そもそも社会科学におけるモデルというのは単なる仮説でしかない。企業が利潤最大化を目指し，家計は効用最大化を目的とするというミクロ経済学の基本的仮定は決して現実のデータによって証明されたものではない。しかし，そのように仮定することによって，さまざまな派生的仮説を導き出せるから，有用な仮説としてこれまで広く使われてきたのである。

敢えていえば，社会科学におけるモデルや仮説は全て現実を見るさいの，また現実の事象を分析したり，整理したりするさいの道具（ツール）でしかない。道具であるから，有用でさえあればいい。ある統一された方法論でモデルを作る必要もないし，自分の思想に必ずしも合わない道具であってもかまわない。喩えていうなら，料理を食べるのに箸とフォーク，ナイフとレンゲを使い分けても一緒に使っても，端から見ていささか「下品」かも知れないが，食べやすくなるなら許されるのではなかろうか。

6. 実証方法について

　モデルなり仮説なりが現実にどの程度当てはまるのか，そこから現実の経済の「一般性と特殊性」をどのように導けるかが重要になってくる。そうした実証の方法として社会科学では主に次のような方法が用意される。すなわち，(1)歴史的方法（アプローチ），(2)制度論的方法，(3)比較論的方法，(4)統計的方法，である。実際にはこれらのうちのどれか，あるいはそのうちのいくつか，または全てを採ることになる。(1)の歴史的方法は，対象となる事象がどのように歴史的に存在し，また変化してきたのかを追うものであるし，(2)の制度論的方法とは，ある事象を成り立たせている制度的メカニズムを追究するやり方である。(3)の比較という方法は，その事象をめぐって対象国の歴史的経験を二国間，あるいは多国間で国際比較したりして，その国の特殊性を浮かび上がらせる方法であり，(4)の統計的方法とは，数多くのデータを収集し，そのモデル・仮説の妥当性を統計的に検証する実証方法である。これらの方法は必ずしも代替的なものではなく，しばしば補完的に用いられる。

　経済史はやや違うが，実証的経済学の分野において現在多くの論文で採用されている方法は，(4)の統計的，あるいは計量的方法であり，そこではさまざまな統計手法が用いられ，また各種の検定方法が採用されている。こうしたやり方に強い抵抗感，時には嫌悪感を持つ人たちは少なくない。確かに方法論だけが先走ったり，あるいは統計ソフトを利用して簡単に分析結果を求める風潮がないことはない。とくに途上国を対象にした調査データはそれ自体信頼性が

高くないことが多く、また自然科学とは違い社会科学分野での調査データは一般に信頼度がそれほど高くないだけに、高度な統計手法を駆使することにどれほどの意義があるのか、確かに疑問も投げかけられよう。しかし、「他の条件を一定として（ceteris paribus）」ある変数がどのような効果を持つのかを調べようとすると、回帰分析をはじめとするそうした統計分析に頼らざるをえなくなるのも事実である。たとえば、先に挙げた①式を使って成長率が何によって決まってくるのかを調べようとすると、それが貯蓄率という経済実績によるのか、重工業政策によるのか、中央集権的計画制度によるものか、あるいは国民性という文化によるものか、多数のデータを集め、さまざまな仮定を置きながら統計的に検定することで、これらの説明変数のどれが、どれだけ成長率の決定要因になっているかを測ることができる。

　本書では数多くの統計的実証研究の成果が紹介されている。決してそうした研究だけを集めたわけではなく、中国内外における実証的経済論文の大多数がこのような方法論を用いているためである。中には一部の専門家しか分からない手法が使われたりしていて、引用者として理解に苦しむ場合さえある。しかし大事なことは方法論そのものではなく、そこから得られた含意（インプリケーション）にあり、分析結果（という仮説）が、どのような新たな仮説を含意し、導いてくれるかである[11]。われわれの基本的姿勢は、そうした手法の限界を十分意識しつつ、しかし使えるものなら統計分析は使った方が仮説の検定と新たな仮説の構築に有効だ、というものである。たとえ自分自身が使わなくとも、そのような方法によって得られた結論を、われわれは研究者として少なくともその意味だけでも理解できるようにしておかなければならない。

---

11) 実証的社会科学（たとえば経済学）は3つの要素から成り立っている。1つは問題、テーマ、あるいは仮説であり、1つは方法論、ないしは枠組みであり、もう1つがデータや資料である。このうち何が最も大切かといえば、私は問題やテーマだと思う。

補論 1　現代中国経済略史：開発戦略の変遷過程

　1949年の建国から今日まで60数年間，中国経済とそこで採られた戦略や政策はどのような変遷を辿ってきたのだろうか？　細かくその動きを追っていけば何百ページにものぼる大部の「現代中国経済史」が書けるが[12]，ここでは後に述べる経済開発戦略や主な経済政策を歴史的背景の下に理解できるように，きわめて大まかに，また簡単に，戦略や政策の変遷を追っかけておくことにしよう（序章末尾の表0-2も参照）。

　第2節でも述べたように，通常は，また本書でも，建国以後の中国を毛沢東時代と改革開放以後の2つの大きな時期に区分するが，この2つの時期もいくつかの準時期 I，II (1)，II (2)……に区分される。

　第 I 期：1949-52年。この時期は経済発展のための準備期で，その間全国で徹底した土地改革を実施して地主制を消滅させたり，外国資本や国民党資産の没収や国有化を行い，またソ連からさまざまな計画経済制度を模倣して導入し，「社会主義計画経済」の準備を始めた。1950年に中ソ友好同盟相互援助条約が結ばれ，東西冷戦が進行し，中国が欧米諸国から制裁を受ける中，毛沢東は「ソ連一辺倒」を宣言する。この期間における最大の経済目標は，1946-49年の内戦期に発生したハイパーインフレーションを終息させること，国民経済を回復させることで，この時期を「経済回復期」と呼ぶこともできる[13]。当時は「新民主主義」の時代で，社会主義化は遠い将来のことだと共産党は説明し，大陸に残った資本家たちの協力を求め，経済再建に努めた時期だった。

　第 II 期 (1)：1953-55年。しかし中国共産党，正確には毛沢東は，「過渡期の総路線」なる政策を突然主張し始め，急進的な社会主義化へ舵を切った。それ以前

---

12) 現代中国経済史の概説書として何冊か出ているが，とりあえず柳・呉編（1986）などを参照。しかし，これらの本はその時々の政府の主張を反映したものであり，情報は豊富だが歴史書としては問題がある。
13) この時期の経済政策を論じたものとして，たとえば三木（1971）がある。

からも導入が始まっていたが，ソ連の制度が本格的に模倣され，導入された。た とえば工場においては「企業長単独責任制（一長制）」が実施され，物的刺激制 度が強調された。農村においては大規模な上からの農業集団化が開始され，都市 においては「社会主義改造」の名の下に私営企業が集団経営や国営に切り替わっ ていった。第1次5カ年計画が開始され，「社会主義計画経済」体制がスタート した。この時期は，短命に終わったが「スターリン型開発戦略」（表0-1参照） が採用されたか，採用が試みられた時期である[14]。

第II期(2)：1956-57年。1956年2月にソ連邦共産党大会第20回大会でス ターリン個人崇拝批判が行われると，毛沢東は徐々にソ連から離れ始め，独自の モデルを追求し始めた。1957年に地方分権化政策が開始されて，中央に集中し ていた企業管理権限などを地方に移管する政策が進められ，工場においては党委 員会の企業管理権限が強められ，物的刺激制度が次第に批判されるようになり， 精神的刺激が強化されるようになる。他方，「反右派闘争」を展開して，知識人 に圧力をかけるなど，精神主義的運動が大々的に展開され始める。

第III期(1)：1958-59年。いわゆる「大躍進」運動の下で全国が熱狂的な「鉄 造り」運動を展開し，農村ではそれに加えて人民公社が結成されて，「共産主義 への近道」としてもてはやされた時期である。人民公社には「公共食堂」が作ら れ，村人が好きなだけ食べられるという「共産主義風」が流行った。他方，中ソ 関係は悪化し，毛沢東はいっそう独自の「社会主義」を追求し始めた。

第III期(2)：1960-61年。「3年連続の自然大災害」も関係して，しかしそれ以 上に政策的な大失敗により，食糧の減産，飢饉の発生，飢餓の蔓延が引き起こさ れ，通説では3,000万人以上が餓死し，一部の農村では人肉さえ食べられるとい う悲惨な状況が現れた。ディケーターの調査によれば，なんと4,500万人が死ん だという（ディケーター2011）[15]。中ソ論争が激しさを増し，ソ連からの援助を早 期に返済するためにソ連へ穀物を輸出したのが，飢餓の拡大に拍車をかけたとい

---

14) シャーマンも指摘しているように，ソ連モデルが中国全土で採用されたわけではなく， 「一長制」といわれたソ連型の工場管理方法は，ソ連が中国に供与した156の建設プロ ジェクトにおいて実施されただけのようである。Schurmann (1968) 参照。
15) 当時のすさまじい飢饉と飢餓を扱ったものとして，そのほかに辻編 (1990) やBecker (1998) などがある。

われる。かくして中国経済は建国後最大の危機に陥る。

　第IV期：1962-65年。「調整期」といわれ，破滅的状況に陥った経済を回復させるために鄧小平たちが取り組み，毛沢東の急進路線を一定程度修正し，現実的な政策を採用して経済を回復軌道に乗せた。たとえば，集団農業を一部解体し，個人農的経営を認める政策を採った。だが，毛沢東は「農村社会主義教育運動」や「大寨に学ぶ運動」[16]など政治運動を展開し，次に始める文化大革命の準備を行うことになる。

　第V期(1)：1966-69年。毛沢東が文化大革命を発動し，紅衛兵なる若者を動員して劉少奇，鄧小平といった実権派の指導者を権力から追放し，そのために，都市を中心に全国規模ですさまじい，毛沢東の予想さえ超えた無秩序で血みどろの武装闘争が展開された。一説には数百万人が命を落としたとさえいわれる。多くの政府幹部・職員は地方へ追いやられ，一時期政府機能が完全に麻痺した。しかし毛沢東は軍隊を把握して情勢の沈静化に努める。公式には文化大革命は76年まで続いたことになっているが，激しい内戦状態は69年までに終息した。この時期が建国後第2の危機だったといえよう。

　第V期(2)：1970-76年。権力闘争は劉少奇，鄧小平を打倒しても止まず，毛沢東の後継者になるはずだった林彪が失脚するなど，政治的に不安定な時期が続く。経済は(1)期の破滅的混乱から回復するものの，鄧小平の復活，再失脚と，政治の不安定が経済回復の足を引っ張り，建国後3度目のマイナス成長を記録し，「中国経済は崩壊の危機に瀕した」とその後表現された。

　第V期(3)：1977-78年。毛沢東亡き後1カ月でいわゆる「4人組」事件が起こり，生前毛沢東によって後継者と指名された（といわれる）華国鋒が一時権力を握り，毛沢東的路線を推し進めようとするが，再度復活した鄧小平によって次第に権力は奪われていく。華国鋒が進めようとした無理な経済建設計画（「洋躍

---

16) 社会主義教育運動とは，党が大衆に対して「革命と社会主義はいかに人々に幸せをもたらしたか」を説得，教育する思想教育運動で，毛沢東時代しばしば都市農村を問わず全国で実施された。一方，「大寨に学ぶ運動」とは，山西省の山中にある貧村の大寨が革命精神の下，自力で「豊か」になったことを全国農村に学ばせた運動。文化大革命中，この村がモデル農村として称えられ，その村の指導者に過ぎなかった陳永貴が副首相に抜擢された。

進」といわれた)が破綻し,それが彼の失脚の一因にもなった[17]。

　第Ⅵ期(1):1979-84年。安徽省の農村から始まった自発的な集団農業体制解体,戸別請負制の動きが瞬く間に全国に波及し,ついに人民公社制度の廃止にまで進んだ。他方,都市においても徐々に国有企業改革が進められた。市場が本格的に導入され,価格の自由化も次第に実施され,改革開放の道を中国は歩み始めたのである。毛沢東時代の「政治闘争」路線に終止符が打たれ,「経済優先」の時代の幕が上がる。これまでの平等主義を否定し,「先富論」(豊かになれる者から豊かになる)という格差拡大論が勢いを増すことになる。

　第Ⅵ期(2):1985-89年。体制改革は都市部に重点が移され,国有企業制度ならびに財政制度において農村で実施したような「請負制」が導入された。趙紫陽首相の下で「沿海地区発展戦略」が展開され,沿海部をまず外に向かって発展させ,そのダイナミズムを内陸部に波及させようと考えた。その間,外資が大量に入り始め,貿易も活発化し,中国経済はマイルドなインフレに陥った。幹部の腐敗とインフレが人々の不満を引き起こし,大規模な民主化運動が展開されたが,鄧小平は戒厳令を敷き,軍隊を動員して民主化運動の弾圧に乗り出す。いわゆる1989年6月4日の「天安門事件」である。

　第Ⅵ期(3):1990-91年。欧米諸国による中国制裁もあって多くの外資企業が中国を脱出し,投資を控え,また国内に保守的気分が拡がり,改革開放政策が一時的に停滞したために,経済は急速に悪化した。この時が改革開放後の最大の危機だったといえるかも知れない。

　第Ⅶ期(1):1992-96年。こうした状況を救ったのが鄧小平の「南巡講話」だった。鄧小平は沿海部を周り,改革開放と市場化をいっそう進めるように訴え,いわゆる「社会主義市場経済論」を編み出す。そうした政策方針に安心した外資は中国に戻り,逆にすさまじい外国投資ブームが中国で起こった。市場経済体制に対応したさまざまな制度政策,たとえば為替レートの一本化や会社法の制

---

[17] 鄧小平が実権を奪い返すに当たり,まず採ったのは「真理の基準」論である。つまり,華国鋒が「毛沢東のいったことは全て正しい」と主張したのに対して,鄧小平(たち)は「何が正しいかは実践によって決まる」と,「毛沢東哲学」を持ち出して華国鋒らの「毛沢東派」を追い落とした。

定,金融・財政制度の改革が打ち出され,本格的な高度成長が始まるが,他方でインフレも高進した。

第VII期(2):1997-2001年。(1)期に国有企業の経営が悪化し,膨大な赤字・不良債権が累積することになった。それを解決するために,朱鎔基首相が国有企業改革に乗り出し,その一環として中小国有企業の民営化を進めた。また1997年に起きたアジア通貨危機は中国にも波及してきたが,資本や為替の自由化を行わず,無事乗り切った。一方,外資導入のブームも去り,最後にはデフレ的状況さえ発生した。しかし,2001年のWTO加盟を期に中国経済は再び上昇傾向に入ることになる。

第VIII期:2002年以降今日まで。胡錦涛,温家宝指導部が発足し,いわば「ポスト鄧小平型の開発戦略」が始まる。これまでの成長至上主義から脱却し,「和諧社会」の建設,つまり社会的調和,環境との調和を求め,成長方式の転換を謳った「科学的発展観」が強調されるようになったが,それはそれだけ所得分配の不平等化が深刻になり,環境汚染が重大化したことを示している。とはいえ中国は高度成長を続け,2008年の世界的金融危機で一時期成長率が大きく下がったが,いち早く回復し,再び高成長の道を歩み始め,世界経済をリードする役割さえ担うようになった。他方で,農民の土地収用が重大化し,不動産投機が進み,バブル的状況さえ出現することになった。

表 0-2　現代中国経済政策略史

年	出　来　事	解　説
1949年10月	中華人民共和国建国	
1950年2月	全国財政・経済会議	財政経済，現金管理の統一，インフレ終息
	中ソ友好同盟相互援助条約	ソ連との関係強化
1950年6月	土地改革法発布	全国的土地改革の実施
	朝鮮戦争勃発（1953年7月まで）	資本主義国との貿易関係の縮小，社会主義圏中心に
1951年12月	「三反」運動[1]	
1952年1月	「五反」運動[2]	
	国家計画委員会の設置	
1952年末	毛沢東「過渡期の総路線」を提起[3]	
1953年	第1次5カ年計画の開始	
1953年11月	食糧の統一買い付け・統一販売の実施	私営商人を排斥し，食糧買い付けを国家が独占
1953年12月	農業生産協同組合の発展にかんする決議	農業集団化を本格的に開始，ただしまだ非強制的に
1954年9月	綿花の統一買い付け制度の実施	
1955年7月	毛沢東「農業協同化問題について」演説	急速な農業集団化の開始
	商工業の「公私合営化」運動[4]	
1956年4月	毛沢東「十大関係論」	中国的社会主義経済の模索
	社会主義改造の基本的完成	
1957年2月	毛沢東「人民内部の矛盾を正しく処理する問題について」	
1957年6月	反右派闘争	知識人に対する弾圧と取締り
1957年7月	馬寅初「新人口論」	人口抑制を提案した北京大学学長の馬寅初が批判される
1958年2月	毛沢東「社会主義建設の総路線」を提起[5]	
1958年5月	党第8期2中全会で「大躍進」政策を提起	
1958年8月	政治局拡大会議で粗鋼生産倍増，人民公社設立が決議	全国各地に小高炉が造られ，鉄造りに全国民が動員される
1959年	自然大災害，全国で餓死者が続出する	1961年までに全国で3,000万人以上が餓死したといわれる
1959年7月	政治局拡大会議（廬山会議）が開かれ彭徳懐批判	大躍進を正そうとした彭徳懐が毛沢東により批判され，急進路線はさらに拡大
	中ソ論争が公然化	
1960年7月	ソ連の専門家引き上げ	中ソ対立が決定的に
1962年1月	拡大中央工作会議（7千人大会），調整政策の実施	毛沢東が「自己批判」
1962年10月	党第8期10中全会，「農業を基礎」とする方針を打ち出す	人民公社体制の整理，生産隊を基本単位に
1963年9月	農村社会主義教育運動の開始	文化大革命の前触れに

1964年	大寨に学ぶ運動	山西省の片田舎の村が全国のモデル農村に
1965年	「三線建設」運動	ベトナム戦争の拡大に備えて，内陸部に工場を移転，建設
1966年5月	党中央政治局拡大会議，文化大革命の発動	以後3年間にわたり中国，とくに都市部は大混乱に。劉少奇，鄧小平たちは失脚
1969年4月	党第9期全国大会	事実上文革は終息する[6]
1970年	「五小工業」の発展[7]	
	中央企業の地方への「下放」（移管）	
1971年9月	林彪事件	毛沢東の後継者とされた副主席の林彪が国外逃亡を図り，墜落死
1976年9月	毛沢東死去，後継者に華国鋒	
1976年10月	「4人組」事件	
1977年	鄧小平復権	
1978年12月	党第11期3中全会	華国鋒の実権は鄧小平に奪われ，改革開放が始まる
1981年11月	4つの経済特区設立	深圳，厦門，汕頭，珠海に特区を作り，対外開放の拠点に
1983年	人民公社制度の解体	78年から始まった集団農業解体の帰結
1984年10月	党第12期3中全会「経済体制改革にかんする決定」	国有企業制度の本格的改革に乗り出す
1987年11月	趙紫陽，沿海地区経済発展戦略を提示	
1989年6月	天安門事件，趙紫陽総書記解任	民主化を求めた市民・学生を戒厳令の下に弾圧
1992年1-2月	鄧小平南巡講話	市場経済化に向けた号令
1993年10月	党第14期3中全会「社会主義市場経済にかんする決議」	社会主義市場経済論の正式な開始
1994年1月	為替制度改革	二重為替レートを一本化
	財政制度改革	従来の財政請負制を廃止し，中央税と地方税に分ける分税制に
	金融制度改革	中央銀行制度を作り，3つの政策銀行，4つの商業銀行を設立
1997年7月	アジア通貨危機の発生	人民元を切り下げずに乗り切る
	香港復帰	一国二制度政策の開始
1998年	国有企業制度改革	不良債権を処理し，債務超過企業を立て直す
2001年12月	WTO加盟	
2002年11月	党第16期全国大会，「3つの代表」論を採択[8]	
	胡錦濤政権の発足	
2004年9月	党第16期4中全会，「和諧（調和の取れた）社会」の建設を提起	
2006年1月	農業税廃止	農民負担軽減政策の一環
2007年10月	党第17期全国大会，「科学的発展観」を党規約に[9]	

2008年9月	世界金融危機・リーマンショック襲来	4兆元の財政投資など，危機対応のマクロ政策の実施
2010年	日本を抜いて世界第2の経済大国に	
2012年9月	第18期共産党中央委員総会，新政権の発足	

注1)「三反」運動とは，幹部による3つの悪（汚職，浪費，官僚主義）に反対する運動。
注2)「五反」運動とは，私営商工業者による5つの悪（贈賄，脱税，国家資産の詐取，仕事の手抜き・原材料のごまかし，国家経済情報の詐取）に反対する運動。
注3)「過渡期の総路線」とは，農業，手工業，資本主義的商工業に対する社会主義改造（公有化）を行い，社会主義工業化を目指そうとするもので，従来考えられていた長期にわたる「新民主主義」経済を早期に転換しようとしたもの。
注4)「公私合営」とは，私的企業と国家が共同で経営することを直接意味するが，事実上は私的資本を国家が没収することに等しかった。
注5)「社会主義建設の総路線」の名の下，毛沢東は急速な工業化を精神主義的方法で達成しようとした。
注6) 公式には文化大革命は1976年まで続いたことになっているが，内乱状態のような文革はこの時期までに終息した。
注7)「五小工業」とは，地方が経営する小型の鉄鋼，化学肥料，農業機械，セメント，水力発電の5つの工業を指す。第3章注17参照。
注8)「3つの代表」とは，中国共産党は(1) 先進的な社会生産力の発展の要求，(2) 先進的文化の前進の方向，(3) 最も広範な人民の根本的利益を代表するというもの。実質上，私営企業家（資本家）を党に取り込むための「理論的根拠」となっている。
注9)「科学的発展観」とは，「人を基本（以人為本）」として，「全面的，協調的で持続可能な発展」を目指し，同時に「統一的計画・全般的配慮を堅持する」という思想。終章参照。

第1章

初期条件と歴史的文化的特性

はじめに

　1国の経済発展はその国の過去と切り離して考えることはできない。現在は過去のさまざまな「母斑」を身につけているだけではない。歴史という母体の中から現在が生まれてきたのである。それでは，その母体はどのように，またいかなる意味で現在を作り出しているのだろうか？　これまでに書かれた多くの「中国経済論」概説書は，中国における経済発展の初期条件として，まず伝統中国の長期にわたる歴史的発展過程，近世になってからの停滞の原因，その一環としての土地，人口の推移，あるいは伝統技術の特徴などから議論を展開していくが（たとえば Chow 2002, Naughton 2007, Eckstein 1977, 林ほか 1997, 中兼 1999 など），ここでは経済開発論でよく取り上げられる，あるいは重要と思われる初期条件論，ないしは歴史的遺産論をいくつか取り上げ，それに絞って考えてみることにしよう。

　まず，ガーシェンクロンの「後進性の優位」仮説を紹介したのち（第1節），ノースの「経路依存性」論と速水の「誘発的制度革新」論について概観しよう（第2節）。その後で，中国における2つの歴史的遺産（historical legacy），すなわち 1949 年（新中国建国）と 1978 年（改革開放）という大きな転換点に中国が過去から引き継いだ遺産を見たのち（第3節），歴史的視野から見て現代中国の経済発展をどのように捉えるべきかについて考えてみる（第4節）。そして最後に中国の経済発展と文化との関係について，ウェーバーの「儒教論」を

材料に議論することにしよう（第5節）。

1. ガーシェンクロンの「後進性の優位」仮説

　ガーシェンクロンがイギリス，フランス，ドイツ，ロシアの工業化過程を比較し，「後進性の優位，あるいは後発性の利益（advantage of backwardness）」仮説を展開し，開発経済学に大きな影響を与えたのは1962年のことである[1]。後発国はなぜ先発国に比べて発展速度が速いのだろうか？　ガーシェンクロンはそれを先発国で開発された技術を後発国が借用できる「優位」にあると見た。常識的にいえば技術の遅れた後進国は不利な立場にあり，先発国との差は開いていくものと考えるのだが，後進国はむしろ「優位にある」という逆説的な議論を展開したので，その衝撃は大きかった[2]。

　もし，全ての後発国が後発性の利益を享受できるとするなら，開発問題はなくなってしまうだろう。ほうっておいても後進国は先発国の技術を導入して，自然に先発国にキャッチアップしていくはずだからである。しかし現実はそうではない。世界はキャッチアップできる国とできない国とに分かれてきた。平均して東アジアは前者に，サブサハラ・アフリカは後者に属する。それゆえに経済開発問題が存在するのである。ガーシェンクロンが強調したのは単なる先発国から借用できる「技術革新の備蓄」の役割だけではなかった。後発国フランスやドイツは先発国イギリスに追いつくために工業化を進めたが，そのさい銀行という制度を活用していった。後発国ロシアはドイツに比べ遅れていたが，国家というさらに強力な制度を使ってキャッチアップしようとした。このことは，後発国は市場や企業の力だけでは先発国に追いつくことができないという，いわゆる「開発主義」の有用性を示唆している（第10章参照）。同時に，どのような制度を作るのか，あるいはいかなる制度が生まれてくるのかが，キャッチアップ，つまり経済開発を考えるさいに緊要になってくる。

---

[1] 邦訳では「後進性の優位」としているのでそれに従う。ガーシェンクロン（2005）参照。他方，渡辺（2001）や大来（2010）などは「後発性の利益」と訳している。

[2] もちろん，彼は「後進性の劣位」を無視しているわけではない。

もう1点，このことに関連するが，これまで技術革新の備蓄論ほどには注目されてこなかったものの，ガーシェンクロンは後進国ほど製造業，とりわけ（いわゆる重工業といわれる）生産財工業（あるいは投資財工業）を重視する傾向があることに着目する[3]。言い換えれば，リカードの比較優位の議論やそれを裏打ちするヘクシャー＝オリーンの定理とは逆に，労働力が比較的多い後進国において比較劣位にあるはずの資本集約的産業を重点的に発展させようとする傾向があることを発見した。彼は次のように述べる。

　「ある国の経済がより後進的であればあるほど，ますますその工業化は，製造業生産が相対的な高成長率で前進するという，突然のグレイト・スパートとして不連続的に始まる傾向がある。……ある国の経済が後進的であればあるほど，ますます消費財に対して生産財が強調されるようになる」（ガーシェンクロン 2005，80-81 ページ）。

　これは，次章で取り上げる重工業優先発展と，その理論的根拠であるフェリトマン＝ドーマー・モデルを，歴史的事実，ないしは趨勢として捉えたものといえる。経済史家としてばかりではなく，ソ連経済の研究者としても名を馳せたガーシェンクロンが，ソ連が推進した「社会主義工業化」政策を歴史的文脈の中で見事に把握していたといえるかも知れない[4]。

　ガーシェンクロンのこの仮説は開発主義や社会主義工業化を説明するばかりではない。これものちほど取り上げる「雁行形態型発展モデル」（第5章参照）のような，いわゆる「キャッチアップ型工業化モデル」にも相通ずる理論仮説となっている。問題は，この仮説がヨーロッパの工業化を説明できても，他の国や地域に当てはめるさいにどのような制度が必要なのか，である。中国の場合，前章で指摘したようにソ連を模倣したスターリン型開発戦略を建国直後か

---

3) 生産財を投資財と呼んだり，資本財と呼んだりする。おのおののニュアンスは異なるが，実質的に消費財に対応する概念なので，以下本書では生産財に統一する。重工業という言葉は曖昧で不正確であるが，通常生産財のことを指してよく使われるので，「重工業優先発展」のように，中国が公式統計で用いる重工業を意味するときにはこの用語を用いることにする。第2章補論3参照。

4) 斎藤修は，ガーシェンクロンのこの仮説を6つの命題として集約している。斎藤（2008）253 ページ参照。

ら採用し始め，重工業優先発展路線を貫き，ソ連の技術援助を積極的に受け入れてきた。そのさい，ソ連と同様に，国家が重要な制度的要因となって，後進性の優位を発揮しようとしたのである。しかし，その結果はどうだったのだろうか？　後進性が持つ優位性を存分に発揮できなかったからこそ，開発戦略を転換させたのである。改革開放後はそれだけではない。そうした先進的技術導入を媒介する国家以外の制度やメカニズムも有効に機能した。その最も有力な回路こそが外国直接投資（FDI）だった，というのがわれわれの仮説である。この点については第4章で取り上げることにしよう。

2. 制度の形成と進化：
ノースの「経路依存性」論と速水の「誘発的制度革新」論

　経済発展における制度進化の重要性を強調したのがノースである。人間社会はありとあらゆる制度を作り出し，われわれはそうした複雑に絡み合った制度の網の目の中で生きている。そうした制度は経済発展とともになぜ，またどのように変化していくのだろうか？　ノースは「経路依存性（path dependence）」，「取引費用（transaction costs）」，それに「収穫逓増（increasing returns to scale）」という概念でもって制度進化の過程を説明する。

　制度が「収穫逓増」的とは奇妙に聞こえる。技術は，とくに経済を進歩させる近代的技術は収穫逓増（費用逓減）的である。つまり，規模を大きくすればするほど，少なくともある範囲（それを最適生産規模という）までは平均費用は低下する。自動車生産は典型的な収穫逓増産業である。しかし制度は技術とは違い，それ自体は目に見えない。そもそも制度の「規模を大きくする」ということはどういうことなのだろうか。ここで制度を企業という組織に読み替えると分かりやすい。どうして企業は大きくなっていくのだろうか？　それは大きくするほど「取引費用」，たとえば企業内の通信連絡費用は安くなっていく，あるいは弁護士を雇う費用も平均的には低くなっていくからである。

　また技術も制度も，いったん出来上がると，たとえ他の代替的手段が見つかったとしても，それがその後の技術と制度を決めていく[5]。これが経路依存

性である。ノースはその例として英米におけるコモンロー（慣習法）を挙げる。つまり，判例ができると，それに倣って他の判例が作られ，そうした判例の積み重ねが法体系を構成していくように，過去の事実，経路（歴史）が今日の枠組みとなっていく。

ノースは制度の漸進的変化を考えているが，革命的な変化ももちろん理論的射程に入れている。彼から見れば，歴史的に見た制度の変化は次のようにして起こる。

「制度は変化する。そして，相対価格の基本的変化は制度変化の最も重要な要因である。……そうした変化の唯一のその他の要因は嗜好の変化である」（ノース 1994, 110 ページ）。「アイデア，ドグマ，一時的な熱中，及びイデオロギーは制度変化の重要な要因である」（同，113 ページ）。

すなわち，相対価格の変化と嗜好（われわれのいう文化）の変化が漸次的な変化を，そして革命などのイデオロギー的変化が急激な変化をそれぞれもたらす。現代中国に当てはめたとき，1949 年以降の各種の社会主義的制度は決して漸次的に，技術や制度の経路依存性によって生まれたわけではなく，共産党政権がソ連を模倣して，国家計画委員会（ソ連のゴスプラン）制度をはじめ，社会主義（計画）経済の制度一式をほぼそっくり 1952 年から中国に導入したのである。

技術条件の変化が要素賦存比率の変化をもたらし，そのために要素の相対価格が変わり，それが新たな制度を誘発すると考えたのが速水の「誘発的制度革新（induced innovation）」論である。たとえば人口と土地との関係を見てみよう。あることがきっかけで人口が土地に対して増大したとすると，人口（労働力）の土地という生産要素に対する相対価格は低下する（逆に土地の相対価格は上昇する）。その結果，土地節約的，労働使用的な技術が開発されるようになり，今度はそれを支える新しい制度が生まれてくる。たとえば土地市場が発

---

5) 典型的には，キーボードの文字配列がそうである。現在使われている配列は必ずしも最も合理的，あるいは効率的とはいえないが，いったんこの技術（制度）ができると，それに伴って他の技術が作られ，それを他のやり方で代替しようとすると，莫大な費用がかかってしまう。「標準化」されてしまうと，技術にせよ制度にせよ，それが基本になってその後の発展の方向を決めてしまうのである。

達したり，労働交換制度が作られたりする。私的所有権の成立も，そうした一連の要素賦存と相対価格の変化によって説明可能である[6]。

　こうした所有権の成立とその強化といった制度的変化は，個人の力では何ともしがたく，社会的な共同行動（collective action）によって初めて実現しうる。共同行動は，私的な投資の誘因を確保するための制度作りのみならず，社会的な共通資本（social overhead capital）の形成にとっても不可欠である（速水 1995，22 ページ）。かくして共同体や政府が共同行動を取る主体として経済発展に必要となる。

　伝統中国における長いタイムスパンでの経済発展あるいは停滞を考えるさい，こうした速水の制度革新論はそれなりに説得力を持つ。第4節でも展開するように，旧中国において市場経済はかなり発達してきたが，それに対応してさまざまな伝統的制度が作られてきた。農村における定期市（集市）がそうであり，地方ごとに異なる貨幣の交換所でもあった「銭荘」もそうであり，業界団体である「行会」もそうした制度の一例である。しかし，そうした古い制度から新たな技術は生まれなかったし，新しい技術を導入する制度も作られなかった。それは，共同行動を起こす主体が十分機能していなかったためでもあるし，また19世紀初めに「西洋の衝撃（Western impact）」を受けるまで，海外からの情報を遮断していたためでもある。1949年から始まる社会主義中国の問題は，共同行動を主導する政府の力があまりにも強すぎ，個人の力を抑圧しすぎた点にあった。社会主義体制の下で，私的所有権は廃絶され，公有化が強引に推し進められていった。

　他方，毛沢東時代の社会主義体制下では市場が抑圧されていたために，また生産要素の移動が制限されていたために，生産要素の相対価格が機能しえなかった。たとえば労働は豊富にあった。しかし，労働の移動が制限され，とくに農民は土地に縛り付けられていたために，労働力に価格が付かず，そうした

---

6) いま土地が相対的に希少になったとしよう。そうすると，土地の価格が上がるから，土地をめぐって人々の間で獲得競争が始まる。そこで，安定した土地の市場取引を可能にするには，土地の所有権を確定する必要が出てくる。また土地所有権を確定すると，土地から生まれる生産物の所有権が所有者あるいは賃借者に帰属するから，生産意欲が高まるはずである。

労働を利用して新たな制度を創出することもなかった。集団農業組織や人民公社といった制度は，土地に対して安価な労働が生み出した新たな制度というよりは，国家が安価な食糧を調達するのに便利なように，上から強制的に作った制度でしかなかった。速水のいう「誘発的制度革新」が現代中国に起こったとすれば，改革開放以後，市場が機能し始め，労働移動の制限が緩和されるようになった時代に生まれた郷鎮企業制度がそれである。第3章でも論じるが，農村内部に豊富に存在する「過剰労働力」を利用して，まだ完全には都市に自由に行けない制約の下で，村や郷といった基層行政組織や個人が，新たな企業を興し始めたのである。さらにいえば，市場が所有制を変え，それがまた市場を作り出すというダイナミズムが生まれてきた（終章参照）。

3. 2つの歴史的遺産：1949年と1978年

　現代中国にとって，これまで2つの大きな政治的転換があった。1つはいうまでもなく1949年の新中国の成立，共産党政権の樹立であり，もう1つは1978年の改革開放政策の開始，あるいは実質的に社会主義から資本主義への体制移行である。前者は，少なくとも建前としては，古い中国，伝統中国から新しい中国，近代的な中国への転換であり，国民党政権とその三民主義イデオロギー，そして／あるいは伝統的思想（たとえば儒教思想）から共産党政権と共産主義イデオロギーへの転換でもある。一方後者は，毛沢東絶対主義から鄧小平現実主義へ，さらには鎖国中国から開国中国へ，「計画経済」から「市場経済」へ，そして社会主義経済から準ないし亜資本主義体制への，これも劇的というべき転換であった（序章参照）[7]。

　新しい時代は常に古い時代の歴史的遺産の上に成り立っているわけだから，現代中国経済はこれまで2つの歴史的遺産を引き継いできたことになる。いわば歴史的遺産がモザイク状に，あるいは重層的構造をなして現代に継承されて

---

7) 現在の中国の経済体制を「中国的特色のある資本主義体制」と呼んだのはホワン（黄亜生）であるが（Huang 2008），所有制が完全な意味での私有制となっていないので，その体制をとりあえず準ないし亜資本主義（semi-capitalism）と名付けることにしよう。

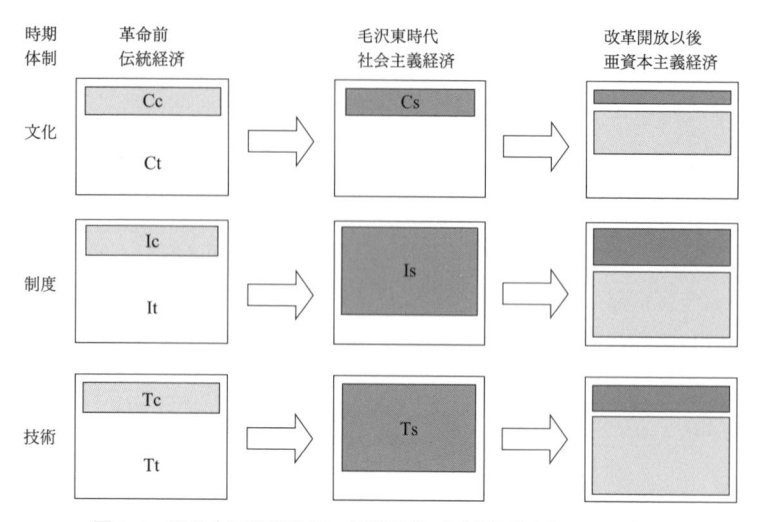

図 1-1 現代中国経済発展の初期条件（歴史的遺産）とその推移

注）図の意味については本文参照。C, I, T はそれぞれ文化, 制度, 技術を示し, c, t, s はそれぞれ資本主義的, 伝統的, 社会主義的なものを表す。
出所）筆者作成。

　いる，と見ることが可能である。このことを図で分かりやすく説明しておこう（図 1-1 参照）。いま簡単化のために社会システムが文化システム（価値観や規範などから構成される），制度システム（体制を作るさまざまな制度から成っている），技術システム（狭い意味の技能や技術ばかりではなく，資本や労働といった物的生産力を含んでいる）の3つのシステムから構成されているとしよう。これらは，唯物史観的にいえば，それぞれ上部構造，生産関係，生産力に対応する。ただし，唯物史観のように，経済的土台（生産力と生産関係）が上部構造を決定するといった一面的な因果関係は想定していない。

　さて，第1の転換で中国が伝統社会から社会主義社会に転換すると，制度の大部分をソ連を模倣して「社会主義的」なものにしてしまった。たとえば，私有制は公有制に，市場は計画にそれぞれ基本的に取って代えられた（正確には代えようとした）。それまであった多くの金融組織を解体して，ソ連式のモノバンク制，すなわち，中央銀行も商業銀行も，全て1つの銀行が兼ねる制度にしてしまった。技術システムはソ連から近代技術を導入し，工業化の主力に据え

た。技術に体制的差異があるのかどうか，議論があるところだが，社会主義国で採用された技術と資本主義国で導入された技術は，全てにおいて全く同じだとはいえないので，ここでは質的に異なったものとして扱うことにする。

　図1-1は次のようなことを示唆している。つまり，まず3つのシステムのいずれも過去からある部分の古い要素を引き継いでいる。次に，その中でも文化システムの変化する割合は小さい。たとえば，人々の観念や思想などは社会全体が変わっても容易には変化しない。それに対して，技術システムは容易に変わる。途上国がしばしば近代的な技術体系や資本設備を導入するが，中国にしても戦前の民国時代から積極的に先進国から新しい技術を受け入れてきた。他方，制度は文化ほどには不変的なものではなく，といって技術ほど可変的なものではないようである。しばしば新たな制度が導入され，古い制度が廃止される。しかし新たな制度が定着するには時間がかかるだろうし，廃止されたと思った古い制度の残滓と調和しないことがある。

　ノートンは現代中国経済が過去から受け継いだ歴史的遺産を次のように整理する（Naughton 2007, pp. 50-51）。図1-1と対応させて，彼の挙げた遺産を見てみよう。まず，改革開放前の社会主義時代への遺産として次のようなものを取り上げる。(1)戦前期の混乱，破壊，戦争は，平和と経済的安定の代償として，その後の共産党による抑圧的政府を人々に受容させたし，(2)日本が満州に残した重工業基地，国民党時代の資源管理委員会による計画経済機構は，新中国の経済に大きな貢献を果たした（Ic）。(3)その他，戦前期に形成された人的資本や物的資本もその後の経済発展の核となった（Tc）。次に，戦前期の伝統社会から1978年以後の市場経済へと受け継がれた遺産として，(1)伝統的な家庭農業：それは集団農業解体後の中国農業のベースになったし（It），(2)伝統的な小規模家庭経営企業：これはその後の郷鎮企業の発生と拡大にも結びついていった（It）。また，(3)伝統的な海外との繋がり：これは海外からの投資を呼び込む大きな遺産になった（It）。それに，(4) 19世紀に中国が各地に設けた「条約港」の経験：これは従来，西洋列強による中国の「半植民地化」と見られていたが，改革開放以後「特区」として復活した（Ic）（第4章参照）。

　しかし，図1-1が示すように，経済的遺産をこのように伝統社会から社会主

義社会への，また伝統社会から亜資本主義社会への遺産に限定する必要はない。社会主義社会から亜資本主義社会への遺産も考える必要があるだろう。改革開放以後の成長に結びつく社会主義時代からの歴史的遺産として，1978年までに蓄積されてきた技術，産業構造，それに人的資源を挙げなければならないだろう（Ts）。質的にはともかく，毛沢東時代に築いた教育資本は，改革開放後の人的資本形成に大きく貢献したことは間違いない（第8章参照）。さらに，次章で述べる毛沢東時代の重工業優先発展の戦略は，一方で膨大な無駄と非効率をもたらしたが，他方で改革開放以後の重要な初期条件を形成したのである。また毛沢東時代に進められた行政的「地方分権化」は，改革開放以後，地方間の激しい市場競争を生み出す1つの土台となった（Is）。

　今日における中国の急速な経済発展は市場経済化によってもたらされたのだから，市場および市場化を支える人々の心性が過去からどのように受け継がれてきたのか，を論じなければならない。この点については次節で取り上げることにする。次に，そのことに絡んでいるが，中国の文化，とくに「商人文化」といわれるものがどのように現在生き返ってきたのか，が争点となる。これについては第5節で考えてみよう。

4. 歴史的視野から見た現代中国の経済発展：市場経済の発展

　中国の公式の歴史解釈では，革命前の中国は「半封建，半植民地」だったという。この解釈に従えば，農村部では少数の地主が土地と村を支配し，高額の小作料取り立てという「封建的搾取」を農民たちに対して行っていた。また日本や欧米列強に事実上支配され，中国の富は外国資本により国外に持ち出されていた。それに対してロースキーは，戦前期中国において市場経済は十分競争的であり，国内資本が経済の主役だったという（Rawski 1988）。同様なことは村松祐次も指摘していた（村松 1949）。村松から見れば，伝統中国は個別主義と貨殖主義という「心意」に促され，無秩序な競争が経済を支配し，そうであるがゆえにきわめて不安定な経済だった。公式史観のいう「（半）封建」的社会と競争市場とは相容れない。封建社会では身分が優先され，身分的秩序の下

では自由な競争は行いえないことになる。しかし、村松も指摘しているように、戦前期中国の農村では自由な労働移動が行われ、しかも満鉄が行った「華北農村慣行調査」が明らかにしたように、一部の農村では「昨日村にやって来た農民でさえ村長になれる」という、これまでの「村落共同体」イメージを一変させるような驚くべき人間関係が見られたのである[8]。

石川滋によれば、市場経済の発達度は、(1)生産の社会的分業、(2)流通インフラ、および(3)市場交換の制度という3つの構成要因の相互作用として捉えられる（石川 1990, 236-237 ページ、あるいは石川 2006, 33 ページ）。すなわち、生産の社会的分業が進み、参加主体も多様化し、市場の種類と範囲も拡大していき、そこにさまざまな流通手段が発達し、財産権や契約制度が確立して競争に秩序を付与するようになれば、市場が「発達」していくことになる。市場の発達の捉え方はさまざまであろうが[9]、具体的にどのような指標によりそうした市場の発達度を測ればいいのだろうか？

伝統中国において市場がかなり発達していたことは、たとえば地域別価格の統一性といった指標により見て取れる。あれほど広大で、地域差の大きい中国において、財の価格が全く同じではないにしても、同じ方向に動いているということは何を意味するのだろうか？ 試しにいくつかの省を取り上げ、米価とその地域内格差、またその変化を比べてみよう[10]。取り上げるのは福建省とその隣接省である広東省と浙江省、それに内陸省の代表である四川省と黒竜江省、湖北省の計6省である。ここでは価格の変動係数（標準偏差／平均）と平均値を計算し、図に描いてみた（図1-2, 1-3 参照）。ここから次のような事実を確認できよう。まず、米価は戦前期においてこれら6省で統一性をもって動いてきたことである。すなわち、6省全てで米価の変動係数は傾向として低下、つまり地域差は縮小してきた。革命後初期に変動係数が低下するのは、政権が価格をコントロールし始めたことを示唆している（図1-2）。他方平均価

---

8) この村落理解にかんしては、旗田巍が若干の修正を行い、村のタイプによっては同族や共同体的な性格が強い場合があったと指摘している。旗田（1973）参照。
9) 石川とは若干違う市場の発達の定義を与えることも可能である。第10章参照。
10) 以下のパラグラフは、主として中兼（2010b）に負っている。

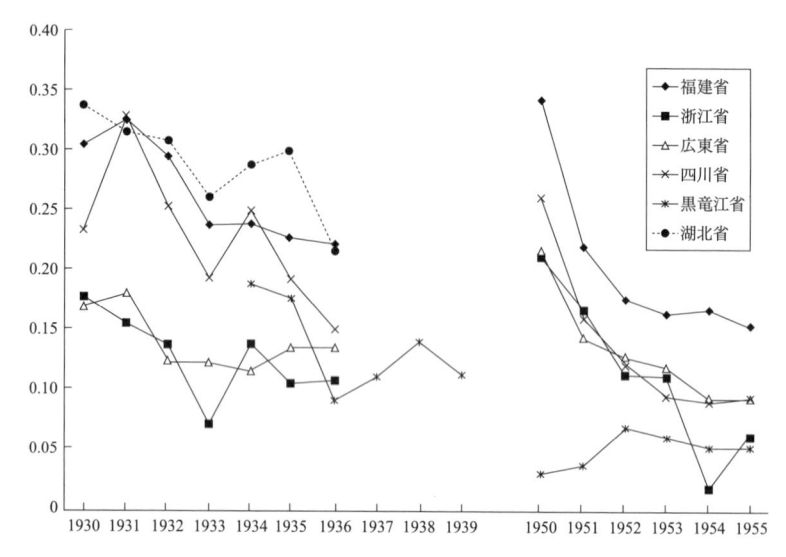

図 1-2 米の省内地域価格変動係数：浙江，福建，広東，四川，黒竜江，湖北省
出所）中兼（2011b）より。

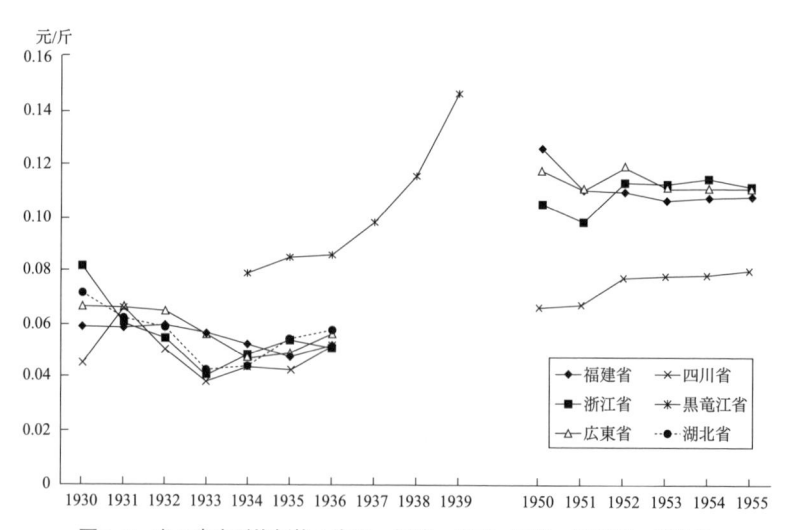

図 1-3 米の省内平均価格：浙江，福建，広東，四川，黒竜江，湖北省
注）1斤＝0.5kg。
出所）中兼（2011b）より。

格は，一見すると，政治的に他省と切り離されている黒竜江省において別の動きをしているように見えるが，1936年まではこの省の域内平均米価も他の5省と似たような動きを見せていた。1937年からその省の米価が跳ね上がっていくのは，おそらく関内（山海関以南）における戦争の拡大などが影響しているものと思われ，もし他の省のデータも取れれば，同じような趨勢を見せていたに違いない。かくして，距離的に相当離れている6省においてほとんど同方向に米価が動いていることから，中国全体においても価格の一貫性が見られると判断できそうである（図1-3）。以上のことは，広大な中国において米の市場ができていたことを示唆している。同様のことは，小麦や食用油など，他の農産物においても見られる（中兼2010b）。そのほか，農村内において各地に労働市場があり，雇用主と農民（農業労働者）との間で自由な価格交渉が行われていたことなど，ロースキーのいう競争市場の例は戦前期中国に数多く見られる。

　無論，価格面からだけで市場の発達度を測るのは論理的に少々無理がある。毛沢東時代に国家が価格を決め，全国統一価格を設けたからといって市場が発達していたわけではない。全く逆に，市場が政府によって「殺されていた」のである。しかし，計画化の力が弱かった戦前期に，遠く離れた地域で価格が同一方向に動くということは，そこに市場が作用していたと見るのが自然ではなかろうか。かくして，戦前期中国において市場経済が相当発達していたと見ることが可能であり，そうした下地があったからこそ，四半世紀にわたる「社会主義時代」，つまり市場抑圧時代があっても，市場が，あたかも地下水脈から溢れ出るように改革開放後に経済全体を覆い尽くすことになったのである。

5. 文化論：ウェーバーの「儒教論」はなぜ間違っていたのか

　前章で指摘したように，経済発展を左右する環境条件の1つが文化だった。ここでいう文化を広く解釈し，価値観や信念の体系，あるいは村松のいう「心意」，それにイデオロギーなど，人々の精神を反映するもの全てを含むものとしよう。そうすると，図1-1が示しているように，時代ごと，体制ごとにそれ

特有の文化が存在するが、しかし、制度や技術と違い、文化は容易には変わらない性格を持っているから、現代中国においても伝統的文化は根強く残っていることになる。毛沢東時代、繰り返し思想改造運動が展開され、人々の「古い思想」が批判され、「新しい思想」が注入される作業が行われたのは、それだけ伝統思想や人々の価値観・信念が変わらなかったことを表している。

　経済発展と宗教との関係を明らかにしたのがウェーバーだった。有名な『プロテスタンティズムの倫理と資本主義の精神』の中で、なぜカトリックの地域と比べてプロテスタントの地域の方が豊かなのか、という事実を出発点に、彼は宗教という文化と経済との関係を追究していく。ウェーバーによれば、プロテスタンティズムには「神との契約」という思想が内在しており、人々が働くことはこうした神との契約を果たすことになるという。そこからどのような職業であれ「天職（Beruf）」として勤しむ精神が生まれ、資本主義のダイナミックな成長に繋がっていったと考えるのである。その後こうした宗教社会学的解釈は批判され、開発論にも全く取り上げられていないが、どうしてある地域に経済発展が偏って出現するのか、逆に別の地域ではなぜ経済が停滞しているのか、地域間や国家間の経済発展を比較するさいに、類似の宗教文化論がしばしば登場する。

　たとえば、1980年代から90年代にかけて一時期流行った「儒教文化論」を取り上げてみよう。日本、台湾、韓国、シンガポールなど東アジア諸国の著しい経済発展を、これら地域の共通項である「儒教」で説明しようという考えである。その代表者の一人である金日坤は、儒教は教育を大事にするから儒教文化圏では経済が発展したのだと主張する（金 1992）。これはウェーバーの説である儒教停滞論を否定する意味で、それなりに注目を集めた。

　では、ウェーバーはなぜ、儒教には経済発展を生み出す動力、具体的には資本主義の精神が欠けていると判断したのだろうか？　彼は儒教とピューリタニズムとを比べて次のようにいう。

　「儒教的合理主義は、現世への合理的適応であった。ピューリタン的合理主義は、現世を合理的に支配することであった。ピューリタンも儒教徒も『節制的』であった。しかしピューリタンの合理的『節制』は強力な激情という底層

を土台としていたが，この激情こそ儒教徒には完全に欠けていた」(ウェーバー 1971, 410 ページ。傍点は原文)。

　ウェーバーから見れば，伝統中国には近代資本主義は誕生しえないものだった。しかし，実際には近代資本主義の芽は伝統中国にもあったし，民国時代に中国経済を牽引したのは決して外国資本ではなく，国内の民族資本だった（Rawski 1988）。もしも日中戦争がなく，内戦もなく，中国が政治的に安定していたなら，資本主義市場経済はおそらく中国大陸においても開花したに違いない。そうした歴史的遺産（遺伝子）があったからこそ，資本主義は台湾において発達し，そして改革開放後の中国において展開してきたのである。このことは，資本主義の精神が必ずしも宗教によって強められたり，あるいは弱められたりするものではないことを示唆している。

　もしウェーバーの経済発展＝宗教文化説が否定されるのなら，同じように経済発展＝儒教要因説も否定されなければならない。実際，儒教地域が発展した後，仏教国であるタイが発展を開始し，そして今日，ヒンズー教国であるインドがめざましい経済発展を始めている。言い換えれば，宗教が経済発展の動力になる，あるいは逆にブレーキになるという説そのものが疑わしい。勤勉や節倹はどの宗教，どのような文化においても尊いものとして奨励されてきた。怠惰や奢侈こそ望ましいという宗教や文化があるなどと聞いたことがない。重要なことは，勤勉を基礎に，どのような制度，いかなる政策がより多くの貯蓄（節倹）を促し，リスクを冒して投資を拡大し，そして経済発展を生み出すのか，である。市場競争があれば自然にそうした文化が形成，発達するのか，断定的なことはいえそうもない。

　とはいえ，宗教や文化が経済発展に無関係だというわけでは決してない。文化には価値観が入っているから，その社会一般の，あるいは政府が代表する社会的選好（preference）を決めるだろうし，政策決定や手段の選択に大きく影響してこよう。たとえば，ある一定額の資金をどのように使うか，独裁者ひとりではなく社会が選択する場合，ある文化の下では戦勝記念碑の建設を選ぶかも知れないし，もしかして教会やモスクなど宗教施設の建立・拡充を選好するかも知れない。しかし，他の文化ではその資金を学校建設に振り向けるかも知れ

ない。どのような使途が経済発展に効果的なのかは、一概にはいえないが[11]、文化が経済に作用することはこのことからも理解できよう。

中国人＝商人、日本人＝職人という説がある（邱 1993）。その説によれば、中国では昔から商人文化が発達し、海外へ多くの華僑が渡って主に商業に従事し、強力なネットワークを利用しながら各地にチャイナタウンを築いてきた。他方、日本人は伝統工芸をはじめとして細かい作業を得意として、これが今日におけるモノ作り大国を作り上げる基礎となった、という。確かにどの国においても「国民性」らしきものはあるだろう。ただし、それが経済発展にどう結びつくのか、簡単に答えは求められそうもない。おそらく、図1-1の枠組みでいえば、文化と制度（たとえば市場）、それに技術的条件（たとえばノースや速水のいう生産要素の相対価格や賦存条件）との複雑な絡み合いの中で、文化と経済発展が結びついているのだろう。

同様に、中国の今日の経済発展をその文化と結びつけるのはかなり難しい。しかし、中国には市場を活発化させるある種の文化的要因があることは否定できそうもない。仮に市場が自動車のエンジンだとすれば、文化は添加剤か潤滑油に相当する。たとえば、改革開放以後、浙江省の元来が貧しい地域だった温州から多くの農民や商人が外に出て、彼らが「企業家」となって中国各地に「温州城」というショッピングセンターを築き、さらに世界各地に散らばって、さまざまなビジネスに従事し、一大ネットワークを築き上げてきたが、それがどうして温州人なのか、どうして（同じ商業の伝統のある）山西人ではないのか、いまだに確たる答えが見つかっていない。土地が少なく人口が多い貧しい地域だったから人々は外に行かざるをえなかったのか？　もしこうした要素賦存や自然条件が能動的精神を形作る決定的要因だというのなら、似たような条件の地域や村は中国には無数に存在するのである。

ここで指摘し、強調しておくべきことは、こうした文化的要因は図0-1における環境要因の一部に過ぎず、経済発展を生み出す主たる要因ではないという

[11) 常識的には学校を建てた方が経済発展に役立ちそうだが、短期的に見ると記念碑を作ったり、教会やモスクを造ったりする方が国民統合に寄与し、人々を元気づけ、経済発展を促すかも知れない。

ことである。もしそうした環境要因が経済発展の主因だとするなら，ある文化やある地理的条件の下では永久に発展はできないという，一種の悲観論に陥ってしまうことになる。インドがこれまで発展できなかったのは気候が暑すぎるためだったろうか？　あるいはヒンズー教が支配的宗教だったためだろうか？もしそうだったなら，そうした条件が変わらない現在において，中国に次ぐといわれる成長力は説明できないことになる。

　同様なことは先に述べた初期条件についてもいえる。ガーシェンクロンのいうように，「後進性の優位」があるなら，後れているものは常に急速に発展できることになる。その優位性を摑み，急速に発展するにはよい政策とよい制度がなければならない。中国が急速に発展できたのは，中国人のもって生まれた文化によるというよりも，あるいは中国の後進性によるというよりも，経済発展を促すさまざまな政策と制度が，比較的有利な環境条件，たとえば初期条件の下で，これまでのところ適切に作用したからにほかならない。それでは，そうした政策と制度とは何だったのか，これこそ以下の章で追究すべき大きな課題の1つである。

第2章

成長モデルと構造変化

はじめに

　序章でも述べたように，経済発展とは多様な構造変化を伴った長期成長過程のことである。構造変化と成長とは発展過程の中で車の両輪のように密接に絡み合い，相互に促進し合っている。それではどのような構造変化が成長をもたらし，逆に成長はいかなる構造変化を生み出しているのだろうか？　構造変化はさまざまな意味で捉えられている。そのうち，産業構造の変化，あるいはそれに関連する部門間の労働移動については次章で見るし，分配面での構造変化については第7章で取り上げよう。貿易構造の発展もやはり一種の構造変化であり，それについては第4章と第5章で考察することにする。さらに，人口構造の動きも構造変化であるが，それについては第6章で取り扱う。この章では，主として貯蓄（したがって支出構造）と産業構造に絞って，成長との相互関係について論じる。

　以下，まず開発経済学で最も強い，また長きにわたって大きな影響を与えてきたハロッド＝ドーマー・モデルを説明し（第1節），次にそれとの関連で貯蓄率と成長との関係を論じよう（第2節）。これらのモデルはその後，マハラノビス・モデルやフェリトマン＝ドーマー・モデルといった重工業化優先発展モデルへと繋がっていく（第3節）。さらに，今日でも成長会計モデルは多用されているが，それと成長および産業構造の変化との関係を見て（第4節），

産業構造変化の最も古典的で有名なペティ＝クラークの法則やホフマン法則の中国への適用可能性について考えてみる（第5節）。そして不均整成長論，ビッグプッシュ・モデルから見た中国経済の発展を論じた後（第6節），最後に，1990年代以降盛んになる内生的成長論を経済発展との関連で取り上げ，それが中国の経済発展にどのような示唆を与えるかについて簡単に触れておくことにしよう（第7節）。

1．ハロッド＝ドーマー・モデル

　1930年代から40年代にかけて登場した古典的成長モデルのハロッド＝ドーマー・モデル（以下，HDモデルと略称する）は，元来は先進国を念頭に置いたモデルだったが，1950年代に開発論に応用され，その後も開発（援助）思想において今日まで大きな影響を及ぼしてきた。イースタリーに言わせれば，「（開発モデルとして）ソ連の経験がハロッド＝ドーマー・モデルにヒントを与えただけではなく，ソ連そのものが，モデルに信憑性を与えたのである」（イースタリー2003，42ページ）。今日ではソ連経済は非効率そのものであり，それゆえに破綻し，消滅したと見なされているが，1950-60年代当時は現在考えられているよりもはるかに威信のある経済だった。

　このモデルがなぜ開発論において重用されてきたかというと，少なくとも2つの理由があったように見える。1つは，途上国に足りないのは物的資本であるという観念である。すなわち，労働力は過剰なほどあるのに物的資本が足りない，それゆえ生産が伸びない，したがって貧しい，という考え方がこれまで支配的だった。したがって，開発には何はさておき物的資本を増大させる必要があると考えられた。その考えが援助政策に取り入れられると，援助といえば道路や鉄道，港湾やダム，それに学校や病院といった施設の建設とほぼ同義になってくる。

　もう1つは，そのことと密接に関係しているが，資本を増大させるには投資が必要であり，投資を増やすには貯蓄を増加させなければならないため，貯蓄率を引き上げる必要があると考えられてきたことである。次に述べるロストウ

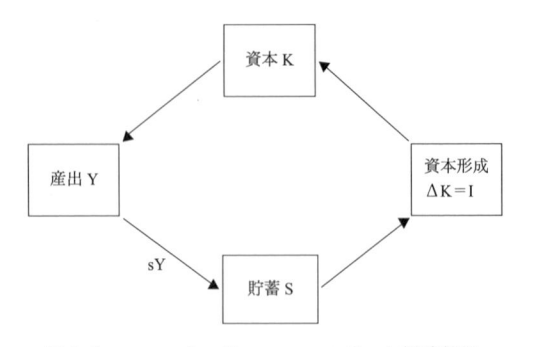

```
            ┌─────┐
            │資本 K│
            └─────┘
           ↗       ↘
     ┌─────┐       ┌──────┐
     │産出 Y│       │資本形成│
     └─────┘       │ΔK=I  │
                   └──────┘
         sY      ↗
           ↘ ┌─────┐
             │貯蓄 S│
             └─────┘
```

図 2-1 ハロッド＝ドーマー・モデルと経済循環
注）資本は物的資本を指す。Δは増分，I は投資，s は貯蓄率を示す。

の近代化論も基本的に貯蓄率を中心に組み立てられている。こうした低貯蓄率→低開発→貧困説は，今日に至るまで貧困緩和政策に大きな影響を及ぼしている「貧困の悪循環（罠）（poverty trap）」説の核心であり，援助論に組み込まれると，不足する国内貯蓄を補充するために海外貯蓄としての援助が必要だという議論になってくる（Sachs 2005）。援助に理論的基礎を与えたチェネリー＝ストラウトによる「ツーギャップ理論」は，そうした発想に基づいている[1]。

以上のことを図式化してみよう（図 2-1 参照）。産出 Y は資本 K と労働 L から作り出されるが，労働が豊富にあるという前提なので，労働の機会費用はゼロである。今期の資本は前期の資本プラス今期の資本形成 ΔK に等しく，いま資本の減耗がないと仮定すると，ΔK は今期の投資 I に等しくなる。ここで Δ は増分を表している。この投資は国内では貯蓄 S から生まれ，仮に全て投資に回されるとすると I＝S になる（しかし，その保証はない）。国内貯蓄は所得＝産出 Y から拠出され，その割合 S/Y が貯蓄率 s になる。この HD モデルを式で表すと，

---

[1] 途上国は貯蓄制約と外貨制約という 2 つの制約（ギャップ）に縛られている，というのがチェネリー＝ストラウトの主張であり，簡単にいえば，ハロッド＝ドーマー・モデルに外貨制約という貿易問題を付け加えたものに過ぎない。

$$\Delta Y/Y(成長率) = \frac{s(貯蓄率)}{\dfrac{\Delta K}{\Delta Y}(限界資本係数あるいは限界資本産出高比率ICOR)} \qquad ①$$

であり,図2-1のような資金循環を表している。いま $\Delta Y/Y = (dY/dt)/Y = g$, $\Delta K/\Delta Y = v$ と置くと,上式は以下のようになる[2]。

$$g = s/v \qquad ②$$

さて,この式から次のような含意が導かれる。まず,限界資本係数 v を一定とすると,貯蓄率 s が高ければ高いほど成長率 g は高くなる。したがって,いかにして貯蓄率を高めるかが成長への,それゆえ開発への鍵となる。しかし限界資本係数は必ずしも一定ではなく,もしそれが上昇するなら,貯蓄率をいくら高めても成長率は上がらないし,貯蓄率以上に上昇する場合には成長率は低下してしまうことになる。逆に,限界資本係数が低下していくなら,貯蓄率は上がらなくとも成長率は増大する。

限界資本係数は投資の生産性 $\Delta Y/\Delta K$ の逆数であるから,資本効率に深く関係し,それは広い意味で経済の制度的効率性とも結びついている。途上国の場合,とくに貧しい後れた途上国においては制度効率の改善が期待できないとすれば,限界資本係数が低下するとは考えにくい。体制移行前の旧ソ連では,無駄な投資や資本設備維持の不備で資本の限界生産性が低下していたことが知られている。経済が停滞している途上国も,おそらく似たような状況にあると想定するのが自然だろう。かくして,途上国の場合,貯蓄率を上げる以外に成長率を高める方法がないことになる。

ところで貯蓄率を高めると,消費に用いられる所得が減るから初期には消費水準は低いが,長期的に見ればより多くの消費を生み出すことになる[3]。かくして,長い目で見れば貯蓄率の上昇は(制度効率が維持される限り)平均的な

---

2) ハロッドは現実の成長率,自然成長率,保証成長率(warranted rate of growth)を区別している。このうち,自然成長率は労働人口の増加率と技術進歩率の和として定義され,保証成長率(または適正成長率)がここでいう s/v に等しい。詳しくはハロッド(1976)参照。

表 2-1 成長率と投資率,貯蓄率の相関

期間	成長率と投資率	成長率と貯蓄率
1953-1978	0.163	0.143
1978-1992	0.306	−0.068
1992-2007	0.621	0.295

注)投資率,貯蓄率ともマクロの比率。相関係数は比率の3年移動平均に基づく。
出所)『中国統計年鑑』ほか,国家統計局国民経済綜合統計司(2005)による公式統計を用いて筆者計算。

人々の生活水準の向上をもたらし,もし彼らが貧困水準以下にあるとするなら,貧困から脱却できるはずである。モデル自体はきわめて単純であるが,開発論にこのモデルが適用されたとき,確かにある意味で楽観的な開発過程を描くことができる。なぜなら,貯蓄率さえ上げれば,限界資本係数が一定である限り,あとは順調に成長していくはずだからである。

それでは,現実の中国経済の発展過程を HD モデルはうまく説明できるのだろうか? このことを調べるために,中国における 1953 年以来の成長率と貯蓄率,そして/あるいは投資率の長期にわたる相関関係を見てみよう[4]。ちなみに,短期の変動を消すために全ての数値を 3 年移動平均(3 年間の値の平均値をその中間年の値とする)にしてある(表 2-1 参照)。この結果から次のような結論が導かれそうである。すなわち,毛沢東時代には成長率と投資率との間にほとんど相関がなく,両者の間にはっきりした相関関係が見られるのは改革開放以後,中でも 1992 年の本格的市場経済化以後である。このことは何を物語っているのだろうか? 毛沢東時代,いわゆる「社会主義計画経済」時代には,われわれのいう毛沢東型開発戦略の下,投資効率を全く無視した闇雲な投

---

3) いま①式を微分形式で書くと,$(dY/dt)/Y = s/v$ となるから,これを展開すれば,$Y = Y_0 \exp(s/v)t$ となる。もし,所得(産出)$Y =$ 消費 $C +$ 貯蓄 S だとすると,$C = Y - S$ となり,②式から $C = (1-s)Y$,また $C_0 = (1-s)Y_0$ となる。これらから容易に消費の経路 $C = C_0 \exp(s/v)t$ が導かれる。ここで Y_0 と C_0 は,Y と C の初期値を表す。
4) もちろん,厳密な意味でこれらの比較がこのモデルの妥当性を証明するものではない。しかし,このモデルが現実に妥当するには,少なくとも成長率と貯蓄率・投資率にある種の有意な関係がなければならない。

資拡大戦略が採られ，そのうえ，補論1でも述べたように大躍進と文化大革命という政治運動が経済を混乱させ，そもそもHDモデルであれ何であれ，通常の経済モデルが作用するような環境と体制はなかった。

このことは，投資率／成長率で求められる限界資本係数の動きを見ることによっても確認できる。大躍進期のように成長率がマイナスになる時期を別にしても，1967年の文化大革命真っ盛りの時代には限界資本係数がなんと100を超すような異常な事態が見られたし，おしなべて毛沢東時代後期の制度的非効率性はきわめて高かった。スターンも指摘するとおり，貯蓄率を引き上げるよりも，管理，組織，それにインフラの弱さこそが中国のような途上国の成長を決定するものだった（Stern 1991）。

毛沢東時代のマクロの貯蓄率は，当時外国貿易の比重が小さく，マクロの投資率とさほど違いはなかった。改革開放以後，とくに1990年代後半から投資率と貯蓄率は乖離し始め，以後貯蓄超過，言い換えれば経常収支の黒字基調が固定化する。成長率と貯蓄率との相関度は低く，とりわけ1992年以前の市場経済化前には両者はほとんど無関係である。ちなみに，毛沢東時代のその相関係数は0.143しかなく，1978-92年のそれはほぼゼロに等しかった（表2-1参照）。他方，成長率と投資率との相関は比較的強く，とくに市場経済化した後では相関係数が0.621とはっきりと有意な相関が見られるようになった。換言すれば，HDモデル，ないしはそうしたメカニズムがその頃から中国経済に作用し始めたといえそうである。

貯蓄率あるいは投資率と成長率との単なる相関関係ではなく，そもそも貯蓄，投資（の増加率）が成長率との間にどのような因果関係があるのか，図2-1のような一方向的関係があるのか，それとも成長が貯蓄をもたらすような逆方向の関係があるのか，多くはグレンジャーの因果分析を用いてさまざまな研究がなされてきた（グレンジャーの因果分析については補論2参照）。中国に限ってみても，たとえば劉・郭（2002）は，1990年から2001年までの四半期データを用いて貯蓄率→成長率の関係性が弱く，むしろ逆方向の関係が認められることを発見しているし，汪（2008）は1952-2006年の公式統計を使って，成長が貯蓄と投資の原因であるが，逆に貯蓄と投資が成長の原因とはいえない

ことを発見している。さらに Lean and Song（2009）は，1955-2006 年に家計貯蓄と企業貯蓄の増加が成長率にどのような因果関係を持つのかを分析し，全国にかんしては双方向の関係があることを見出している。このように結論がさまざまである原因は，1つには貯蓄率の概念が分析者によって異なるからであり，ある者はマクロ的な総貯蓄率を用い，ある者は家計の貯蓄率を使っている。さらにもう1つは対象とする時期が違うことが挙げられる。しかし，一般化していえば，制度的に大きな転換を伴う時代を含む全ての期間にわたってこうした因果分析を行う意味があるとは思えない。毛沢東時代と改革開放以後の2つの時期に分けたとき，結論は大きく違ってくるはずである。

2. 貯蓄率と成長：ロストウの段階論，中国の高貯蓄

以上のことから，貯蓄率が成長に深く絡んでいることが分かった。古典的開発論は，ある意味で貯蓄率をめぐって発展してきたといっても過言ではない。たとえば，次章で取り上げる「過剰労働論」で有名なルイスも次のように述べている。

「経済開発論の中心的問題は，かつて国民所得の4ないし5％か，それ以下しか貯蓄，投資していなかった社会が，自発的貯蓄率が12から15％，あるいはそれ以上に高くなる経済に転換する過程を理解することである」（Lewis 1954）。

しかし，経済発展における貯蓄率の重要性を最も強調したのが，1950年代から60年代にかけて反共産主義の「闘士」として独自の近代化論を展開してきたロストウである。以下，彼の経済発展段階論を見てみよう。

ロストウは，経済の発展段階ないしは近代化過程を，(1)伝統社会，(2)離陸の先行条件期，(3)離陸期，(4)成熟期，(5)高度大衆消費社会の5段階に分け，基本的に全ての経済は(1)から順を追って(5)の段階（アメリカが代表例）まで発展していく，と考えた。その段階論の中心になるのが「離陸（takeoff）」という概念である（ロストウ 1961）。すなわち，経済はある段階になると急速なスパート（離陸）を見せるようになる。その背景には離陸期以前には5％だっ

た貯蓄率が，離陸期になると急に10％あるいはそれ以上に上がる，という事実があった。ロストウは次のように述べる。

「離陸期においては新しい工業が急速に発展して利潤を生み出し，その利潤の大部分が新しい工場設備に再投資される。そしてこれらの新しい工業が，今度は，工場労働者に対する需要およびそれらの労働者に必要な諸々のサービスに対する需要の急速な増大，その他の製造品に対する需要の急速な増大等を通じて，都市地域の発展や他の近代的工業設備の拡大をいっそう刺激することになる。近代部門拡大の全過程は，単に高率の貯蓄を行うだけではなく，その貯蓄を近代部門の活動にたずさわっている者の手に委ねるような，人々の所得を増加させる。企業家という新しい階級が拡大し，この階級がますます膨れ上がる投資の流れを私企業部門に導く」（ロストウ1961，13ページ。訳文一部修正）。

もし全体の貯蓄率だけで離陸を判断するのなら，中国経済はとっくの昔に離陸していたことになる。ロストウ自身，中国はインドとともに1950年代に離陸を開始したといっている（ロストウ1961，13および62ページ）。中国におけるマクロの総貯蓄率（投資率）はきわめて高く，しかもこれまで一貫して高かった（図2-2参照）。このことは，先に述べた「貧困の罠」仮説が，改革開放以後も，またそれ以前の低開発時代にも妥当しなかったことを示唆している。つまり，貧しいから貯蓄ができない，貯蓄がないから投資ができない，そのために資本形成が進まず，生産は伸びず，所得が低く抑えられてしまうという，いわゆる「貧困の悪循環」メカニズムが中国で働いていたわけではなかった。逆にいえば，中国における貧困は別のメカニズムで発生していたことになる。毛沢東時代の中国の場合，現在よりもはるかに貧しかったのに，貯蓄率が高かったし，投資も増大した。しかし人々は相変わらず貧困に喘いでいた。そこには，マクロ的に見て，高貯蓄が人々の所得を増やすのではなく，むしろ貧困を生み出す制度的メカニズムが働いていたのである。

それではなぜ中国の貯蓄率は高かったのだろうか？　そこには2つの理由がある。1つは，毛沢東時代に始まったスターリン型開発戦略以来の工業化路線，あるいは林毅夫たちのいう「超越型発展」（林ほか1997）を遂行するために，無理な高貯蓄政策，ないしは南亮進のいう「強蓄積」（南1990）路線を実

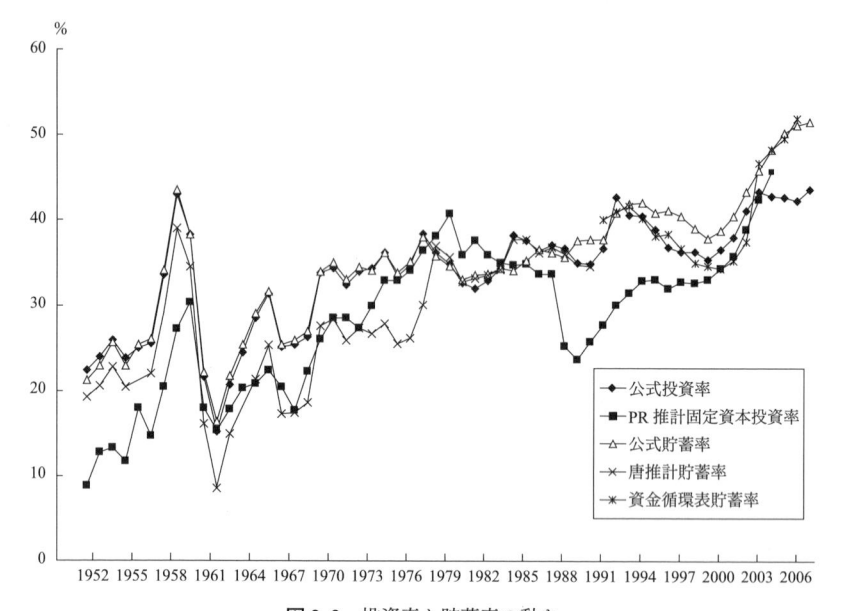

図 2-2　投資率と貯蓄率の動き

注）PR 推計とは，Perkins and Rawski による 2000 年価格に基づいた推計を示す。他の投資・貯蓄率はいずれも当年価格に基づく。
出所）公式投資・貯蓄率は『中国統計年鑑』ならびに国家統計局国民経済綜合統計司（2005）より，PR推計は Perkins and Rawski（2008）より，唐推計は唐（2005）より。

施したことである。その時代，以下でも指摘するように，個人・家計貯蓄率はきわめて低かった。なぜなら，個人や家計は貯蓄する余裕がないほど低い生活水準を強いられていたからである。他方，国有企業や政府による貯蓄が高く，そのために国民経済的に見た総貯蓄率は高くなっていた。その根底には，国有企業で働く労働者の賃金を低く抑え，利潤率を高めるメカニズムが働いていた。そして低賃金労働力を可能にしたのは安い農産物であり，それを実現したのが農業集団化だった（中兼 1999）。こうした状態をロストウのいう意味での離陸と呼べるだろうか？　先に引用したロストウの基準に従えば，毛沢東時代には労働者の需要が考慮されることはなかったし，都市化も抑制され，そのうえ，企業家という新しい階級は出現しなかった。そうした状況が出現するのは改革開放後のことだったのである。

改革開放以後，中国の貯蓄構造は大きく変化する。鄧小平型（さらにはポスト鄧小平型）開発戦略の下では国家主導の貯蓄よりも，民間主導の貯蓄（企業貯蓄と家計貯蓄）が相対的に優位を占めるようになった。改革開放直後から家計貯蓄率は急速に上昇し始め，1994年には30％を超すまでになった。その後若干低下するが，それでも高い貯蓄率を維持している。発展途上国で，1人当たり所得が低いにもかかわらず，中国における貯蓄率はなぜかくも高いのだろうか？　その高貯蓄率はいまや「謎（パズル）」として国際的にも注目を集め，中国内外の相当数の研究者がこの謎の解明に取り組んできた。これは果たして前章でも述べた「国民性」によるものだろうか？　王・龔（2007）は，成長率の高さと併せ，資本の産出弾力性の高さが中国における高貯蓄の一因だと主張するが，果たしてそうだろうか？[5]

改革開放以後の中国における貯蓄率の高さは，主として以下の3つの要因によって説明可能なようである。1つはライフサイクルである。家計貯蓄率が個人のライフサイクルによって決められると主張したのはモジリアーニとブランバーグである（Modigliani and Brumberg 1954）。すなわち，若くて働いているうちには将来に備えて貯蓄し，歳をとり退職すると貯えを消費するのが一般的傾向だろう。もう1つは，そのことにも関連するが，人口学的要因である。つまり，子供が小さければそのぶん消費が増え，子供が大きくなり独立すれば貯蓄が増え，老人を扶養する世代になるとまた貯蓄が低下するはずである。中国におけるマクロの家計貯蓄率の動きを，こうしたライフサイクルと人口学的要因を説明変数とする貯蓄関数で説明しようとしたのがModigliani and Cao（2004）である。彼らは，家計貯蓄率を長期の成長率（具体的には，15年間にわたる成長率），労働人口/子供（15歳以下）人口比率，インフレ率，1人当たり実質所得の逆数などを説明変数の候補として選び，さまざまな回帰分析を試みる[6]。その結果，中国における高貯蓄率は，所得水準ではなく，所得の成長率と人口

---

5) 資本の産出弾力性が高ければ投資が増え，そのために貯蓄が増えるというロジックだろうが，資本が希少な途上国ではその弾力性が高いだろうから，途上国全てで貯蓄率が高くなる，という奇妙な含意が得られることになる。

6) そのほかに，前年度の成長率－長期成長率も，貯蓄率の突然の急変を説明するために導入している。

構造(政策)により決まってくることを発見する。これらはいずれも広い意味でのライフサイクル仮説の妥当性を示唆するものといえる。この仮説が中国の現実に妥当する1つの背景が,いわゆる「1人っ子政策」であり,それが「人口ボーナス」を一定期間生み出し(第6章参照),またこの政策の結果,世帯の老人を子供たちが養護するという伝統的家族観や慣習が消えてきたといわれる。同様な分析は Ang(2009)によっても行われ,年金などの変数を付け加えるなど手法は若干異なり,対象期間も違うが,ほぼ同様な結論を得ている[7]。

第3の仮説は制度的要因を強調するもので,改革開放以後,人々の貯蓄動機が大きく変化し,経済発展とともに教育支出や住宅,ないしは車など耐久消費財に対する購入欲求が強まり,また漠然とした将来への不安からも予備的貯蓄(precautionary saving)が必要となってきた。こうした要因を入れて中国の家計貯蓄率を分析したものとして,杭・申(2005)や杜・劉(2011)などがあり,とくに都市部門において予備的貯蓄の影響が強まってきたことを実証している。

しかし,いずれにせよ,市場経済が機能し始めた改革開放後の中国にはこうしたモデルは適用できるが,それ以前,つまり毛沢東時代とその直後には当てはまらない。つまり,市場が機能せず,人々の行動様式にも長期にわたり人生設計をできるような余裕などなかった時代には,あるいは都市国有部門では低賃金ながらも一生を国家(企業)が丸抱えするような時代には,これらの仮説は妥当しないのである。貯蓄動機のみならず,貯蓄メカニズムそのものが改革開放前と後とで根本的に異なっていたといえよう。

3. 重工業化モデル:
マハラノビス・モデルとフェリトマン゠ドーマー・モデル

前章でも述べたとおり,ガーシェンクロンは後進国ほど生産財工業を優先発

[7) 対象期間は 1963-2005 年で,年金の貯蓄率に対する効果はマイナスとなっている。なお,ホリオカは日本と中国の人口高齢化の貯蓄率に与える影響を分析し,高齢化が貯蓄率の低下をもたらす可能性を指摘している(Horioka 2010)。

展させる傾向があることを発見したが，戦後の開発論，とくに開発政策において展開された有力な主張が「重工業化」論だった。台湾や韓国は1970年代の初めから積極的な重工業化政策を推進したし，インドも1950年代にすでに重工業化を目指した5カ年計画を実施している。

中国が1953年の第1次5カ年計画から一貫して生産財工業を重視してきた背景として次の3点がある。1つは，その時代唯一の社会主義モデルであったソ連の政策体系を模倣したことである。われわれのいうスターリン型開発戦略と，その後継である毛沢東型開発戦略の大きな柱が社会主義工業化であり，中でも俗にいう重工業，より正確には生産財工業を主体とする工業化政策だった。ちなみに，中国では鉱業，原材料工業，それに加工工業のことを重工業と呼ぶ[8]（詳しくは補論3参照）。

次に，当時の中国は国防強化に迫られていた。建国直後の社会主義国は，できたばかりの政権を維持するためにどの国も軍事力を高めようとする。ましてや台湾海峡を挟んでアメリカ，国民政府と対立し，朝鮮半島において国連軍と交戦していた中国にとって，軍事力を強化するために鉄鋼業や機械工業をはじめとする生産財工業が最も重視されたのは当然だった。

最後に，第1点と絡んでいるが，以下で詳しく述べるように，マルクス以来，生産財工業を優先発展すれば成長力を加速できるという，かなり強固な理論的確信めいたものがあったし，当時の経済学では，これは一種の歴史「法則」と見なされていた。

それでは，なぜそうした理論や法則が成立するのだろうか？　その理論的根拠として3点挙げられよう。第1点は，経済発展とともに生産財工業の比重が増大するというホフマン法則である。その背景には産業連関関係があるのだが，これについては第5節で取り上げることにしよう。第2点は，そのことにも絡んでいるが，ローゼンスタイン=ロダンのいう「ビッグプッシュ（大きな一押し）」論で，これについては第6節で取り上げる。第3に，しかし，これらのモデルでは生産財優先発展の理論的証明がなされているわけではない。そ

---

[8] 半導体製造のような電子産業は典型的な生産財工業であるが，製品はきわめて軽く，「重工業」というにはなじまない。

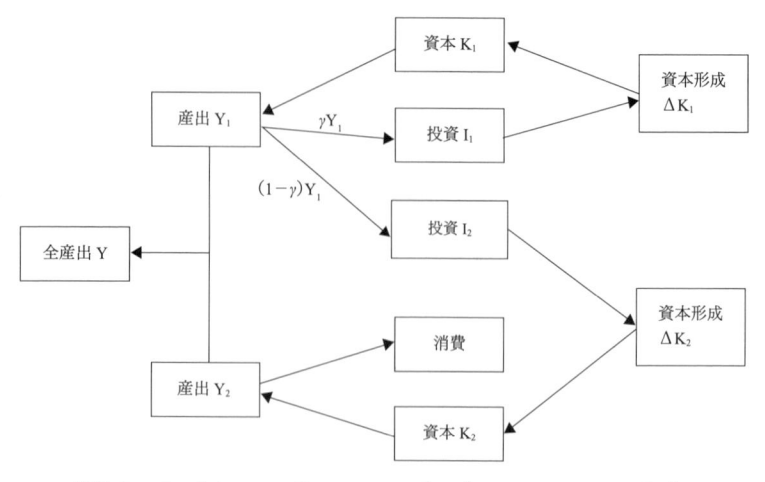

図 2-3 フェリトマン゠ドーマー・モデル（マハラノビス・モデル）
注）1 は生産財部門，2 は消費財部門，γ は（生産財部門への）投資配分率を示す。
出所）筆者作成。

うした理論的証明は，フェリトマンやマハラノビスたちによって与えられた。

1920年代におけるソ連の工業化論争で生産財工業優先発展を主張したフェリトマンのアイデアを1950年代に精緻化したのがドーマーのモデル，つまりフェリトマン゠ドーマー・モデル（以下，FDモデルと略称する）であり，他方，1950年代にインドの経済発展モデルとして同じような構想を具体化したのがマハラノビス・モデルである[9]。前者が2部門モデル，後者は4部門モデルのほかに2部門モデルがあり，実質的には両者は全く同種である。それでは，なぜ生産工業を優先発展させると経済はより急速に成長するのだろうか？ここではFDモデルの構造を説明しよう。

いま経済を第1部門（生産財部門）と第2部門（消費財部門）の2つの部門に分け，HDモデルと同じく，両部門は資本のみが制約条件だとする。生産財＝投資財 Y_1 は全て投資に回され，それは2つの部門に γ と $(1-\gamma)$ の割合で配分される。この γ を投資配分率という。γY_1 は生産財部門の投資に，$(1-\gamma)$

9）マハラノビスの思想およびその成長モデルについては，絵所（2001）が詳しい。

Y_1 は消費財部門の投資に当てられ,それぞれ次期の生産を生み出す。以上を図式化すると図 2-3 のようになる。いま HD モデルと同様に,2 つの部門の限界資本係数をそれぞれ v_1, v_2 とすると,両部門の HD 型の成長モデルは次のように表せる[10]。

$$\Delta Y_1/Y_1 = \gamma/v_1 \qquad \text{③-(1)}$$
$$\Delta Y_2/Y_2 = (1-\gamma)/v_2 \cdot Y_1/Y_2 \qquad \text{③-(2)}$$

これら 2 式を微分形式に書き直せば,連立微分方程式になり,解が求められる。国民所得 $Y = Y_1 + Y_2$ だから,②に対応する解は次のようになる[11]。

$$Y = Y_0 + Y_{10}[\gamma(1-\gamma)/v_2 v_1 (\exp(\gamma/v_1)t - 1) - 1] \qquad \text{④}$$

この解が意味していることはきわめて明解である。つまり,長期の成長率は HD モデルでは s/v だったのに対して,FD モデルでは γ/v_1 によって決まり,投資配分率を高くすればするほど,限界資本係数 v など他の条件を一定として成長率は高くなる。逆に,短期的には消費財の生産と消費がより少なくなり,人々の消費欲求をその間抑えておかなければならない。その意味で,このモデルは「計画経済」,とくに集権的社会主義経済にふさわしいモデルだったといえる。

このモデルを拡張し,生産部門を農業部門を入れた 3 部門にし,そのうえ労働需給や人口増加,さらには外国貿易までも含む総合的なマクロモデルを作り,毛沢東時代の中国経済の構造を分析したのが石川滋である(石川 1964, 1971)[12]。この石川モデルでは,政策当局者の動かせる政策変数である投資配分率 γ と貯蓄率 s が,経済全体のバランスを取るにはどうあるべきか,という視点で分析がなされている。いわゆる経済予測モデルではなく,また当時の資

---

10) HD モデルとは異なり,FD モデルでは貯蓄率 s の代わりに投資配分率 γ が用いられる。それは,貯蓄率=投資率という仮定が暗になされているからである。

11) 求め方は中兼(1999)第 2 章補論参照。

12) これら 2 つの論文で展開されたモデルは基本的に同じであるが,1971 年モデルの方がより複雑になっている。たとえば,1964 年モデルでは農業生産関数もハロッド型のものだったのが,1971 年モデルではコブ=ダグラス型に変わっている。

料・情報状況からモデルに含まれている初期値やパラメーターに正確な値を当てはめるわけにはいかず，このモデルから導かれる結論と現実の違いを論じても意味がない。事実，改革開放後このモデルを再検証した石川は，計画経済下に資本の効率性が低下し，vが上昇してきたことを指摘している（石川 1980）。

FDモデルは，この資本効率性一定という条件のほかに，閉鎖経済であることを条件としており，したがって，消費財をまず優先発展させてそれを輸出し，その代わりに海外から生産財を輸入するという，比較優位の原則が働かない環境に適している。そうした環境は，このモデルが誕生する素地となった1920年代のソ連，またこれが導入された1950年代の中国にも比較的妥当した。というのは，当時の社会主義国はアメリカを筆頭とする先進資本主義国，つまり彼らのいう「帝国主義諸国」に包囲されているという恐怖感に包まれており，海外から必要な生産財を確保できるとは考えてもいなかったからである。ましてや海外から直接投資を受け入れるという発想など全くなかった（第4章参照）。

中国においてこのモデルが適用されてきたことは，単に重工業優先発展が政策として掲げられてきたことからも明らかであるが，投資配分率 γ の動きからも見て取ることができよう（表2-2参照）。厳密な意味での投資配分率を計測するのは，以下でも指摘するように「生産財工業」を確定するのと同様に難しく，そのうえ産業分類が粗いために，生産財と消費財が同じ産業に含まれている場合もあり，やや大雑把にならざるをえないが，この表から1953年以降の投資配分率の動きが見て取れる。この表がはっきり示しているように，毛沢東時代には投資配分率は70％あるいはそれ以上にも達し，上昇する傾向にあった。改革開放以後はさらに高くなり，恒常的に80％以上を記録するようになった。中でも毛沢東時代には冶金工業に，そして改革開放以後には電力に，それぞれきわめて多くの投資が振り向けられたことが分かる。それは，以前には「鉄鋼を要とする（以鋼為綱）」政策が強力に進められたためであり，市場化が始まって以降は急速な電化が進み，電力需要が飛躍的に増大したためにほかならない。

それでは，実際に重工業優先発展政策は中国において成長率の引き上げに効

表 2-2 投資配分率の動き

(%)

	1953	1957	1962	1965	1975	1980	1985	1990	1995
冶金工業	18.8	19.4	17.0	16.0	14.0	11.8	11.7	7.8	9.7
電力工業	9.2	14.7	8.9	13.1	13.3	17.5	24.2	35.1	34.7
石炭工業	12.6	10.4	22.1	8.7	8.1	12.1	12.3	10.4	5.9
石油工業[*1]							7.4	7.9	5.9
コークス	2.5	5.3	8.0	7.0	9.3	12.1	1.7	3.6	3.4
化学[*2]	3.3	6.7	10.8	12.1	24.0	10.7	12.0	9.2	13.3
機械[*3]	15.4	13.6	6.9	11.5	15.0	12.7	9.8	7.0	7.4
木材	4.6	2.5	5.8	6.1	2.1	2.6	1.5	0.5	0.3
建築材料	2.0	2.5	0.8	3.2	2.8	4.3	6.1	2.1	3.9
合計	68.4	75.1	80.3	77.7	88.6	83.8	86.7	83.6	84.5

注)ここでは,投資配分率を以下の産業の基本建設投資割合で代替させている。
 *1 1980年まではコークス工業と未分離。1990年以降は石油採掘のみ,精製はコークスに含めた。
 *2 化学肥料と農薬を含む。
 *3 農業機械製造と修理を除く。
 1985年以前と以後とでは産業分類が異なり,必ずしも整合的ではない。
出所)国家統計局固定資産投資統計司編(1996)より。

果があったのだろうか? われわれの計測では,長期的に見て高い投資配分率は経済全体に対して高い成長率を生み出さなかった。ただし,工業成長率に対しては有意に効いていた(中兼1999,83-84ページ参照)。このことは,この政策が少なくとも部分的に成長効果があったことを示唆している。しかし,改革開放以後「計画経済」から市場経済へ転換するに従って,計画モデルとしてのFDモデル,あるいは重工業優先発展政策は,その本来の意味を失うことになった。すなわち,政府が計画的に貯蓄動員し,貯蓄資源の大部分を生産財部門に回して,成長率を最大化しようという,林たちのいう「超越型発展」そのもの,あるいはFDモデル本来の目的はなくなってきたのである。

とはいえ,現実には重工業化率が傾向的には低下することはなく,また結果としての投資配分率はむしろ1990年代以降上昇してきた。それは以下で述べるホフマン効果(法則)が働き始めたためと解釈できるかも知れない。もしホフマン法則が標準パターンの一種であるなら,中国はこの面でも1990年代以降,市場化の進展とともに標準的な発展経路に乗り始めたともいえる。

4. 成長会計モデルとチェネリーの標準パターン論：中国への適用

　経済成長が何によって，またいかなる割合でもたらされるのか，この問題に答え，成長率を要因分解するのが成長会計（growth accounting）である。1つの成長会計は，生産あるいは所得を構成要素ごとに分解し，全体の成長率を，各要素の成長率をその要素の全生産・所得に占める割合をウェイトにして加重平均するやり方で求める。たとえば，全生産を産業部門iごとの生産の和として分解できるが，平均成長率は次のようになる。

$$\Delta Y/Y = \Sigma \beta_i \cdot \Delta Y_i/Y_i, \quad \beta_i = Y_i/Y \qquad (5)$$

これにより，全生産に占める部門別生産の割合 β_i，つまり産業構造の変化と個々の産業の成長 $\Delta Y_i/Y_i$ が，経済全体の成長にどのように影響しているのかを見ることができる。以下で述べる産業構造の変化と成長との関係を論じる場合，この種の成長会計が用いられる。同様に，地域ごとの成長の貢献度を測ることもできる。そしてこの式が示しているように，成長率の低い部門（あるいは地域）から成長率の高い部門（あるいは地域）に生産要素（とくに労働と資本）が移転することで，経済全体の成長率を引き上げることができる。これを「構造ボーナス（structural bonus）」という（Timmer and Szirmai 2000）。なお，⑤式を用いて，支出国民所得の構成要素である消費，投資，輸出入の動きが，全体の成長をどう左右しているかを調べることもできる。これも一種の成長会計に当たる。

　しかし，一般に成長会計といえば，生産要素ごとの成長に対する貢献度を計測するために使われる。いま生産要素を労働Lと資本Kの2種類しかないとすると，ソローの新古典派的成長モデルは次のようなコブ＝ダグラス型の生産関数になっている。

$$Y = AL^{\alpha_1} K^{\alpha_2} \qquad (6)$$

ここで α_1 と α_2 はそれぞれ労働と資本の生産弾力性に等しい[13]。もしこの生産関数が一次同次，つまり規模にかんして収穫一定ならば，$\alpha_1 + \alpha_2 = 1$ となる。

一般には労働の生産弾力性 α_1 を労働分配率に等しいものと考え[14]，$\alpha_2 = 1 - \alpha_1$ として求められる。この式を全微分して成長率タームに変形すれば，次のようになる。

$$\Delta Y/Y = \Delta A/A + \alpha_1 \Delta L/L + \alpha_2 \Delta K/K \qquad ⑦$$

ここで A は労働と資本によっては説明がつかない残差であり，「ソローの残差（Solow's residual）」といわれ，これが全要素生産性（TFP：total factor productivity）を表し[15]，ソローは技術進歩（の増加率）と捉えた。しかし，実際にはあくまでも残差であるから，技術進歩のほかに制度改革の効果などが含まれていると考えられ，その中身は多様である。また，取り上げる生産要素の種類によって A の性格は違ってくる。たとえば，労働力を単純労働力と技能（知識）労働力に分けて⑥式に入れると，A に含まれている「技術進歩」は技能や知識以外のものと見なされることになるだろう。

経済発展とともに，この成長会計で表せる労働と資本，および TFP の貢献度はどのように変化していくのだろうか？ 序章でも紹介したチェネリーたちの標準パターンのうち，成長会計を基準にした標準パターンには次のようなものがある。すなわち，経済発展を3つの段階に区分し，第1段階（低開発 underdeveloped）では労働の貢献が最も大きく，第2段階（発展途上 developing）になると資本の貢献が初期には大きく，しかし次第に低下し始め，第3段階（工業化 industrial）になると TFP の貢献が最大になる傾向がある，というのである。一般に，労働や資本といった生産要素による成長貢献が主たる段階，あるいは状況を「粗放的あるいは外延的（extensive）」成長段階といい，TFP が主たる成長要因になることを「集約的あるいは内包的（intensive）」成長段階とい

---

13) いま $Y = Af(L, K)$ というマクロ的生産関数を考える。これを全微分すると，
    $dY/Y = dA/A + (\delta f/L)/(Y/L)df/dL + (\delta f/K)/(Y/K)df/dK$
   となる。この式から分かるように，A はヒックス型の技術進歩率を表している。
14) 労働の生産弾力性は $(\delta Y/Y)/(\delta L/L)$ であり，労働の限界生産力 $\delta Y/\delta L$ が賃金率 w に等しいとすると，これは wL/Y に等しくなる。
15) 通常，全要素生産性（TFP）といえばこの残差を指すが，ケンドリックはより直接的に $Y/(\alpha_1 L + \alpha_2 K)$ として TFP を求めている。これがケンドリック型の TFP である。

う。それゆえ，経済発展の標準的道筋は，労働から資本へ，そして技術を中心としたものへ，また粗放的発展から集約的発展の段階へ進んでいく。言い換えれば，量的発展から質的発展に，発展のパターンは進化していくのが標準である。

　それでは，中国の経済発展における成長会計を見てみよう。ここでも改革開放以後と以前とを分けて発展パターンの違いを見ていくことにしよう。たとえばツォウ（鄒至庄）は 1952-98 年の成長率を成長会計によって分析し，1952-78 年（毛沢東時代）の TFP の成長に対する貢献度はゼロ，他方，改革開放以後 1978-98 年におけるその貢献度は 28.9％に上ると計測している（Chow 2002, p. 98）。予想されたように，無理な重工業化を図った毛沢東時代には粗放的発展が続き，そして改革開放以後徐々に集約的発展の方向に変化してきたが，依然としてチェネリーたちのいう第 3 段階には進んでいない。中でも資本の成長率に対する貢献が最も高く，毛沢東時代が 79.3％，改革開放以後が 62.9％で，中国が資本あるいは投資牽引型の成長パターンを見せていたことが分かる[16]。資本や労働の取り方が違うので数値は異なるが，似たような結果はパーキンスとロースキーによっても与えられている（Perkins and Rawski 2008）。彼らの計測によれば，毛沢東時代の TFP の成長貢献度は 11.0％，改革開放以後（1978-2005 年）のそれは 40.1％だった。

　張軍は，中国経済のこうした資本牽引型の成長がクルーグマンのいう「東アジア経済のまぼろし」に終わることを警告し，一刻も早く集約的発展への移行に舵を切ることを訴えた（張 2002）。こうした事実を背景に，ポスト鄧小平型の開発戦略の下では，21 世紀に入ってから成長方式の転換と，「調和の取れた社会」や「科学的発展観」が強調されるようになった（補論 1 および終章参照）。ちなみに，改革開放以後，10 年ごとの労働，資本，TFP による成長貢献度は見ておこう（表 2-3 参照）。この表から，胡錦涛・温家宝政権の下で繰り返し成長方式の転換を訴えても，依然として粗放的成長路線が採られてきたことが分かる。

---

16) ほぼ同じような結論が中兼（1999）によっても与えられている。

表 2-3　改革開放後の成長会計

期間	成長率（％）				参考	成長に対する貢献度（％）			参考
	GDP	労働	資本	TFP(1)	TFP(2)	労働	資本	TFP(1)	TFP(2)
1978-1988	5.6	3.1	10.0	−1.6	−1.0	22.1	107.1	−29.3	−17.0
1991-2001	10.3	1.1	9.5	4.2	5.0	4.3	55.3	40.4	48.5
2002-2010	10.9	0.5	13.2	2.8	4.1	1.8	72.7	25.5	37.2

注）TFP(1)は労働分配率を 0.4 としたとき，TFP(2)は同じく 0.5 としたとき。
出所）中兼（2012）表 1 より。

5. ペティ゠クラークの法則，ホフマン法則と中国

　経済発展とともに産業構造（経済における産業別割合）が一般に第 1 次産業から第 2 次産業へ，さらに第 3 次産業へと変化していくことは，ペティ゠クラークの法則として広く知られている。一般に産業構造は生産構造として捉えられるが，雇用構造として測られる場合もある。市場経済の場合，労働力は自由に産業間を移動し，労働生産性が産業間で均等化する傾向があると想定されるので，これら 2 つの産業構造はそれほど大きく乖離しないはずである。

　ところで，なぜペティ゠クラークのような法則が成り立つかといえば，おそらく次のような説明が可能だろう。まず需要面からいって，人々が豊かになるにつれてエンゲルの法則が働き，食費の比重が低下してくる。それは取りも直さず農業の比重が低下することを意味している。他方，食よりも衣，さらに住の支出が増加していくから，工業の比重は高まっていく。基本的な衣食住が満たされたなら，人々は娯楽や旅行といった余暇を楽しむ支出の方に，相対的に多くの所得を割くことになるだろう。それが第 3 次産業の発展へと繋がっていく。

　供給面からいえば，経済発展とともに技術が進歩し，また分業が進展していくから「迂回生産」が発達し，そのことはさらに産業の連関度を高めていく。いうまでもなく，農業よりも工業，第 1 次産業よりも第 2 次産業の方が産業の連関度が高い[17]。

産業の連関度という面からはホフマン法則も説明できる。すなわち，経済発展とともに，工業生産に占める生産財部門の割合が高まり，消費財部門の割合（それをホフマン比率という）が低下する傾向が見られる。この2つの工業を比べると，明らかに生産財工業の連関度は消費財工業のそれより高い。それが果たして標準パターンなのかどうか，必ずしも見解は一致しないが[18]，東アジア諸国においては時系列的に見るとそうした傾向が見られるようである（中兼 2002）。

　現実の中国経済の発展過程はそうした2つの法則に従うものだったのだろうか？　ここでも改革開放前と後を分けて見てみよう。まずペティ＝クラークの法則であるが，明らかに毛沢東時代はこの法則は妥当しなかった。なぜなら，(1)「社会主義工業化」政策を強力に実施したために工業部門の比重は一貫して高く，(2)毛沢東が「農業を基礎とする」，その中でも「食糧を要とする」政策を推進したために，農業部門の比重も相対的に高く，(3)他方，サービス部門は軽視されていたために，その割合は常に相対的に低かった（図2-4参照）[19]。

　この状況は改革開放後大きく変化する。1人当たり所得水準の上昇に伴い，農業部門の比重は低下し，サービス部門の割合は増大し，しかも国際比較から導かれる標準パターンにほぼ沿う形で動いてきている（中兼 2002）。ところが，工業だけは依然としてその割合が高い。これは，改革開放後，以前のように計画的に工業部門への投資を拡大したというよりも，製造業の外資が大量に中国に進出し，結果として工業部門への投資配分が増大したことに大きく関係している。先に見た産業別の成長会計を当てはめてみると，第2次産業，その中でも工業部門の成長への貢献が最も大きいことが分かる（表2-4参照）。すなわち，1978-88年にGDPは平均7.5％成長したが，そのうち52.4％は第2次産業

---

17) ただし，こうした供給面からは第2次産業から第3次産業への産業構造の転換はうまく説明できない。

18) 塩野谷裕一によれば，産業連関表を用いて厳密に計測すると，ホフマン法則は一般には妥当するとはいえないという。塩野谷（1965）参照。

19) 当時，社会主義国でおしなべてサービス産業が軽視されたのは，社会主義経済学の基本にある「労働価値説」に根本的原因があったように思われる。労働価値説の下では，経済において「価値」を作り出すのは農業や工業のような物的生産だけだった。

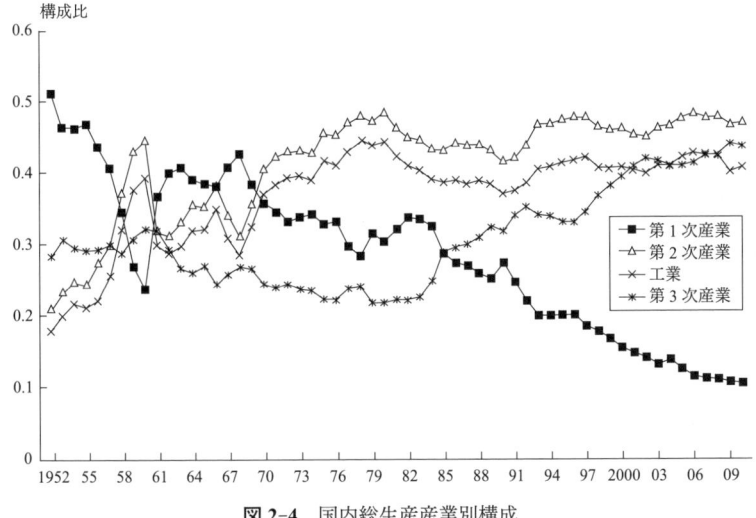

図 2-4　国内総生産産業別構成

出所）『中国統計年鑑』各年版より筆者作成。

表 2-4　農業，工業，サービス産業の GDP 成長貢献度
(％)

期間	農業	第2次産業	うち工業	サービス産業
1978-1988	15.7	52.4	47.7	30.7
1991-2001	9.1	52.4	47.7	33.7
2002-2010	5.7	49.4	42.5	43.3

注）農業は第1次産業を，サービス産業は第3次産業をそれぞれ指す。第2次産業は建設業と工業からなる。各産業のウェイトは各期間の初期年度のウェイトをとった。
出所）中兼（2012）表2より。

によるものだったし，1991-2001 年については GDP 成長率 10.3％のうちやはり 52.4％は第 2 次産業によるものだった。それに対して農業部門（第 1 次産業）の貢献度は 15.7％から 9.1％に低下した。こうした傾向は 21 世紀に入っても基本的に変わっていない。ただし，サービス産業の貢献度は今世紀に入ってようやく工業のそれを上回った。

しかし，産業構造を雇用構造として見た場合，事情は異なってくる。詳しくは次章で述べるが，中国では市場経済化された今日でも依然として完全な意味

での自由な労働移動はなく，農業部門に大量の労働力が滞留することになっている。したがって，農業部門における雇用の比重は比較的高く，産業構造の歪みの1つを形成している。

それではホフマン法則についてはどうだろうか？　何をもって「生産財工業」，「消費財工業」と定義するのか，実際には簡単なことではない[20]。塩野谷（1965）も指摘しているとおり，ホフマン比率を測るには「生産財工業」の定義が問題となってくる。スターリン型開発戦略を中国が採用して以来，毛沢東時代を通じて一貫して重工業部門が優先されてきたので，ホフマン比率は著しく低かったと考えるの自然だろうが，実際はどうだったのか？

中国では一般に「軽工業」/「重工業」でホフマン比率を求めている。軽工業＝消費財工業ではなく，また重工業＝生産財工業ではないのだが，公式統計には軽工業，重工業別の統計があり，便利なのでこのように求められるのだろう。この簡便な公式で求めたホフマン比率は事実上「重工業化率」の逆数になる。たとえば楊海軍たちは，こうして求められたホフマン比率が1978年の0.757から1990年の0.975に上昇したのち，傾向的に下がってきたことを明らかにする（楊・肖・鄒 2009）。言い換えれば，1990年から重工業化は進んできた。

ただし，そこでも工業生産比率は付加価値ではなく，粗生産額の比率であるので，試論的に中国にかんして付加価値で測ったホフマン比率を計算し，その変化を見てみよう。ここではまず，公表されている中国の産業連関表を用いて食品，紡績・アパレル，皮革，「その他製造業」を消費財として，電力，ガス，石油化工，化学，建築材料，金属製品，機械設備を生産財と見なし，付加価値からホフマン比率を計算してみると，総生産額で測った軽工業生産額と重工業生産額の比率にほぼ対応していることが分かる（表2-5参照）。ただし，産業

---

[20] 主として生産のために用いられる財を生産財と呼ぶが，ある財は生産財にも消費財にもなりうるので，その比率を計算するのが難しい。乗用車も，消費者が買えば（耐久）消費財であるが，生産者が買えば生産財になる。電力も，家庭用電力なら消費財であろうが，事業者が使う電力は生産財に当たる。したがって，塩野谷のいうとおり，最終的用途によって直接間接に消費財生産に用いられるのか，生産財生産に使われるのか，そのことに基づいて産業を分類する必要がある。

表 2-5　ホフマン比率と軽工業・重工業比率

	1997	2000	2002	2005	2007
ホフマン比率	0.615	0.470	0.451	0.402	0.401
軽工業・重工業化率	0.764	0.661	0.643	0.480	0.419

出所）ホフマン比率は産業連関表より，軽工業・重工業化率は『中国統計年鑑』より，それぞれ筆者計算。

連関表の得られる期間に限られる。しかし，そこから重工業化率の変化でほぼホフマン法則の動きが測れることが確認できそうである。

　重要なことはホフマン比率の正確な水準を測ることではなく，その動きを見ることだろう。公式統計による中国の重工業化率を長期にわたって台湾や韓国の生産財工業比率と比較してみると，毛沢東時代から発展段階とは無関係に一貫して高かったことが分かる（中兼 1999）。つまり，明らかにきわめて低いホフマン比率を示していた。これは経済発展過程の中で自然に生じた傾向ではなく，きわめて意図的，意識的に作られた産業構造だったといえる。改革開放以後，そうした計画性は弱くなるが，市場経済化の結果として，そして／あるいは所得増大の必然的効果として，ホフマン法則が作用し始めたようである。つまり，ホフマン法則を1つの標準パターンと見るならば，中国は次第に韓国や台湾のような標準パターンに沿った工業発展の経路をとるようになったといえる。

　もちろん，その経路の背後には政策的効果も大きい。たとえば，代表的な工業財である鉄鋼と自動車の生産量を，精糖，布，製紙と対比させて見てみよう。よく知られているように，前の2つの産業はともにきわめて産業波及効果の大きい産業で，これらの産業が拡大していけば，他の生産財工業も発展していく（図2-5参照）。明らかに両産業は改革開放後，とくに1990年代以降順調に拡大していき，とりわけ今世紀に入って自動車生産はそのスピードを加速化させてきた。他方，典型的な消費財である布や精糖ははるかに成長速度が遅い。しかし製紙は粗鋼とほぼ同様な動きを示しており，両産業は生産財の性格を強く持っている。第10章の議論に密接に関係するが，改革開放以後も中国は産業政策として自動車産業などの戦略的に重要な産業を重視，優遇発展させ

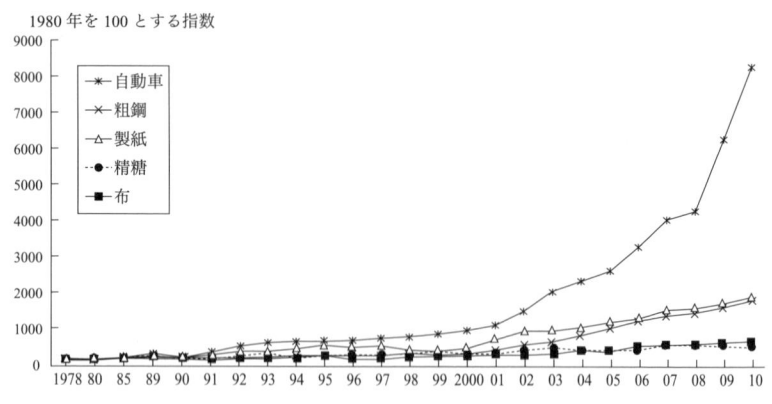

図 2-5　工業製品の生産趨勢：自動車，粗鋼，製紙，精糖，布
出所）『中国統計年鑑』各年版より筆者作成。

てきたのである。

　ところで，以上述べてきたことは，経済発展の結果として産業構造が変化するという側面にかんしてだった。しかし，産業構造の変化が経済成長を促進させるという側面にも注目しておく必要がある[21]。先に挙げた「構造ボーナス」の考え方を使えば，農業よりも工業の方が一般に生産性が高く，成長率が高いから，工業化は成長率を引き上げることになる。次章で農業ないし農村部門から都市部門への労働移動が取り上げられるが，そうした労働移動は成長率を引き上げるうえで重要な役割を果たす。工業部門内部でも産業間に生産性の格差が存在するから，生産要素の移動・再配置がどのように工業部門全体の成長率に影響をもたらしているのかが問われてくる。中国の場合，たとえば軽工業の方が生産性が重工業よりも高いので，重工業化が進展し，生産要素が軽工業部門から重工業部門へ移動していくなら，工業部門の成長率は相対的に下がることになる。産業構造の変化が全体の成長率にどう影響するのか，これまでさ

21）成長が構造変化をもたらすのか，構造変化が成長を生み出すのか，どちらの因果関係が強かったか，グレンジャーの因果分析で明らかにされる。改革開放以後の動きを見ると，構造変化が成長をもたらす力の方が強く，成長が構造変化を引き起こすのは時間的に後であるようである（孫・石 2011）。

まざま議論されてきた（たとえば，姚 2009, 鄭・干・余 2010, Chen, Jefferson and Zhang 2011 など）。そして，多くは産業構造の変化が経済成長に直接的効果を持っていることを実証している。

しかし，産業構造の変化が経済発展に与える影響は単に成長の速度だけではない。過度に重工業に偏した産業構造を維持していけば環境問題にも大きく響いてくる（第 9 章参照）。中国が現在サービス業の発展を強調しているのも，それが「成長の質」に関係してくるからでもある。

6. 不均整成長論，ビッグプッシュ・モデルと計画経済

ホフマン法則に則って開発論を展開したのがハーシュマンだった（ハーシュマン 1961）。彼はヌルクセたちの「均整成長論」を批判し，実際の経済の発展過程はある部門・産業がまず突出して成長し始め，他の部門・産業がそれに引きずられて成長していくという，「不均整（unbalanced）」でダイナミックな発展過程を取るのだと主張する。そうなると，最も速く経済発展するには，最も産業連関度の高い産業を選ばなければならない。それが生産財工業部門なのである。

他方，それより前にローゼンスタイン゠ロダンは「ビッグプッシュ（大きな一押し）」論を唱え，経済発展における政府の役割，具体的には計画的工業化（planned industrialization）を重視し，新しい投資機会をもたらす「基本産業」と公益事業に国内外の大規模な投資を集中すべきだと主張した（Rosenstein-Rodan 1943）。というのは，そうした産業や事業では産業の補完性が強く，また外部効果をより強く発揮できるからである。

このように，生産財産業など，ある特定の産業を優先的に発展させようとすると計画経済的志向が強まってくる。市場や民間企業で自律的にこうした産業が創生されてくることは難しい。ソ連や社会主義中国は計画経済を市場の代わりに採用したから，政府（計画当局）が開発目標を定めると，それを実現するために貯蓄率を決め，投資率を決め，そして投資配分率と産業政策を決定，選択することができた。このような計画制度を効率よく動かしていくには国有企

業と集団農場が便利である。なぜなら，企業と農民たちに対して政府のいうとおりに生産し，販売するよう強制することが可能だからである。

　開発経済学の中で計画経済の必要性を強く訴えたのがドッブやバランといったマルクス主義経済学者たちだった。たとえばバランは，途上国が発展できないのは貯蓄が少ないためではない，貯蓄を投資に結びつける制度がないからだという（バラン 1960）。一例として挙げれば，地主制の下では小作人から集めた小作料という貯蓄資源を地主が隠匿したり，大きく華美な墓を造ったりして投資しない。したがって，農村を社会主義化して貯蓄を直接国家が支配できるようにすれば，国家がそれを投資することができ，経済は発展できることになる。ドッブは犬と飼い主の例を引きながら，国家が計画的に資源を配分することによって，市場経済と自由競争よりも速く目的を達成できると主張する（ドッブ 1956）[22]。こうしたマルクス主義経済学者による開発論は，ソ連と社会主義（思想）がまだ輝いていたときにそれなりの影響力はあったが，社会主義諸国全体が低迷し，資本主義世界との競争に敗れ，ついには没落する中で，自然と消滅していった[23]。

　とはいえ，産業政策の発想，計画経済のイデオロギー，それに国家主導経済の理念は社会主義とは別に生き残り，開発経済思想の中では「開発主義」としてむしろ発展していった。台湾や韓国といったアジア NIEs の成功は，多くの開発経済研究者の注目を集めることになった。中国の今日における（経済的）「成功」はさらにこの方向での関心を集めているのかも知れない。これについては第 10 章で詳しく見ることにしよう。

---

[22] いま地点 A に飼い主がいて，その犬がそこから数十メートル離れた地点 B にいるものとする。飼い主は自転車に乗って地点 C に向かうが，犬は常に飼い主の方向に向かって走るために，地点 C で飼い主に追いついたときにその犬が走った経路は湾曲したものになる。ところが，犬が飼い主の動きと速度を計算できるとするなら，直線距離を走って飼い主に追いつくことができるはずである（中兼 1999 参照）。飼い主を先進国，犬を途上国経済に置き換えれば，途上国は計画的に行動することによってより速く，より短時間に先進国にキャッチアップできると考えられる。
[23] 社会主義経済体制の持つ本質的欠陥については，中兼（2010）参照。

7. 内生的成長論と経済発展

1960年代に世界の経済学界で隆盛を極めた新古典派的経済成長論は，1980年代から技術進歩を含む新たな成長モデル，内生的成長（endogenous growth）論へと発展していった[24]。しかし，この理論が（マクロ的）開発経済学と開発経済思想へ大きな影響を与えたかといえば，これまでのところ必ずしもそうではない。モデル自体は複雑になったが，そのインパクトとなるとHDモデルの比ではない。それは1つには，ローマーたちの内生的成長論が技術開発の活発な先進国を対象としたものだったからである。それ以上に重要なことは，1980年代の開発経済思想分野における対立軸が新古典派成長論 対 内生的成長論にではなく，新古典派経済学とその流れに乗っているワシントン・コンセンサス 対（市場主義批判の）包括的開発（comprehensive development）論にあったことである。言い換えれば，開発の分野では成長，とくに物的な成長よりも制度の改善や医療・教育などといった，非物的な側面での発展に重点が移ったからである。

しかし，内生的成長論が最近の開発論に刻印を残していないかといえば，決してそうではない。とくに技術の生成や伝播という面で開発論にかなりの刺激を与えたといえる[25]。そのことを見るに当たって，簡単な内生的成長モデルを考えてみることにしよう。

先に挙げたソローの成長モデル⑥を次のように書き換える。

$$Y = (AL_y)^{\alpha_1} K^{\alpha_2} \qquad ⑧$$

ここでL_yは生産労働を指し，Aは技術（アイデア）であるが，ソローの成長モデルのように外生的に与えられるのではなく，技術者L_aによって生産されていく（したがって，内生的成長モデルと呼ばれる）。具体的には，技術の進歩ΔAは技術者の数L_aと新しいアイデアの発見率δの積で表され，アイデアの

---

[24] 新古典派成長論から内生的成長論への進展にかんする易しい解説書として，ジョーンズ（1999）参照。
[25] 内生成長論と技術伝播にかんしては，戸堂（2008）参照。

発見率 δ は A^ϕ の一次関数とされる。この ϕ が正のとき，技術はスピルオーバー効果を持つと見なされる。他の条件を一定とすると，技術者の数は人口とともに増大していくから，新古典派成長論とは異なり，人口が多いほど技術者も多くなり，より多くのアイデアも生み出され，仮に δ が一定なら，技術の進歩は人口が多いほど進むことになる。これは，経済発展に対して逆説的な意味を持っている。もちろん現実には δ は一定ではなく，制度により，あるいは文化により違ってくるだろう。それゆえ，人口が多い国ほど必ずしも実際には技術が進歩するわけではない。しかし中国のような人口大国で，しかも第10章で述べるような「開発主義」的政策を採るような国では，La の多さが技術進歩に大きな意味を持っていることは確かである。

このモデルを経済開発問題に応用すると，もし新しい技術が先進国だけで開発されているとするなら，たとえば外国直接投資（FDI）を通じて途上国に移転されていくが，そのとき途上国にどのようにスピルオーバーされるか，という問題を考えるさいに生きてくる。また途上国といえども，ある一定の段階から少しずつ技術の自己開発を進めていくものとすれば，技術者の数も次第に増え，海外から移転されてくる技術と合わせ，自国で開発される技術が新しい技術進歩を生み出す源泉になることを説明できることになろう。この点は，以下で中国におけるFDIや技術進歩を考えるさいに重要になってくる（第4，5章参照）。

補論2　グレンジャーの因果分析

いまある事象Xが起こり，関連して他の事象Yも出現したとすると，両者の間にどのような因果関係があるのかが問題になる。Xが原因でYが結果なのか，逆にYが原因でXが結果なのかを判断したいとすると，最も容易なケースは，Xが先に発生し，Yが時間的に遅れて発生する場合であり，その場合，Xが原因でYが結果だと判断される。しかし，事態はもっと複雑で，Yが先に起こり，Xが後に起こる場合もあり，どちらの因果性が強いのかを判断しなければならない場合がある。たとえば本文にあったように，貯蓄が先で成長がその結果として起こるのか，逆に成長の結果として貯蓄が生まれるのか，鶏が先か卵が先かということにも似た関係性が社会現象には多々存在する。それを判定する最も一般的な手法が，グレンジャーが開発した統計的検定法（Granger's causality test）である。

いま上記のXとYの2変数の場合を考えると，グレンジャーの因果性検定は次のようにして行われる。すなわち，

$$\Delta X_t = \Sigma \alpha_{1i} \Delta X_{t-i} + \Sigma \alpha_{2j} \Delta Y_{t-j} + \varepsilon_t$$
$$\Delta Y_t = \Sigma \beta_{1i} \Delta X_{t-i} + \Sigma \beta_{2j} \Delta Y_{t-j} + \eta_t$$

を推定する。ここでΔは差分を，またεとηはともに誤差項を指す。帰無仮説$H_0 : \alpha_{2j} = 0$（全てのjについて）が$H_1 : \alpha_{2j} \neq 0$（あるjについて）に対して棄却されるとき，YからXへの因果性が認められ，帰無仮説$H_0 : \beta_{1i} = 0$（全てのiについて）が$H_1 : \beta_{1i} \neq 0$（あるiについて）に対して棄却されるとき，XからYへのグレンジャーの意味での因果性が認められるという。ただし，XとYとの間に共和分（cointegration）がないことが前提で，それがある場合には誤差修正部分を入れた定式化で検定を行わなければならない[26]。

グレンジャーの因果性は事象発生の時間的ズレを基に判断していくわけである

---

[26] 小林（1993）を参考にした。

が，真の意味の因果性を必ずしも示すものではない。よく喩えられる例では，稲妻 Y が雷鳴 X よりも先に起こったからといって，稲妻が雷鳴の原因であり，雷鳴は稲妻の結果だとはいえない。なぜなら，両事象とも雷という気象現象の結果であり，稲妻が雷鳴を直接引き起こすわけではないからである。しかし，グレンジャーの意味では稲妻が雷鳴の原因だということになる。

補論3　重工業と軽工業

　中国における重工業の定義は次のようなものである（『中国統計年鑑』の「工業」の部分参照）。重工業とは，「国民経済の各部門に物的技術基礎を提供する主な生産資材工業」を指し，以下の3種類からなっている。(1) 採掘工業：これがいわゆる鉱業に相当する。(2) 原材料工業：金属精錬・加工，コークス，化学，化学工業原料，セメント，合板および電力，石油，石炭加工などの工業。(3) 加工工業：機械設備製造，金属加工，セメントなどの工業，および化学肥料や農薬などの農業生産財。他方，化学薬品製造や合成繊維製造，日用化学製品，日用ガラス製品，日用金属製品，それに医療器械，文化・事務用機械製造などは軽工業に分類されている。

　日本でいう重工業とは，「鉄鋼，非鉄金属，機械等のように金属を精錬，加工の対象にしている産業の総称」（有斐閣『経済学辞典第4版』551ページ）のことである。また化学工業を加えて「重化学工業」の意味で用いられることもあるが，基本は製品の属性（つまり金属や化学品）を基準にしており，他方，生産財工業は製品の用途を基準に定義されている。上記の中国における重工業（および軽工業）の定義からすると，製品の用途も基準に加えられており，その意味で実質上は生産財工業にかなり近い。しかし，第2章の注20でも指摘しているとおり，厳密に考えれば，生産財と消費財，ましてや重工業品と軽工業品の線引きは必ずしも明確ではなく，同じ財が生産財にも消費財にも使われるケースが多く，用途で財を区別するなら，何割が最終消費に用いられるか，産業連関的に考える必要があるだろう。

第3章

ルイス・モデルと中国の転換点

はじめに

　経済開発論の数ある理論モデルの中で，おそらく最も影響力があり，論争の的になり，かつ最も長生きしているモデルがルイスの二重構造論（dualism）とそこから派生したモデルではないだろうか。このモデルは，ある意味で一種の段階論（stage theory）であるが，とくに人口稠密な途上国における経済発展（段階）を考えるさい，きわめて示唆的な議論を提供してくれる。すなわち，経済発展に伴う労働過剰経済から労働不足経済へ，労働の無制限供給から制限供給へという転換過程を追ったのがこのモデルであり，日本をはじめとする東アジア諸国の「転換点探し」が1960年代以降試みられてきた。中国においては，今世紀に入ると沿海部における「農民工」（農村戸籍のまま都市部で就業する労働者）の賃金が一貫して上昇し，中国はついに労働不足経済に突入し始めたのではないかという，いわゆる「転換点論争」が起こり，中国内外の多くの研究者がその論争に何らかの形で「参戦」した。

　本章では，まずその論争をサーベイし（第1節），次にごく簡単にルイスの原モデルの概要とそれを発展させたレニス＝フェイのモデルを紹介する（第2節）。次いで，そこで使われる「過剰労働（surplus labor）」概念を整理，再検討した後（第3節），日本，台湾，韓国における転換点の経験を振り返り，中国との背景の違いを確認する（第4節）。中国と他の東アジア諸国の転換点の違

いは，中国における都市農村分断（rural-urban divide）にある。それがなぜ発生したのか，その背景と政策的狙いについて述べ（第5節），中国的，あるいは拡大ルイス・モデルともいうべき郷鎮企業モデルを紹介した後（第6節），ルイス・モデルのいわば派生モデルともいうべきハリス＝トダロの労働移動モデルと中国における労働移動の状況，それに中国を対象とした労働移動の決定因とその研究を整理し（第7節），最後に経済開発における都市化の持つ意味について考えてみることにする（第8節）。

1．転換点論争

　中国における転換点論争のきっかけを作ったのが，社会科学院人口・労働経済研究所所長の蔡昉の論文だった（蔡 2006, 2007）。蔡は次のように主張する。前世紀末以降各業種において賃金が上がり始め，2004年からは農民工不足（民工荒）現象が顕著になり，彼らの賃金の上がり方がさらに激しくなって，中国は本格的な労働不足経済の状況に入りつつある。また農村部に残る「過剰労働力」も30歳以上の労働力に限られ，そのうえ過剰労働力の割合も低下してきている。こうした点から見ると，中国はルイスの転換点「区域」に入りつつある。農民工の賃金がどれほど上がってきたのか，それを測るために深圳市における最低賃金の動きを見てみよう（図3-1参照）。2004年から急に最低賃金が，したがってそれに連動して農民工の平均賃金が上昇してきたことが分かる。

　その後，こうした観点と理解をめぐって中国内外で熱い論争が巻き起こった。中国はもう転換点に到達したのだろうか？　もしそうだとすると，以下に述べるように，中国社会が大きく転換したことを意味する。大塚啓二郎は都市部における非熟練労働力の賃金上昇を指して，中国の農村では労働力が枯渇し始め，中国経済は転換点を迎えたと捉えたし（大塚 2006），あるいは関志雄は，(1) 出稼ぎ労働者の不足が長期化し，当初東部に限られていた労働力の不足が，中西部にまで拡がる傾向を見せていること，(2) 1998年までは実質賃金の伸び率が一貫してGDP成長率を大幅に下回っていたが，その後，両者の関係は逆

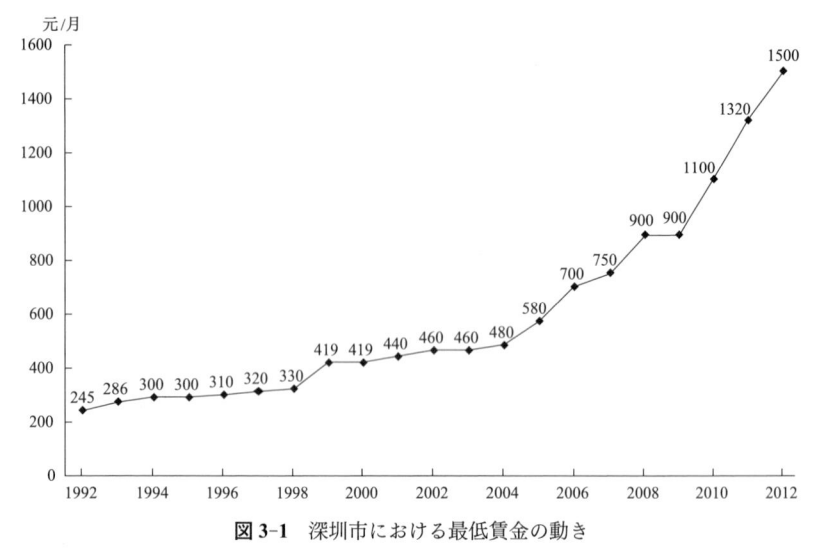

図 3-1 深圳市における最低賃金の動き

出所）TNC Group（香港テクノセンター）提供データに基づく。なお，そのデータは寶劍久俊氏（アジア経済研究所）より提供を受けたものである。

転するようになったこと，(3) 農業以外の産業への就業転換が可能な青壮年労働力がなくなりつつあること，以上のことから蔡らの観点を支持し，中国が転換点に近づきつつあると捉える（関 2010）。

　他方，こうした見解に対して否定的な論者も多い。たとえば三浦有史は，『第 2 次農業センサス』データを基に，農村部では依然として 1 億 2 千万余りの過剰労働力が存在すると見なしている（三浦 2010）。あるいは孟昕・白南生は広東省における調査に基づき，中国はまだまだ転換点に達していないと主張する（Meng and Bai 2007）。すなわち，都市の賃金と農民工の賃金格差が縮小していないこと，農民工と農民の所得格差が縮小していないこと，さらに非熟練労働力の賃金がそれほど上がっていないこと，これらの事実から中国が過剰労働経済から抜け出したとはいえないという[1]。あるいは田島俊雄は，後述するように農業生産性の向上が農業部門における労働供給曲線を押し上げ，以下で

---

1) ただし，彼女らのデータは 2004 年までのものであり，農民工不足が顕在化した 2004 年以降の状況をいうには説得力が弱い。

述べるルイスの「生存賃金率」を引き上げたために，都市部に出てくる農民工の賃金率の上昇をもたらしたと解釈する（田島 2008）。

しかし，こうした観点と主張の違いは，「転換点」の解釈，そして／あるいは過剰労働力の定義の仕方によるところも大きい。すなわち，単に農民工の賃金が上昇したことをもって経済が転換点に到達したというのか，それとも農村部における賃金率と労働の限界生産力との関係から論じるのかによって，結論は異なってくるし，農村労働市場と都市労働市場を一体と見るかどうかによっても答えは違ってくる。このことを以下で考えてみることにしよう。

2. ルイス・モデルとレニス＝フェイ・モデル

1954 年に発表されたルイスの「無制限労働供給」モデルとは次のようなものである[2]。経済が伝統部門 a（原文では生存部門 subsistence sector）と近代部門 i（原文では資本家部門 capitalist sector）に分かれ，前者は「平均原理」で，後者は「限界原理」で分配されている。つまり，伝統部門では「共同体」原理のようなものが働き，全ての労働力に等しい生存賃金（subsistence wage）が与えられる。他方，近代部門では新古典派的メカニズムが働き，雇用者は利潤を最大化しようとするから，労働力は賃金率と労働の限界生産性（MPL）が等しいところで雇用される。この時，伝統部門に大量の「過剰労働力（surplus labor）[3]」が存在するなら，生存賃金率で「無限弾力的に」労働力は供給される。このうちの一部の労働力は近代部門に，若干の「移動費用」，たとえば近代部門での若干高めの生活費や移動に伴う直接費用などを伴いつつも，その生存賃金率 w で雇用される。ここで話を単純化するために，移動費用を無視することにしよう[4]。そうすると，伝統部門に過剰労働力が存在する限り，両部門の賃金率は生存賃金率で等しくなる。近代部門は伝統部門から移動してきた労働力 L_i を

---

2) このモデルはあまりにも有名なので，ほとんどの開発経済学の入門書で取り上げられている。たとえば，ジェトロ・アジア経済研究所編（2004），Todaro and Smith（2009）などを参照。
3) その労働の限界生産力が賃金率より低いという意味での余剰労働力である。詳しくは次節参照。

労働の限界生産力

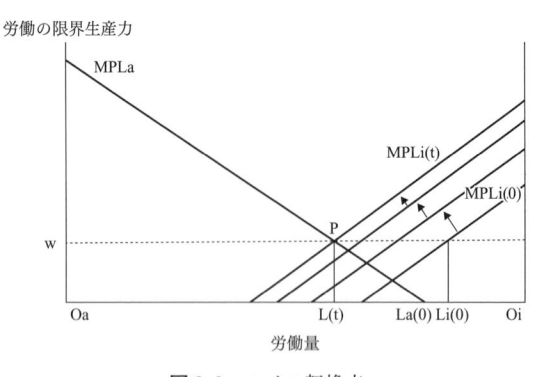

図 3-2　ルイス転換点

吸収して生産を行い，得た利潤を貯蓄し投資に投下して生産を拡大し（それゆえ貯蓄率が次第に上がっていく），その結果雇用（労働需要）が拡大していく。こうした伝統部門からの労働移動過程が続き，近代部門の生産が拡大していくと，ついに伝統部門にあった過剰労働のプール（Li(0) − L(t)）が枯渇する時点 P に到達する。それが転換点である（図 3-2 参照）。その時点を過ぎると，経済全体に労働力が不足し始め，したがって賃金率は上昇し始め，両部門で等しく分配と雇用決定における「限界原理」が貫徹するようになり，ここに二重構造は消滅する。

このモデルでは，伝統部門が食料を作り，それを近代部門の労働者に供給すること，また近代部門だけが資本蓄積するが，その部門で作られた資本財が伝統部門に提供され，伝統部門の生産も拡大していくこと，そうしたダイナミックな両部門間の資源移転関係や資本蓄積関係も含意されている。したがって，ルイス・モデルは単なる労働移動モデルではなく，資本蓄積モデルでもあり，近代部門の成長に伴い，貯蓄率と投資率がともに増大していくプロセスが描かれている。またこのモデルの含意として，生産性の低い伝統部門から高い近代部門へ労働力が移動すること自体で，前章でも指摘したように経済は「構造

---

4) 移動費用は，たとえば近代部門への移動費用として考えられ，生存賃金率の 30 パーセントとルイスは仮定していた。しかし，所詮モデルの話なので，この移動費用を無視しても本質は全く変わらない。

ボーナス」を受け取ることになり，全体の成長率を引き上げることになる。

　しかし，そのことをもっと明示的に展開したのがレニス＝フェイ・モデルである（Fei and Ranis 1964）。彼らのモデルは農業と工業の2つの部門からなり，農業部門は工業部門に食料と労働力を，工業部門は農業部門に生産用資材を提供するものとする。初期には労働の限界生産力がゼロという意味での過剰労働力が大量に農業部門に存在し，その労働力が農業部門の平均賃金率＝農業の平均生産性でもって工業部門へ流れていく。ここまではルイス・モデルと実質的に同じである。しかし，限界生産力がプラスの労働力まで移動してくると，食料生産が（他の条件を一定として）低下し始めることになり，第1の転換点である「食料不足点（shortage point）」を迎える。したがって，当然食料価格は上昇し始め，ここに農工間の交易条件の問題が登場してくる。また，食料価格が上昇すれば（国際貿易のない閉鎖体系の下では）食料を賃金財とする工業部門での賃金も上がることになる。さらに労働移動が進むと，農業の限界生産性と賃金率が等しい点に達する。これが第2の転換点であり，レニス＝フェイはこの点を「商業化点（commercialization point）」と呼んだが，それはルイスの転換点に等しい。蔡たちがいうルイスの転換点とは，都市部における農民工たちの賃金上昇が始まることを指しているから，レニス＝フェイ・モデルの第1の転換点を指している。したがって，中国における転換点論争の「すれ違い」は，1つにはこうした転換点概念の違いに根ざしていたともいえよう[5]。

3. 過剰労働論再考：ヌルクセ型偽装失業とルイス型過剰労働

　上述したように，ルイスのいう過剰労働とは労働の限界生産力が賃金率よりも低い労働のことを指している[6]。言い換えれば，「効率の低い」労働を過剰労働という。それに対してヌルクセが考えた「偽装失業（disguised unemploy-

---

5) 蔡昉は，中国は第2の転換点は迎えていないが，第1の転換点には到達していると現在では主張を変えてきている。すなわち，「労働の無制限供給が終わり」農村部からの労働者の賃金が上昇してきたという意味で，中国は転換点を迎えているという（蔡 2008, 2010 参照）。同じような捉え方は宋（2009）でもなされている。

ment)」とは，労働の限界生産力がゼロの労働である。ヌルクセは，途上国には（再編成した後）引き抜いても生産力が低下しない労働力が農村部門に大量に存在すると考えた。この労働力を利用し，また簡単な道具でもって道路を造ったり，ダムを造ったりすることができれば，立派な資本形成が行えると主張したのである（ヌルクセ 1955）。中国でも 1958 年から始まった大躍進政策の中で，事実上このモデルが採用され，農村部で大量の農民が動員され，ギランの有名な表現を借りれば，「6 億の蟻」の如く，人海戦術で「農田基本建設」と呼ばれる資本形成を行った[7]。

この 2 つの異なる過剰労働概念は，レニス＝フェイのモデルに一緒に組み込まれている。つまり，食料不足点まではヌルクセ的な過剰労働力が，それ以後はルイス的なそれが存在していることになっている。ついでにいえば，「過少雇用（underemployment）」という概念や，「過剰就業」（大川編 1960）という概念が使われることがあるが，これらは全て過剰労働力を意味し，どちらかといえばルイス的な過剰労働に近い。

ところで，労働の限界生産力がゼロであることを実証することは，実はそれほど簡単ではない。最もよく使われる方法は，コブ＝ダグラス型の生産関数を計測し，労働にかかる係数（労働の生産に対する貢献度）がゼロに近いか，またはその係数が有意であるかどうかを調べることである。しかし実際に計測してみると，ゼロであることはまずありえない。次にその係数が有意ではないことはよくあるケースだが，それは係数がゼロになる確率が高い，ということを

---

6) ルイスの原文では，「労働の限界生産力が無視できる，ゼロ，あるいはマイナスでさえある」労働力として表現されている。そのことから，しばしば彼のいう過剰労働がヌルクセのそれと同じだと誤解されているが，そうではない。「転換点」の意味を考えれば分かるとおり，「無視できる」ほど低いかも知れないが，正の限界生産性を持つが，生存賃金率より低い労働力も過剰労働に入る。ただし，彼に言わせれば，「労働の限界生産力がゼロであるか，あるいは無視できるかは……分析にとって大した意味がない。労働供給が生存賃金率で需要を上回っていること」こそが問題である。
7) この大躍進の方式での「労働蓄積」という資本形成をモデル化したものとして，中兼（1999）図 2-3 参照。もちろん，大躍進以外にも農村におけるこうした資本形成は頻繁に行われていた。しかし，最も集中して，大規模に行われたのが大躍進とその前夜の時代である。

意味しているだけで，ゼロだといっているわけではない。

おそらく最も有力な実証方法は，労働力が移動する前とした後の2時点を取り，生産が他の条件を一定として低下したのか，あるいは不変だったのかを調べることだろう。つまり，生産の変化を労働と資本，その他の生産要素の変化で説明させるのである。こうした方法を用いて厳密に労働の限界生産性がゼロかどうかを論じた研究は知らないが，シュルツが歴史的事例を使って，農村におけるヌルクセ的な過剰労働力の存在を否定したことはよく知られている（シュルツ1969）。彼は，1920年代初めに当時のベンガル地方で猛威を振るったインフルエンザのために多くの農民が死んだ結果，農業生産が低下したことをもって，途上国農村における（限界生産力がゼロという意味での）過剰労働力がないことを「証明した」のである。彼にいわせれば，「貧しいけれども経済合理的な（efficient but poor）」農民が，限界生産力がゼロの仕事をするはずはない（第8章参照）。しかし，こうした歴史的事例を引用した実証方法，つまり序章で述べた歴史的方法はどうしても厳密性に欠ける。というのは，上述したような「他の条件を一定として」という前提を満たせないからである。たとえば，当時ベンガル地方で農業生産が落ちたのは労働人口の減少以外の他の要因が働いていたからかも知れない。

過剰労働力の実証方法以上に重要なことは，これらの労働力の社会的，あるいは政治的性格ではなかろうか。ルイスにせよヌルクセにせよ，あるいはレニス=フェイにせよ，二重構造は前提にしつつも，途上国社会の内部が社会的に，あるいは政治的に分断されているとは想定していなかった。つまり，彼らのモデルでは，「過剰労働力」は農業や農村を離れようとすればいつでも離れることができる。ただし，非農業部門に雇用機会がなかったり，あるいは少なかったりしたために，離れることが難しい，そして／あるいは何らかの慣習的力が作用して，離れるのにある種の，たとえば心理的抵抗があるから，都市と農村という2つの労働市場が分断されているに過ぎない。すなわち，過剰労働力として農村にとどまる人々は，自らの意思で，あるいは合理的な「経済計算」の結果そうしていると想定されている。ところが中国の現実は，後に見るようにこうした想定とはほど遠いものがある（第5節参照）。そこに中国経済

とその発展の1つの特殊性を垣間見ることができよう。

4. 日本，台湾，韓国における経験と中国

　日本の経済発展過程における転換点が戦前の1920年頃にあったと主張したのがレニス＝フェイである。彼らは，(1)工業部門の資本労働比率（資本集約度）が1918年以前では逓減的だったのに対して，それ以降は逓増的になったこと，つまり相対的な労働不足状況が出現したこと，(2)製造業の実質賃金が1918年に上昇し始めたこと，これらの事実をもって日本経済の転換点を第1次世界大戦終了前後に求めた（Fei and Ranis 1964, p. 264）[8]。

　それに対して南亮進は彼らの主張を再検討し，その根拠が薄弱であると指摘して，日本経済の転換点が高度成長が始まった後の1960年前後にあったことを次のような基準を用いて証明する（南1970）。すなわち，(1)伝統部門の賃金率と労働の限界生産力が等しくなったか否か，(2)同じく，両者に相関があるか否か，(3)伝統部門の実質賃金が上昇したかどうか，(4)熟練労働と非熟練労働の賃金格差が縮小し始めたかどうか，などである。今日ではこの説がほぼ定説となっており，以下でも述べるように日本社会の大きな転換を示すさまざまな現象とも符合している。

　同様な転換点探しは台湾に対しても，また韓国に対しても行われた。台湾の経験に照らしていえば，ルイス的な転換点は1960年代後半にあったという（朝元2004）。なぜなら，それ以前には農業の賃金は労働の限界生産性とほぼ無関係に動いていたが，それ以後両者は密接に関係し始め，上昇し始めるからである。また韓国の場合，同種の転換点は1970年代半ば（裵1983）[9]，あるいは初期（渡辺・金1996）に到達したという。その頃，農業部門の実質賃金と限界労働生産性がともに恒常的に上昇し始めた。

---

8) これに対する詳細な批判が南（1970）第14章で与えられている。
9) 裵（1983）では，農業部門，都市伝統部門，それに近代部門の3部門モデルになっており，農業部門の転換点は1960年代末に，経済全体のそれは1970年代半ばに起こったと捉えられている。

こうした事実は，人口豊富な途上国において高成長が始まり，ある期間が過ぎると労働不足状況が出現する，つまり転換点に到達することを示唆している。このことは高成長を続けている現代中国にも当てはまりそうだが，果たしてどうなのだろうか？　先に見た蔡昉たちによる転換点論争はどのように検証できるのだろうか？

　中国における農村の過剰労働力は，これまでも2.5億人であるとか，3億人だとか，主に土地面積当たりの必要労働力を基準にいわれてきた。しかしそうした大雑把な推計では，ルイスのいう意味での過剰労働力があるのかどうか，あるとしてもそれはどの程度なのか，ましてや経済は転換点に達したのか否か，こういった設問に対する明確で客観的な答えを出すことはできない。そこで，より厳密な過剰労働力の測定が試みられるようになった。たとえば，南・馬（2009）は中国全土の農業生産関数を計測し，全国および東部，中部，西部の地帯別の労働の限界生産力と生存賃金水準との差から，過剰労働力の有無とその割合を計測する。その結果，1990年以降徐々に低下してきているが，生存水準の取り方によっては2001-05年で約65％もの過剰労働力が存在し，とくに中部においては84％にも達することが明らかになった（図3-3参照）。地域別に計測してはいないが，省別のパネルデータを用いて農業生産関数を計測し，南・馬とほぼ同様の結論を導いているのがIslam and Yokota（2008）である。

　しかしこれらの研究は全て農業労働力を人数で測っており，労働の限界生産性を議論する場合，必ずしもふさわしくはない。稲田・山本（2012）は「全国農産物収益データ」を使い，ジャポニカ米に限定しながらも，1992-2009年という長期にわたるデータを基に労働時間を用いた労働の限界生産力を計測し，市場賃金率との差異を検定し，やはり農業における労働の限界生産力が賃金率を下回っていることを立証している。言い換えれば，中国経済はルイスの転換点にまだ到達していないということになる。ただし，こうした計測も「生存賃金」ないしは市場賃金の定義の仕方如何によって結論が変わってくることに留意しておこう[10]。

　ここで別の角度，つまり都市農村間格差という視点から転換点問題を眺めて

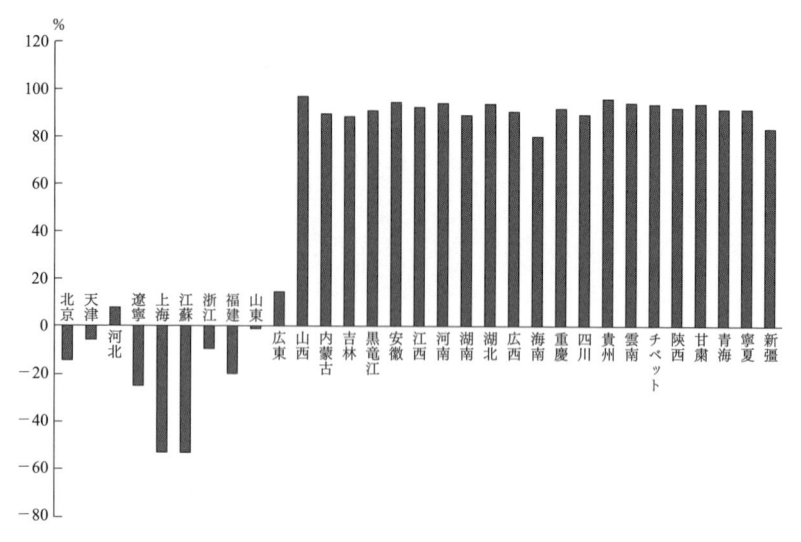

図 3-3 地域別過剰労働率の推計

出所）馬（2012）より。

みよう。もし転換点が到来しているのなら，都市住民と農村住民の1人当たり所得格差という意味での都市農村間格差は，少なくとも縮小していくはずである。なぜなら，都市（近代部門）と農村（伝統部門）とで，分配原理が同じになるからである。試みに日本における都市農村間格差を見てみよう（図3-4参照）。戦前期には大きかった都市農村間格差は戦後高成長期になると縮小し，ついには逆転現象さえ起こった。ところが中国の場合，他の所得格差とともに，高成長を続ける過程で少なくとも2010年頃までは都市農村間格差は拡大する一方だった（第7章図7-2参照）。都市農村間格差は1人当たり所得だけではなく，消費の面でも見られる。いま最もよく使用される3種類の家電製品に限って，1戸当たりの普及率を日中で比べてみよう（表3-1参照）。明らかに日

---

10) 丸川（2010）は四川省の農村のミクロ調査データを用いて農業の労働生産関数を計測し，労働の限界生産力が農家の平均収入にはるかに及ばないことを発見する。したがって，南・馬（2009）と同じく，農業の限界生産力が生存賃金率を下回っていると推察でき，ここからやはり農業部門には過剰労働力が相当存在すると結論づける。

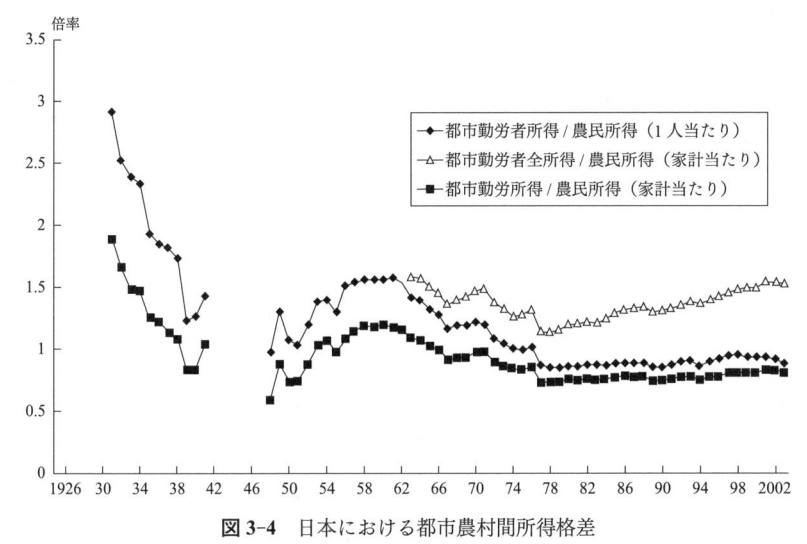

図3-4　日本における都市農村間所得格差

出所）総務省統計局統計調査部消費統計課「家計調査報告」，農林水産省大臣官房統計情報部「農家経済調査報告」より筆者作成。

本では1960年代初め頃転換点に達すると，都市農村の家電普及率に差はなくなっていった。ところが中国では現在に至るもそのような状況にはない。同じ高度成長といっても，両国における家電の都市農村普及率にはかくも大きな格差がある。このことは，間接的にではあるが，中国がルイス的な意味での真の転換点に到達するにはまだかなり時間がかかることを示唆している。

　もし農村に膨大な過剰労働力があるのだとすると，それではなぜ2004年頃から都市にやってくる農民労働力の賃金は上がってきたのだろうか？　以前に比べてはるかに労働移動が自由になった現在，ルイスのいう意味での過剰労働力が存在するなら，農村からの移動労働力の賃金率は上昇しないはずである。この「パラドックス」はどのように解釈できるだろうか？

　1つは，蔡昉の議論からも導かれるが，労働力を年齢によって分類し，流出できる若年労働力はすでに不足し始め，彼らの賃金が上昇し始めたものの，農村に残る老壮年労働力は流出できずに過剰労働力として農業に従事している，と考えるものである（蔡2010）。似たような議論は範・連（2010）によっても

表 3-1　日本と中国における家電普及率：都市農村別比較
(%)

		日　本			中　国	
	年	都市	農村	年	都市	農村
冷蔵庫	1959	11.1	3.4	1990	42.3	1.2
	1964	77.6	57.7	2000	80.1	12.3
	1969	97.5	91.2	2008	93.6	30.2
洗濯機	1959	44.2	24.4	1990	78.1	9.1
	1964	85.9	76.5	2000	90.5	28.6
	1969	99.9	97.0	2008	94.7	49.1
テレビ	1959	42.9	23.5	1990	59.0	4.7
	1964	110.5	101.4	2000	116.6	48.7
	1969	118.1	110.3	2008	132.9	99.2

注）1戸当たりの普及率。なお，テレビは，日本は白黒テレビ，中国はカラー・テレビの普及率を示す。
出所）日本は吉川（1992）より，中国は『中国統計年鑑』各年版より。

展開されている。すなわち，若年労働力個人として考えれば多くはすでに出稼ぎに出てしまったが，一家が移動するには「移動費用」が高すぎ，とくに既婚の労働力にとってはそうした費用が高く，低い土地生産性のまま過剰労働力として農村に居続ける傾向がある。こう考えれば，中国全体として過剰労働力は農業部門に滞留しているが，農民工の賃金は上昇することになる。

　もう1つの解釈は地域差に原因を求めるもので，沿海部のような発展の進んだ地域では農業の過剰労働力が消滅し，都市に流出する農民の賃金が上昇しているものの，内陸部のような発展の後れた地域では依然として膨大な過剰労働力があり，そのうえ，制度的障害，さらには自然的，あるいは文化的距離が妨げになって，完全な意味での自由な労働移動ができない。それゆえ都市農村労働市場がやはりまだ地域的に分断されていると考える（中兼2010c）。先に見た省別の過剰労働率を見ても，沿海部では過剰労働力がないか，あるいはきわめて少ない一方，内陸の中西部においては膨大な量の過剰労働を抱えていることが分かる（図3-3参照）。

　第3の解釈は，政府による農業補助，公租の減免をはじめ，農産物価格の上昇による農家交易条件の改善などが作用して耕地面積当たりの収益が高まり，

それが都市へ移動する労働力の機会費用を高めた，とするものである（田島 2008）。2008 年に世界を襲った金融危機は中国にも波及し，多くの農民工は都市での職を失い郷里に戻ってしまった。その後の景気回復とともに一部は再び都市に出稼ぎに行き始めるが，一部は農村に残ったのは農業収益の増大と関係がある。農業労働の限界生産力は，上昇する農村賃金率を下回る（それゆえルイスのいう意味での過剰労働力は存在する）が，その労働力が移動するには，後で議論するハリス＝トダロ・モデルが示唆するように，都市農村間にかなりの賃金格差がなければならない，いわば，ルイスのいう「移動費用」が無視できないほど高まってきた場合である[11]。

おそらく最も妥当な解釈は，これら 3 つの説明全てが正しいとするものである。過剰労働力と都市部の農民工賃金の上昇とは，決して単一の原因によって起こるものではなく，複合的な理由によって生じていると見た方が安全である。そのうち，どれが最も大きな要因なのか，この問題の解明は今後の実証研究に委ねられている。

5. 都市農村分断と転換点

上述したように，日本や台湾，それに韓国の「転換点」と中国の（まだ到達していないとしても）それとは質的に異なった歴史的，社会的，さらには政治的背景がある。言い換えれば，都市農村分断（rural-urban divide）という点で，中国と他の諸国では大きく異なっていた。加藤弘之は改革開放以前の中国経済を「特殊な二重経済」と呼んだが（加藤 1994）[12]，改革開放以後の中国経済に

---

[11] そのほかにも，やや非経済学的説明であるが，従来農民工があまりにも酷い待遇を被ってきたので，2004 年以来の賃金上昇はその反動によるものだという説もある。「20 年間，珠江デルタ地域の労働力のコストは変わらず，500 元しかなかった」，「1997 年以来 7 年間，農民工の収入と広東省の労働者全体の平均給与の差は開き続けた」，しかもこうした低い給料でさえ，彼らは「往々にして期日どおりに受け取ることができない」（秦 2007, 307-308 ページ）。

[12] 「特殊」であるというのは，都市と農村が分断されていることと，都市近代部門が公有企業であり，利潤極大行動を取らないことを指す。

は「特殊な都市農村分断」が見られる。

 中国の都市農村分断には次のような特徴がある。第1に，前節で見たように，経済的な都市農村間格差がきわめて大きく，かつ2010年以後頭打ちになったとはいえ，建国後60年以上長期にわたって格差を拡大させてきたことである。経済的な格差は単に所得や収入面にとどまらない。人々が受けるさまざまな社会的サービス，たとえば教育や医療，それに年金や他の社会的給付などの社会保障面で，都市農村間には大きな断絶が見られる。もしこうした格差をも金銭で評価し，収入格差に加えれば，経済的な都市農村間格差は所得格差の2倍以上あるかも知れない。

 第2に，そうした分断が政策的に作られてきたことである。つまり，毛沢東時代の重工業化政策は農業と農村の犠牲の上に推し進められた。前章でも指摘したように，高い貯蓄率を確保するためには高い国有企業の利潤率が，そのためには低賃金が，またそれには安い農産物，とくに食糧が必要だったし，この安い農産物を確保するために，農民を土地に縛り付ける必要があった。

 第3に，さらにそのことに密接に関連するが，こうした経済的分断が制度的に作られていることである。事実としての分断や格差なら，どの国にも存在する。しかし，制度として都市と農村を分断するメカニズムを築いてきたのは，北朝鮮のような異常な国を別にして中国だけではなかろうか。それは具体的には戸籍制度に集約される。すなわち，中国では1958年以降，都市戸籍と農村戸籍とを完全に分断し，農村住民が容易に都市戸籍には入れられないようにした。その結果，農民が合法的に，また長期にわたって都市に移動する手段がほとんど途絶えてしまった。改革開放以後，次第に戸籍制度は緩み，多くの農民が都市に移り住む事態になって，地方の中小都市を中心に一定の条件の下で農民に都市戸籍を与える政策が実施されるようになった。しかし，今日に至るも依然として戸籍制度は現存し，それなりの効力を発揮している。葉普万と周明に言わせれば，農民工，それゆえ農民は「就業とそれに関わる経済的利益が『制度的に』剥奪されている」のである（葉・周2008）[13]。

---

13) 多くの都市では，都市におけるレイオフ・失業労働者の救済を優先するために，産業や職種で農民工を差別する政策を採った（趙ほか2008）。

第4に，こうした分断が単に経済的格差だけではなく，社会的，政治的格差にもなっていることである。具体的にいえば，農民が都市住民よりも一段低い「身分」（「二等公民」）として位置づけられるようになってきた。中国の選挙法によれば，人民代表選挙において農民の1票が初期には都市住民の1/8の重みしかなく，その後1/4に引き上げられたものの，いわば公然たる政治的差別が長年にわたって維持されてきたのである[14]。2010年にようやく選挙法の改正が議論されるようになって，両地域の住民の選挙権上の差別が廃止されることになった。しかし，それでも社会的差別は残っている。たとえば，都市に移住した農民の子弟が都市の学校に入学するに当たって，都市住民の父母から敬遠されているという（厳2011）。

　これら各種の差別は，経済がルイス的な転換点に到達すれば，（他の条件を一定として）遠からず消えていくものと思われる。労働過剰から労働不足になれば，労働力の経済的価値は高まり，それに付随してその社会的，さらには政治的「価値」も上がると期待するのが自然である。日本の経験に照らしていえば，たとえば転換点以前に普通名詞だった，また典型的な農村過剰労働力でもあった「女中」が，転換点以後「女中不足」になり，彼女らの賃金や待遇が大きく改善されたばかりではない，その名称が「お手伝いさん」に変わっていったことが思い起こされる[15]。

　以上のことは次のことを示唆している。すなわち，中国において戸籍制度をはじめとして各種の農民に対する社会的，政治的差別が残存し，あるいは社会的排斥（social exclusion）があるということは，経済が真の意味での転換点に達していないことになる。中国は2004年から都市農村一体化戦略を打ち出し，

[14) 詳しくは，厳（2008）参照。ただし，中国における選挙の意味を考えると，実質的にこれは深刻な差別というわけではない。なぜなら，一党独裁制の下で，「人民代表」選挙は単なる儀式でしかないからである。
15) もちろん，労働不足が全ての労働力に対する差別や差別意識を解消してしまうというわけではない。民族や宗教，あるいは性差など，差別を生み出す可能性のある他の条件が，時には経済的条件を凌駕することもありうる。ついでにいえば，かつては「田舎っぺ」という農民差別用語も，転換点以後いつの間にか死語になってしまったようである。

農村の都市化を進めるとともに，農民の経済的，社会的地位の引き上げを謳いだした。その背景には「農業，農村，農民」という長年にわたる「三農問題」があり，その解決が政権にとって国家的最重要課題と位置づけられたことがある。農業と非農業，農村と都市，それに農民と都市住民との間に横たわるすさまじい格差（断絶）こそが三農問題の本質であり，それはまさに経済が転換点以前の状況にあることをはしなくも物語っている（第7章参照）。中国が転換点に到達したかどうかという問題よりも，この三農問題を解決することの方がはるかに重要である。以下でも指摘するように，労働移動の捉え方自体，中国と他の諸国では社会的意味が異なっているのである。

あるいは，次のようにもいえよう。近代社会とは職業，居住，移動の自由を保障することを最低限の必要条件とする。しかし，毛沢東時代にはこうした条件は全く欠けていた。それは当時の中国が近代以前の社会だったことを示唆している。改革開放以後，市場経済が導入され，多くの領域と分野で市場化が進展した。経済の市場化は職業，居住，移動の自由をもたらす。しかし，中国が依然として戸籍制度という居住と移動の自由を損なう制度を温存させていることは，中国社会がまだ真の近代化を達成していないことを意味している。序章では中国は3つの転換過程にあると述べたが，ルイスの転換点とは，少なくとも制度的な意味で近代社会にその国が到達したことを示す1つの有力な標識だといえるかも知れない[16]。

6. 郷鎮企業モデル

ルイスたちの二重構造モデルを中国に適用しようとすると，これまで述べてきた労働移動に関わる政治的，社会的障害のほかに，郷鎮企業という中国独特の制度を考慮しなければならない。つまり，農村内部にもう1つ近代部門を組み込み，3部門モデルとして二重構造モデルを拡張するのである。

---

16) いうまでもないが，実質的な分断は近代化された社会においても残り，あるいは生まれている。アメリカにおける「人種差別」，あるいはベルギーにおける民族対立は，そうした社会的排斥を除去することがいかに難しいかを物語っている。

郷鎮企業の前身は1960年代末から70年代初めに，人民公社体制の下で全国各地に設立された「社隊企業（人民公社，大隊所有・経営企業）」である。人民公社は農民である公社員の名目上集団所有制組織であるので，これら社隊企業も集団所有制ということになっていた。この社隊企業は主に農業および農村関連の企業であり，「五小工業」と呼ばれる小型の工業企業がその中心だった[17]。この工業を思想的に高く評価する見方がかつてあったが[18]，開発経済学的にいえば，「適正技術（appropriate technology）」あるいは「中間技術（intermediate technology）」の開発への応用とも見なされる。つまり，近代技術と伝統技術を繋ぐものとしての技術をこの工業が農村に持ち込んだとも解釈できる（Sigurdson 1977）。しかし，その後，郷鎮工業へと発展していった経緯を考えてみると，こうした農村工業は，単なる農村過剰労働力の利用と農民への所得機会の提供という役割しかなかった。戸籍制度によって農民を土地に縛り付け，都市農村分断を固定化し，とはいえ農民に低収入の農業以外に収入機会を与えるには，この方法しかなかったのである。

　この郷鎮企業を含む3元モデルとしてルイス・モデルを拡張したのが，本台・羅（1999）である（図3-5参照）。すなわち，ルイスの原モデルである伝統部門a（農業部門）と近代部門i（工業部門）の中間に郷鎮企業部門vを入れ，農業労働力と近代部門へ移動した労働力以外に農村に残存する過剰労働力を活用し，工業生産に従事させるのが郷鎮企業部門だとするのである。このモデルでは農村における過剰労働力は，したがって近代部門あるいは都市へ農民工として行くか，農村に残って郷鎮企業に入るか，いずれかの選択をすることになる。図では郷鎮企業が労働力 $L(t) - Lv(0)$ を吸収しても，0時点ではまだ過剰労働力 $Lv(0) - Li(0)$ が残存していることになり，近代部門が拡張して，さらに郷鎮企業が変わらず残っているとすると，ルイス的な転換点は P^* に移動する。

---

[17] 五小工業とは，鉄鋼，化学肥料，農業機械，セメント，水力発電の5つの産業を指すが，一般名称として県政府以下の地方単位が経営する小型鉱工業を全て指す場合が多い。

[18] 農民が農村において工業に従事するというので，「三大差別」，つまり農村と都市，農業と工業，肉体労働と精神労働の差別を解消し，分業を廃棄するという，「共産主義」の理想からいって最適な生産形態と見なされた。

労働の限界生産力

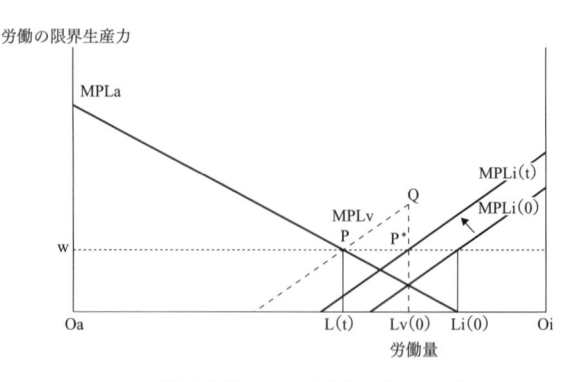

図 3-5　郷鎮企業モデル（本台・羅モデル）

　ところが，1990年代末に郷鎮企業の民営化が進み，それまでの性格が大きく変わることになった。従来郷鎮企業は「集団所有」と位置づけられ，郷鎮や村といった末端の行政単位が所有し，経営するものと考えられていた。なぜなら，それは上述した人民公社時代の農村工業企業の後継であって，人民公社は農民の自治的，集団組織のはずだったからである。しかし民営化されるとなると，それは単に農村地域にある私営企業でしかなく，本来あった「農民」や「農村」との密接な関係から切り離されてしまう。同時に，農民工の役割と比重が高くなり，過剰労働力の主たる行き先は都市・近代部門になっていった。言い換えれば，このことは本台・羅の3重構造モデルがルイスの2重構造モデルに次第に収斂されてきたことを示唆している。いうまでもないが，郷鎮企業が消え去ったわけではない。雇用吸収組織としても，あるいは農家所得補完組織としても依然その重要性は小さくない。ただし，農民が自由に移動できるとなると，近代部門と郷鎮企業部門とが労働市場において競争的になってくるし，3元モデルとしての意味を失ってくる[19]。その場合，郷鎮企業は農村に位置している近代部門の企業に過ぎなくなるのである。

---

[19] 中兼（2002）では，郷鎮企業を含むモデルを「2.5元モデル」と名付けたが，それは郷鎮企業部門が「0.5元」の意味でしかないことを示そうとしたものである。

7. ハリス＝トダロ・モデルと中国における労働移動：盲流から民工潮へ

 それでは中国の農民はなぜ都市，とくに沿海部の都市に移動しようとするのだろうか？　ルイス・モデルでは，過剰労働力に溢れる農村を捨てて，農民たちは生存賃金でも無制限に，雇用機会がある限り都市に移動していく。しかし，経済が転換点を過ぎれば，労働市場が単一化されるわけであるから，従来の構造的障壁を越えての「労働移動」はなくなる。しかし，現実にはそれほど単純ではない。多くの途上国を見てみると，貧しい農村部から農民（労働力）が職を求めて都市に流れ込み，彼らの多くがインフォーマル部門で働き，彼らとその家族がしばしば巨大なスラムを形成して都市周辺部に住み着く。そうした途上国の現実を踏まえて開発された労働移動モデルがハリス＝トダロ・モデルである（Harris and Todaro 1970）。

 ハリス＝トダロ・モデルは次のような構造になっている（図3-6参照）。すなわち，経済は都市部門 u と農村部門 r の二重構造になっており，農村部門 r の労働力の一部（この場合，必ずしも過剰労働力でなくともかまわない）は都市フォーマル部門に雇用され移動していくが，その部門の雇用機会は最低賃金 w_f で雇用者数が限られているために，その労働力 $O_iL_i(0)$ 以上に都市に移動してくると失業が発生する。そこで都市フォーマル部門に就職できる確率，すなわち就業者数/都市労働者数（＝就業者数＋失業者数）で求められる p を掛けた期待賃金率 pw_f が存在する。w_f が農村における制度的賃金率 w_r を上回る以上，農民は農村から都市へ移動する。そして期待賃金率 $pw_f > w_r$ である限り移動し続け，その結果都市に行ってフォーマル部門に就職できない農村労働力はインフォーマル部門 i に「失業者」$L_t - L_i(0)$ として滞留することになる。都市に一部の農村労働力が移動するのだから，農村の労働供給は減少し，賃金率は w_r から w_a に引き上げられるが，依然として w_f を下回っている[20]。

 このモデルでは都市インフォーマル部門の賃金率 w_i は明示されていないが，実際上，$w_f > w_i > w_r$ となっているはずで，フォーマル部門の期待賃金率が農

---

20) 図3-6における直線 qq は，本来，都市労働量とフォーマル部門の期待賃金率にかんする直角双曲線になる。それは，都市部門への労働の供給曲線に相当する。

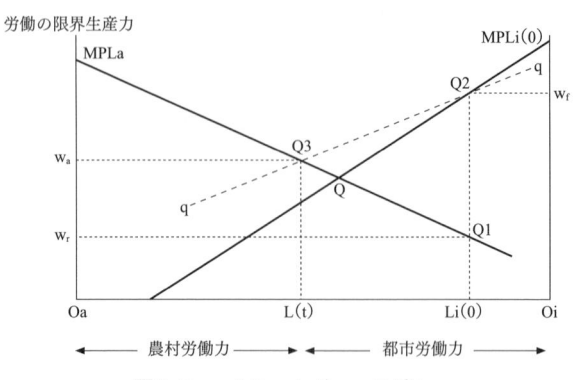

図3-6　ハリス＝トダロ・モデル
出所）中西（1997）を基に筆者作成。

村部門の賃金率を下回っていても，インフォーマル部門の賃金率が農村部門のそれを上回る限り，農村労働力は都市に移動するはずである。

　ところで，ハリス＝トダロ・モデルも，ルイス・モデルと同様に両部門間に労働力は自由に移動できるものと仮定していた。それゆえ，上述した農民に対する移動制限や差別など，中国の農民が直面している現実を考えると，大きく制度的条件を修正しなければならない。また，上述したように他の途上国と違って中国の都市にスラムが形成されないのも，もちろん政治的権力の違いはあるにせよ，ハリス＝トダロ・モデルがそのままの形では中国に適用できないことを示唆している[21]。しかし，都市インフォーマル部門に滞留する農村労働力を農民工と仮に置くと，このモデルは中国の現実をある程度描写しているともいえよう。

　このモデルを中国の現実に適用しようと修正を試みたものとして葉・周（2008）がある。彼らは，都市フォーマル部門における就業確率の代わりに，農民工市場における就業確率を用いて期待賃金率を求める。さらに農民工に対

21）かつて北京市南郊に「浙江村」といわれる浙江省の温州出身の商人や農民たちが作る特殊な居住空間があった。ひと頃には10万人を超える規模だったといわれたが，2000年に北京市政府により解体され，アパレルや皮革などを取引する近代的なセンターに生まれ変わってしまった。

してはさまざまな差別が存在するので，そのぶん期待賃金率から差し引かなければならない。こうした得られた「実質」賃金率が農村の賃金率 w_r を上回ったとき，彼らは都市に移動すると解釈するのである。

こうしたモデル化以上に重要なことは，改革開放以後，農民工が次第に労働力として「認知」されてきたことかも知れない。1980年代の市場化初期の段階では，農民が土地を離れ，都市に仕事を探しに行くこと自体，まだ不正常なことと見なされていた。それゆえ，農民たちが自然発生的に都市に行き始めると，政府はそれを「盲流」と呼び，統制すべき，あるいは厄介な対象と考えたのである（葛・屈1993）。しかし，1992年以後の市場化の嵐の中で，そうした農民たちによる労働移動は正常なものと見なされるようになってきた。呼び名も「盲流」から「民工（出稼ぎ）潮」に変わってきた。それはちょうど中国における都市政策の転換にも対応している。すなわち，1990年代初めまでは都市の福祉水準を維持するために無秩序な都市化を抑え，そのためには戸籍制度を維持し，農民たちの流入を抑制しようと考えていたのだが，市場経済化が進むとともに，都市の拡大は経済成長全体にプラスになるという認識に変わってきた。それと同時に，農民工も経済成長にとってはなくてはならない存在として認められるようになったのである。とはいえ，上記の通り都市農村の分断は依然として残っている。

それでは，中国における労働力移動は，実際どのような要因によって決定されるのだろうか？　先に見たルイスやハリス＝トダロの移動モデルを念頭に，中国における農村から都市への，あるいは地域間の人口・労働力移動決定モデルを考えてみよう。これにかんしては相当多くの調査・研究がなされ，計測も行われている。この場合，大きく分けると，人口センサスなどのマクロデータを用いた実証分析と，特定の地域や工場を対象にアンケート調査などによって得た情報を基にしたミクロ的実証分析の2種類がある。

この種の実証分析は数多いが，たとえば，劉・高田（1999）は河南省と四川省のミクロデータに基づき，農民工（出稼ぎ労働者）の労働移動に関わる要因を，(1)農家の要素賦存状況（土地労働比率や労働者数），(2)農家の労働力の特質（教育水準，平均年齢，技能の有無），(3)地元で就業する機会（郷鎮企業の有

無や農民工の1人当たり非農業所得)，(4)彼らが出稼ぎに行く場合の期待所得，に分類し，農民工として出稼ぎに行くか否かを決めるモデルを作り，これらの要因の説明力を検定している。その結果，期待所得が高いほど出稼ぎに行く確率は高まり，他方，土地労働比率は有意ではなく，土地の希少性は出稼ぎ行動を決めないこと，農家の労働者数が多いほど出稼ぎに出る可能性が高まり，地元での就業機会が多いほど農民工になる確率は低くなること，などといった結論を導いている。また Zhang and Li (2004) は福建省廈門における2001年に行った調査データに基づき，都市に入ってきた農民工が都市にとどまるのか，農村に帰るのか，あるいは他の地域に移動するのか，彼らの移動決定のモデルを作り，それが本人の教育水準，職業訓練の場所（都市で受けたのか，農村で受けたのか），過去の移動経験，移動後の所得水準，それに非農業職業経験などによって左右されることを発見している。あるいは周ほか (2010) は，重慶市のデータに基づき，プル型（需要サイド）の労働移動関数を計測し，想定通り都市の平均所得水準や都市化率が農民の都市への移動に有意に作用することを見出している。

　しかし，人口と労働移動にかんする理論的，実証的研究を行い，マクロ・ミクロデータに基づき最も大規模で本格的な人口・労働移動関数の計測を行っているのが厳善平である（厳2005)[22]。マクロデータを用いた地域間人口移動率は，1人当たり総生産，経済成長率，非農業就業の増加率，都市部の登録失業率，都市部の非国有部門従業者比率，地域間の空間的距離，それに情報伝達（具体的には，血縁や地縁の人的繋がりで測られる）で説明されている。また1995年の百村労働力調査に基づくミクロ分析では，地域外への労働移動率の決定要因として，地域内の労働移動率，非農業部門比率，非農業部門従業員増加率，労働力率，労働力1人当たり耕地面積，それに地域ダミーを取り上げて，計量分析にかけ，ほぼ予想どおりの結果を得ている。ここでは，先に見た劉・高田 (1999) とは違い，1人当たり土地面積が農民の労働移動に対して有意に効いてきて，土地に対して人口が過剰なところほど，地域外に労働力が流

---

22) この本は計量的分析が中心であるが，農民工にかんする制度論的，政策論的考察を行ったものとして厳 (2010) がある。

出する傾向が見て取れる。

　そのほか，さまざまな調査研究が行われ，中国における労働移動にかんするわれわれの知見は確実に豊富になっている。結論は，地域，時期，あるいはサンプルサイズや方法論等によって異なってくるが，基本的にはルイス・モデルやハリス＝トダロの移動モデルの予想を覆すものではない。そのことは逆に，改革開放以後，中国の市場化が進み，依然として中国に特殊な制度的特性はあるものの，人々の行動様式が従来の経済モデルが想定している「合理的」なものになってきていることを示唆している。

8．開発と都市化

　ハリス＝トダロ・モデルは経済発展における都市問題をも浮き彫りにすることになった。途上国，とりわけ貧しい途上国には膨大なインフォーマル部門があり，彼らの多くは都市内部あるいは近郊のスラムに居住し，そのほとんどが農村から職を求めて都会にやってきた労働者とその家族である。

　なぜ経済発展とともに都市化（都市人口の増大）が進むのだろうか？　1つには，前章で述べた経済発展の標準パターンであるペティ＝クラークの法則から説明することができる。つまり，経済発展とともに工業化や第3次産業の発展が起きると，工場や企業は都市に置かれるから都市化が進むのである。しかし，なぜ工業化や第3次産業は都市化を引き起こすのだろうか？　開発経済学のテキストはそれを外部経済（external economies）や集積（agglomeration）のメリットに求めている（Gillis et al. 1983, p. 487，アジア経済研究所・朽木ほか1997，第5章）。すなわち，農村と違って都市では多くの人口が密集するわけであるから，企業にとって必要な，とくに技能労働力や技術者，さらには情報を容易に集めることができるので，企業が集積する。そうするとインフラも整備されてくるし，それがさらに多くの人や企業を集め，外部経済や集積の効果が発揮されることになる。より正確にいえば，人口が多く集まることは他方で（後述するように）外部不経済や集積のデメリットも生み出すことになるが，それを補って余りあるほどのメリットを都市化は経済，それに社会全体にもたらすと

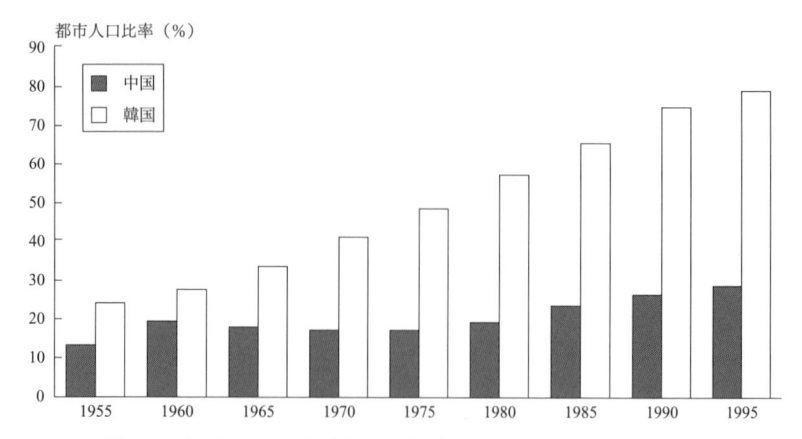

図 3-7 中国における都市化の推移（1955-1995 年）：韓国との比較
出所）中兼（2002）図 3-6 より。

考えられる。そうであるがゆえに，多くの国では近代化，工業化とともに都市化が自然な流れとして，言い換えれば標準パターンとして進展してきたのである。

しかし，毛沢東時代の中国は全く違っていた。こうした自然な，標準的傾向に逆らうような意識的「反都市化」政策が採られた。上述した戸籍制度の下に，都市と農村が分断され，農村人口（労働力）が都市に流れ込むことを止めたばかりでなく，都市住民を農村に「下放」（移住）させる政策さえ文化大革命期に実施された[23]。中国における都市人口の推移を韓国と比べてみよう（図3-7参照）。毛沢東時代の異常さが分かるだろう。

では，なぜ毛沢東時代に反都市化政策が遂行されたのだろうか？ 考えられる理由として以下の４点が挙げられよう。１つには「農業基礎」の方針の下に，農業生産とりわけ食糧生産を確保・拡大しようとしたことである。当時の技術水準では労働生産性を飛躍的に高めることはできなかった（より正確には，農業生産性を増大させるような思い切った政策が採られなかった）。その結果，農

---

[23]「下放」は正式には都市の幹部を農村に行かせることを指し，都市の若者を農村に移住させることを「上山下郷」と呼んだ。文化大革命中に約 1,700 万人の若者が都市から農村に移住したといわれる。

業労働力を減らそうとは考えられなかった。2つめは，軍事的理由であるが，ソ連やアメリカと対立し，両超大国からの「侵略」に備えるために，なるべく都市人口を減らす，少なくとも増やさない政策が大事だった。日本が戦時中に都会から学童を疎開させたのと同じような発想である。3つめに，毛沢東から見て，都会に住めば人々は肉体労働をしなくなり，社会主義精神，あるいは革命精神が萎えてしまう恐れがあるということである[24]。したがって，知識人や学生たち，それに幹部たちを「農民からの再教育を受けさせる」ために農村に追いやった。4つめに，都市のインフラが十分ではないときに，農民たちが大量に都市に流入すれば，住宅，交通，教育，医療など，さまざまな面で不都合が生じる（と政府が恐れた）からである。事実，途上国に多く見られる大都市近郊のスラム（貧民街）は中国にはまだ見られない。形成されようとすると，行政権力によって取り払われてしまうのである。それは，農村からの無秩序な人口流入を抑えてきた政策の効果ともいえる。

　改革開放以後，こうした理由の1から3番目のものはなくなってしまった。農民たちを土地に縛り付けなくとも農業生産性は高まり，その結果，過剰労働力が顕在化した。国際政治環境も一変した。社会主義とか革命といったイデオロギーは廃れてしまった。しかし，第4の理由だけは依然として残っている。それゆえ，戸籍制度が現在に至るも存続しているのである。

　より重要なことは，政策当局者を含む人々の認識が大きく変わったことだろう。すなわち，「都市化は悪ではなく善である。それは経済発展にとって必要なことである」と考えるようになった。戸籍制度にしても，「中国の国情から必要だ」から「確かに問題だが，必要悪だ」へ，そしていまや「不合理，不公正だから徐々に撤廃しよう」というように，認識が変わってきた。中国における社会学者で最も影響力のある陸学芸は，戸籍制度の撤廃は経済発展，社会流動，社会公正に役立つと主張し，長年農民を土地に縛り付けてきた戸籍制度を

---

[24] 「都市化なき社会主義」の幻想を毛沢東の「反都市化」政策に見た小島麗逸は，都市化＝官僚化と捉えた。小島編（1978）参照。しかし，このロジックには疑問がある。計画化＝官僚化なら論理的に通じる。つまり，官僚主義を批判するのなら，フリードマンのように徹底した市場化＝小さな政府を主張する方が筋が通っている。

思い切って廃止すべきだし，廃止しても大きな社会的混乱は起こらないだろうと予測する（田 2005）。まだこの意見は主流にはなっていないが，現在中国が進めている「都市農村一体化」政策は，そうした認識と政策の大きな変化を表しているといえよう。遠からず，この制度は「不合理，不公正だから即刻廃止しよう」というように，人々の共通認識ができてくるに違いない。

　中国ではすさまじい勢いと規模で都市建設が進められている。都市の相貌は 1990 年代以降劇的に変わった。高層ビルが林立し，高速道路にマイカーが溢れ，地下鉄が造られ，また延長され，都市間に高速鉄道が走り，多くの人々の住環境は 1980 年代に比べて一変した。さらに高級店が建ち並び，豊かな人々の旺盛な消費意欲をかき立てている。これは決して北京や上海といった沿海部の大都市だけの現象ではない。内陸部の中小都市にしても似たような事情が見られる。しかし，「都市化」の中味はどうだろうか？ 欧米の近代化と都市化に伴って発生した「自立した個性」，自由な言論や集会が中国にはない。いうなれば，都市の建物や道路といったハードの部分だけが突っ走って造られ，制度や活動といったソフト面が整っていない都市化である。あるいは，都市だけが造られ，都市人口は増大したが，「市民（citizens）」が十分育っていない都市化，ともいえる[25]。

25）中国語に翻訳されたマルクス主義関係の用語（その多くは日本から輸出された）には，「共産主義」をはじめとして，誤解を招くという意味での「誤訳」が少なくない。中国では「ブルジョア」を「資産階級」と訳しているが，本来フランス語のブルジョア（bourgeois，ドイツ語でいう Bürger）は，（自由な）市場町（bourg）の住民という意味である。したがって，ブルジョア的権利とは，実は市民的権利のことを指している。

第4章

外向型発展モデルと中国

はじめに

　これまで，国内の経済政策や制度，およびその評価を中心に議論してきたが，この章では貿易と投資を中心にした対外経済関係と政策に焦点を当てて，しかも開発戦略を中心として中国における経済発展の特色を見ていくことにしよう。貿易構造の変化については次章で雁行形態的発展との関連で論じる。

　周知のように，19世紀初めから国際経済の分野では自由貿易論と保護貿易論が鋭く対立してきた。これは戦後の開発経済学や開発思潮にも色濃く反映されている。ここではまず開発経済学に登場する貿易をめぐる2つの開発戦略について説明し（第1節），1950年代以降プレビッシュ＝シンガー命題として有名になった「交易条件悪化説」や輸出ペシミズム論について議論しよう（第2節）。次いで中国の対外経済政策を取り上げ，貿易の自由化とWTO加盟，およびその効果について論じる（第3節）。その後で，中国の貿易体制の特徴の1つである2つの貿易レジーム，加工貿易と一般貿易の違いを見ることにしよう（第4節）。そして中国経済のいわば牽引車である外国直接投資（FDI）とその役割，またその効果，さらにその決定要因について整理し（第5節），以上のことを踏まえた上で，貿易とFDIと成長との相互関係からなるダイナミックスについて，大まかなイメージを描いておくことにする（第6節）。最後に，外資導入に対する異なる評価について触れておきたい（第7節）。

1. 2つの開発戦略：輸入代替と輸出主導

　ミントは途上国の経済政策を「外向き（outward-looking）」と「内向き（inward-looking）」の2つに分類し，前者の政策を採ってこそ経済発展できることを力説した（Myint 1980）。周知のように，国際貿易政策には「自由貿易論」と「保護貿易論」の2大潮流があり，これまで長らく各国の貿易政策に両者が大なり小なり影響を与えてきた。自由貿易論は当然外向きの政策であり，保護貿易論は内向きの政策である。

　外国貿易をめぐる開発戦略にしても大別すれば2種類あり，1つは輸出主導型（export-led）あるいは輸出志向型（export-oriented）といわれるもので，これが自由貿易論につながる。ただし，全く同じではない。すなわち，輸出をエンジンとして経済発展していこうという戦略と，輸出入を全て自由化しようという政策は，輸入政策をめぐって異なっている。言い換えれば，輸出主導型の戦略の下で輸入はしばしば制限される。もう1つが輸入代替型（import substitution）戦略であり，これは保護貿易論にほぼ等しく，国内産業を保護しながら育成していく戦略であり，輸入に対してさまざまな制限措置が採られる[1]。

　中国は，序章でも見たとおり，毛沢東型の開発戦略の下では輸入代替型の，鄧小平型の開発戦略の下では輸出主導型の戦略をそれぞれ採った。毛沢東時代，「自力更生」という名の下で自給自足政策が追求されたのは，1つには，冷戦時代に西側諸国からの経済封鎖があったためであり，もう1つは，毛沢東が「戦争に備えて」国全体が，また個々の地域ができるだけ自己完結的な工業体系を築こうとしたためでもある。それに関連していえば，スターリン型の開発戦略を選択したソ連をはじめとして，社会主義経済はもともと輸入代替志向だった。というのは，当時自由貿易は先進資本主義国が海外を「搾取」し，経済的に支配するための手段だと，社会主義国では見なされていたからである。

---

1) 1960年代以降の台湾や韓国の開発戦略のことを「複線型」と呼ぶこともあるが，これは輸出主導によりながら一面では輸入代替を進める戦略であり，市場メカニズムだけに頼って自由貿易を推進したわけではなく，どちらの戦略とも政府の指導や関与が大きかった。大野（2002）参照。

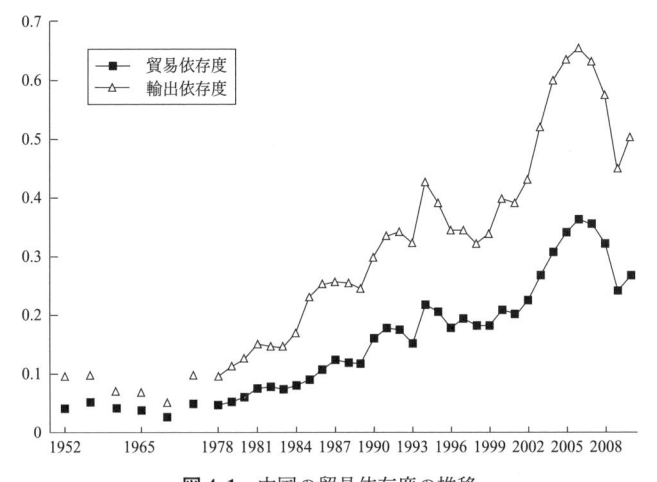

図 4-1 中国の貿易依存度の推移
出所）『中国統計年鑑』各年版より筆者作成。

こうした思考は，開発論でいえばいわゆる「従属論」の観点にきわめて近かった[2]。

　改革開放以後，鄧小平型の開発戦略を実行したのは，当初彼らが参照した開発モデルが台湾や韓国など，NIEs といわれる新興諸国のモデルであり，そこでは明確に輸出促進政策が打ち出されていたからである。たとえば台湾では，国内企業が製品を輸出した場合には，払った輸入資材・原料の関税を払い戻す戻し税制度を導入し，輸出を奨励した。あるいは，以下でも触れる輸出加工区の制度も典型的な輸出促進制度である。こうした輸出促進政策が，外資導入政策と並んで急速な経済成長をもたらしていることに，開放政策を実施するに当たって中国指導部は強く印象づけられたようである。輸出が拡大すると同時に輸入増大も促されるから，改革開放以後，中国の貿易依存度（輸出入額 / GDP）は毛沢東時代の 5～10% 程度から急速に高まっていった（図4-1 参照）。2008年以後一時的に依存度は急落したが，これは 2008 年のリーマンショック以降

---

2) A. G. フランクらの従属学派は，資本主義世界システムと断絶することによって途上国は発展できると主張し，毛沢東がいう「自力更生」政策を高く評価していた。たとえば Frank（1978）参照。

表 4-1 輸出の動態的 RCA (1970-2003 年)

	1970-80	1980-90	1990-95	1995-2000	2000-03
中国	1.11	2.19	2.14	2.24	3.66
香港	1.11	2.57	1.84	0.65	0.67
韓国	1.66	2.33	1.60	1.40	0.78
マレーシア	1.01	1.73	2.27	1.23	0.07
フィリピン	0.93	0.62	1.89	3.58	−0.51
タイ	1.20	2.25	2.19	0.88	1.04
シンガポール	1.34	1.78	1.98	0.67	0.28
インドネシア	1.68	0.03	1.40	1.36	−0.11
台湾	1.42	2.39	0.94	1.23	−0.60
(参考)					
日本	1.03	1.40	1.06	0.34	−0.10
アメリカ	0.89	0.99	0.97	1.26	−0.49

注) 動態的 RCA とは, 1 国の貿易成長率 / 世界の貿易成長率を指す。
出所) Adams et al. (2006), Table 6 より。

の世界経済の停滞に関係している。

　貿易依存度が高まったばかりではない。GDP が改革開放後に高成長を見せてきた上に貿易依存度が高まってきたということは, 貿易が経済成長率以上に急速度で拡大してきたことを表している。貿易そのものの成長はこの間台湾や韓国を押しのけるほどの勢いを見せてきた。中国の貿易成長率と世界の貿易成長率の比率, いわば世界の貿易に対する中国の貿易の弾力性を示すのが, 動態的な顕示的比較優位 (dynamic RCA: revealed comparative advantage) である。東アジア諸国 (地域) とアメリカの 1970-2003 年にわたる時期別輸出の動態的 RCA の動きを見てみよう (表 4-1 参照)。この表が物語っているように, 中国の輸出の伸び率は一貫して世界平均のそれより高く, しかもほとんど低下せずに上昇してきた。こうした国あるいは地域は, 輸出主導型の成長戦略を採ってきた東アジアの中でも珍しい。静態的な顕示的比較優位 (static RCA) については, 中国の製品別輸出構造の問題と併せて, 次章で取り上げることにしよう。

　それでは, そうした輸出主導政策は中国の経済成長にどれだけ貢献したのだろうか? まず手始めに, 第 2 章で紹介した成長会計の手法を使って改革開放

後の輸出の成長に対する貢献度を計算してみると、毛沢東時代は輸出依存度が小さかったから、輸出の対成長貢献度はきわめて小さかった。改革開放以後、輸出は急速に拡大していき、輸出依存度は上昇していったから、当然成長への貢献度は大いに高まった。1980-90年には9.5%にとどまっていた成長への貢献度は1990-2000年には21%を超え、2000-05年には22%以上になるなど、中国経済の成長にとって輸出はなくてはならない要素の1つになっていったのである。それは、逆にいえば世界経済の動向に中国経済が左右されることを意味し、内需主導型の開発戦略が模索される契機となった。

こうした成長会計による説明は、GDPの一部である輸出が結果として成長にどう貢献したのかを測っているに過ぎず、輸出が成長を促しているのかどうかを示しているわけではない。そこで輸出が成長促進的であるのかどうか、逆に成長が輸出をもたらすのか、因果分析を施してみよう。これは経済開発論における「貿易は成長のエンジンか、侍女か」という争点に答えるものでもある。もし前者なら、輸出主導型の開発戦略はきわめて有効だということになるだろうし、後者なら貿易ではなく、他の成長手段、たとえば投資の増大政策を採ることによって開発が進むことになるはずである。

これまで輸出と成長との関係にかんする分析は、多くの研究者によって取り上げられてきたが、中国を対象としたものについては改革開放以後のデータを使っての研究がほとんどである。また分析対象も単純な輸出総額とGDP成長率との関係にかんするものから、地域別、輸出品目別に細分化したもの、あるいは以下で取り上げるFDIとの関連を含めたものまでさまざまあり、また対象時期も一様ではなく、これらの研究の結論を一般化することは容易ではないが、次のようにまとめられるかも知れない。

たとえば、Mah（2005）はグレンジャーの因果分析（補論2参照）を改革開放以後の輸出総額と成長率に対して施し、両方向の因果性があることを発見した。それに対してTang（2006）は両者の因果性を否定している。しかし時期を延ばし、1978-2008年のデータに対して分析を施すと、成長が輸出を促す単方向の因果性が認められるという（王2010）。さらにそれに対して全く逆の結論を導いているのが李（2009）であり、輸出が成長を促す単方向の因果関係が

あると見ている。とはいえ，王も認めているように，長期的に見ると輸出が経済成長に貢献していることも確かであり，因果分析だけで輸出の成長に対する貢献を否定することは適当ではない。また因果分析はラグの取り方によっても左右されるので，輸出と経済成長とのきわめて密接な内在的関係を前提にすると，短期的にはともかく，少なくとも長期的に見れば両方向の因果性があると見る方が自然なようである。

　Jin (2004) は沿海部と内陸部に分けて，沿海部では全ての省で輸出は成長にプラスの効果を持つが，内陸部では一部の省で逆の作用をもたらしていることを実証している。中国における地域差が非常に大きいことを考えると，両者の関係は地域によって異なることが予想される。さらに，品目別に調べていけば，たとえば農産物と工業製品とでは輸出と成長との関係が異なって当然である。工業製品が中国の主力の輸出財であることを考えれば，また産業内分業関係の進展を前提にすると，工業財においてよりいっそう密接な輸出と成長との関係が見られる。呉・劉 (2009) は貿易額の成長率を輸送費，貿易構造の近似性，一般貿易と加工貿易にかんする政策，垂直分業の程度，それに1人当たり資本額で回帰させ，輸送費などと並んで分業の程度が有意に効いていることを発見している。貿易額ではなくて輸出額をとってもおそらく同様の結論が導かれるものと思われる。

2. 貿易と交易条件：プレビッシュ゠シンガー命題を中心に

　1950年に西側経済学界内部から一種の「従属論」的開発論，あるいは輸入代替型の開発思想が現れ，一時期大きな影響力を持った。それは通常「プレビッシュ゠シンガー命題あるいは仮説 (Prebisch-Singer thesis or hypothesis)」といわれる，一次産品の交易条件 (terms of trade) 悪化説である。つまり，途上国は農産物や鉱産物など一次産品を輸出し，先進国から機械などの製造業製品を輸入すると，一次産品の所得弾力性が低く，工業財のそれが高いために，途上国の（価格）交易条件，すなわち輸出価格／輸入価格は一次産品の価格低迷のために不利化し，経済発展が阻害されるという議論である[3]。そのために途上

国と先進国との格差、つまり南北格差がますます拡がることになる。もしこの命題が成立するなら、途上国は輸入代替政策を採るか、あるいは国際的に一次産品の輸入価格を引き上げるような政策を採らなければならなくなる[4]。1964年に UNCTAD（国連貿易開発会議）が設置され、その第1回会議で提出された「プレビッシュ報告」で途上国に対する「特恵関税（途上国からの輸入品に対する関税優遇措置）」が提唱されたのも、そうした命題を指針としている。またこの命題が正しいとすると、輸出をすればするほど途上国は損をすることになり、一種の「輸出ペシミズム」論に発展していく。

この命題にかんしては今日に至るまで論争の的になってきた。1つは、果たして長期に見て、また趨勢（トレンド）として一次産品は製造業製品に対して交易条件を悪化させてきたのか、という事実の認定にかんしてである。次に、一次産品も石油や鉱物資源とその他に区別すると、そうした事実が認められるかどうか、である。第3に、一次産品の価格交易条件ではなく、途上国と先進国の交易条件に切り替えてみればどうか、やはり途上国の交易条件は先進国に対して不利化してきたのか、という問題である。そして第4に、こうした交易条件の変化をもたらす原因やメカニズムは何か、という点である。

この命題を支持する意見は今日においても強い（たとえば Bloch and Sapsford 1997, Bleany and Greenaway 1993, Lutz 1999 など）。UNCTAD も 1960-2000 年の一次産品交易条件の動きを描き、1970 年代半ばの石油ショックの期間を除けば、傾向的に交易条件が悪化してきたことを認めている。しかし他方で、全ての途上国にとって一次産品価格が工業製品価格と比べて相対的に低落したという証拠はない。全ての途上国を含めると、交易条件は 1970 年以降急速に改善されてきた（ただし、非石油輸出国にかんしては緩やかに悪化）(Gillis et al. 1996, p. 470)。今世紀に入ると、鉱物資源輸出国の交易条件は相変わらず改善され、

---

3) それ以外にも、工業国では労働組合が強く、製品価格を高く付けられるが、途上国ではそうした条件に欠け、価格競争力がないという理由も付け加えられている。

4) 交易条件には複数あり、通常は純バーター交易条件（net barter terms of trade）＝平均輸出価格／平均輸入価格で測られる。それ以外に、輸出額の購買力を示す所得交易条件＝純バーター交易条件×輸出量や、輸出生産に用いられる生産要素の生産性を加味し、輸入価格に対する要素所得の大きさを測る単要素交易条件などがある。

指数（2000＝100）

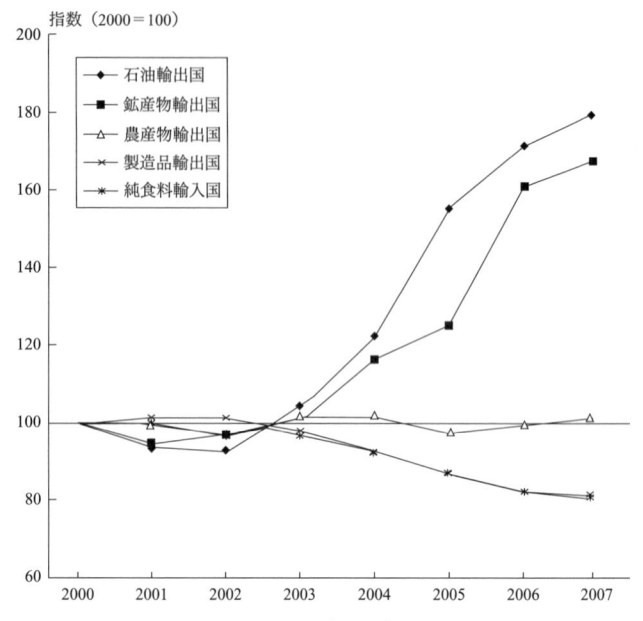

- ◆ 石油輸出国
- ■ 鉱産物輸出国
- △ 農産物輸出国
- ※ 製造品輸出国
- ＊ 純食料輸入国

図 4-2 世界における交易条件の推移：2000-2007 年
出所）UNCTAD（2008），p. 28 より。

農産物輸出国のそれは横ばいだった（図 4-2 参照）。この原因は単純である。すなわち，工業製品の場合，技術進歩が急速で，かつその技術がガーシェンクロンのいうように比較的容易に海外へ伝播していったために供給力が増え，市場競争が激化していったのに対して，一次産品の場合そうした供給状況にはなかった。それゆえ，工業製品価格が下落していくのに対して，一次産品，とりわけ工業生産等に用いられる鉱物資源の価格はむしろ上昇していった[5]。その結果，石油や天然ガスといった鉱物資源輸出国の交易条件は改善されてきたのである。

このことはまた，途上国の輸出品＝一次産品という図式がいまや当てはまら

---

[5] 時代の制約からやむをえなかったのだろうが，工業技術の進歩や工業生産の世界的普及といった，その後の世界経済の状況変化を，プレビッシュもシンガーも 1950 年には予測できなかった。そのうえ，彼らの立論は需要の弾力性だけに偏りすぎていた。

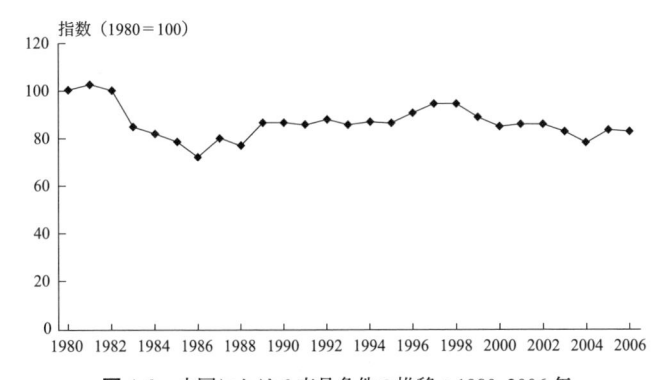

図 4-3　中国における交易条件の推移：1980-2006 年
出所）黄（2008）のデータを基に筆者作成。

なくなってきたことを示している。一次産品ではなく，工業財を輸出する途上国が増えてきたし，その交易条件と経済発展との関係については，従来のプレビッシュ＝シンガー命題とは切り離して別の視角から議論されなければならない。自然資源に恵まれず，一次産品に頼れない途上国は，台湾や韓国がそうだったように労働集約的な工業財を輸出することで輸出を拡大してきたが（次章参照），その交易条件はむしろ悪化してきたのである。途上国からの輸出製造品の交易条件を調べたアトゥコラーラは，交易条件悪化説を明確に否定している（Athukorala 1993）。言い換えれば，途上国の産業構造と輸出構造が多様化した今日，開発論的に見て重要なのは，一次産品の交易条件が悪化したかどうかというよりも，途上国の交易条件が先進国に比べてどうなったかであろう。

　それでは，中国における交易条件の動きはどうだったのだろうか？　それは中国の経済発展に対していかなる影響をもたらしてきたのだろうか？　公式統計に基づく限り，改革開放後から 1986 年まで悪化し，その後 1990 年代初めまでは改善していったが，輸出財全体の交易条件は 1990 年代末以降再び悪化し始め，このことが国内において大きな争点になった（図 4-3 参照）。なぜ中国の交易条件は 1990 年代末から悪化してきたのだろうか？　原因として挙げられているのが，以下のような点である。(1) 輸出入製品構造が変化したため，初中級産品（一次産品や中間原材料など）の輸入価格が上昇し，中国が比較優

位を持ち始めた最終財の輸出価格の伸びを大きく上回ってきたこと，(2)国内の高成長が価格の張る技術・資本集約財の輸入の増大をもたらしたこと，(3)輸出企業に「過当競争」が見られること，である（石・李2009)[6]。あるいは李・辛（2008）は，回帰分析により交易条件が経済成長およびFDIと負の関係にあり，実質関税率および為替レートと正の関係にあることを見出している。つまり，(1)経済成長によりある生産要素の増加が，その要素を使用する商品の相対価格を引き下げ[7]，(2)FDIの増加が輸出の増加をもたらすために，輸出財の価格を引き下げ，(3)関税率の引き下げは輸入価格の下落を，(4)為替レートの引き上げは輸出価格の引き上げと輸入価格の低下をそれぞれ生み出すと期待される。いずれにせよ，こうした状況は，まさにプレビッシュ＝シンガー命題とは違う交易条件の変化に中国が遭遇してきたことを物語っている。

　指摘しておくべきことは，このような価格交易条件の悪化が，プレビッシュ＝シンガー命題に内包されている貿易ならびに経済成長への否定的影響をもたらさなかったことである。確かに中国の交易条件は悪化してきた。しかし，他方で輸出は急拡大し，ついには日本を抜いて世界最大の外貨保有国にさえなった。このことは，価格交易条件の悪化が経済全体に与える影響というものが，少なくとも中国においては，そしておそらく他の多くの途上国においても，限定的なものでしかないことを含意している。価格交易条件ではなく，所得交易条件で見たとき，中国の交易条件は輸出の急速な増加によって著しく改善してきた（劉2009)[8]。1980年を100とすると，所得交易条件は2006年には4,430にまでなっている（黄2008）。21世紀に入り，アフリカの経済成長は著しいも

---

6) 彼らは，そのほかに多国籍企業による「移転価格（transfer pricing）」を一因に挙げているが，その証拠を摑むことは難しい。移転価格とは，親会社と子会社との間での取引価格のことであるが，これは本国の親企業に利益を移す不正手段に使われることで問題視される。

7) 彼らはこれをリプチンスキー定理で説明しようとしている。つまり，ある生産要素（たとえば労働）が増加するとき，その生産要素を集約的に用いる財の生産は生産要素の増加以上に増大するというのがこの定理の骨子であるが，この説明は必ずしも説得的ではない。なぜなら，農民工のような労働供給の増加が労働生産性の増大を伴うとは考えにくいからである。

8) 所得交易条件については，注4参照。

のがあるが，その多くが一次産品価格の高騰によるものである。しかし，果たして一次産品の輸出だけに頼って持続的な成長は可能だろうか？「発展なき成長（growth without development）」にならないだろうか？

あるいは次のようにいえるかも知れない。すなわち，元来のプレビッシュ＝シンガー命題を離れ，一次産品対工業製品ではなく，工業製品内部の労働集約的産品 対 技術・資本集約的産品との交易条件こそが現代の，また新たなプレビッシュ＝シンガー命題である。カプリンスキーがいうように，製造業製品内部に，途上国生産者の交易条件低下が見られる（Kaplinsky 2006）。労働集約的工業製品を大量に海外に輸出することは，はじめは一部の国にとって交易条件を改善させる手段になりうるが，そのうち多くの国が参入して価格が低下し，交易条件はむしろ悪化してくる。いわゆる「合成の誤謬（fallacy of composition）」が発生し，輸出主導型の開発戦略に警鐘が鳴らされることになるかも知れない（Mayer 2002）。上述した中国における最近の交易条件悪化現象は，こうした新たな開発問題を提起しているともいえそうである。

3. 中国の貿易政策：貿易の自由化とWTO加盟

輸出主導型戦略は，いうまでもなく「貿易の自由化」を基本的に支持している。自国だけが自由に輸出し，輸出によるさまざまな恩恵に与りながら，他国に対しては自国市場を閉ざすことは許されない。実際，中国は1986年にすでにGATT（関税と貿易にかんする一般協定）に参加を申請した[9]。その後，天安門事件後にアメリカやEUの反対と圧力が強く，GATTの後身であるWTO（1995年創設）に正式に加盟が認められたのは，2001年末である。

中国がGATT/WTO加盟に当たって採ってきた貿易自由化政策にはいくつかの種類がある。1つは為替レートの改革である。毛沢東時代，為替レートは極端に高く付けられていたが，対外開放政策の進展とともに実勢に近づけるべくレートは急速に切り下げられた（元/ドル・レートは上昇した）（図4-4参照）。

---

9) 公式的には，「復帰を申請した」である。というのは，1949年に当時中国を代表する国民政府がGATTから脱退したからである。

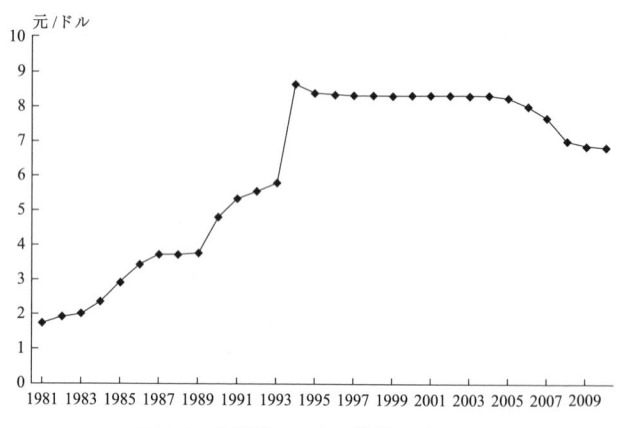

図4-4 人民元レートの推移：元/ドル
出所）『中国統計年鑑』各年版より。

　いうまでもなく，輸出促進を図るためには自国通貨のレートは安く設定されていなければならない。レートの切り下げのほかに中国がまず採った政策は二重レート制であり，貿易外取引における公定レートと貿易取引における実勢レートが併存する状況が生まれた。その後GATT加盟申請に伴い，二重レート制の廃止が国際的に求められ，1993年にレートを一本化するとともに，人民元の公定レートをドルにペッグし，政府が管理する為替制度を導入した[10]。

　貿易自由化のもう1つの政策が国内市場における価格内外無差別化である。いまから考えると信じられないかも知れないが，1993年までは中国国内のサービス料金が外国人価格と自国民価格の2本立てになっていた。それは，「豊かな外国人」から多く取り，「貧しい中国人」に補填するためだとして合理化されていた[11]。国籍により価格が異なるのは市場原則に背反しているのは明

---

10) 中国の為替管理制度はその後，事実上のドルにペッグした固定相場制から，2005年には管理フロート制・通貨バスケット制になって，徐々に対ドル相場を上げてきている。
11) このような発想はいろいろな分野で適用された。たとえば，1980年代には日本に留学した中国政府の国費留学生は日本政府の国費留学生よりも待遇が悪く，中国政府（大使館や領事館）は後者の留学生から一定額を徴収して，両者の格差を小さくしていた。徴収された額が中国政府の国費留学生の生活改善に回されたのか，あるいはより多くの留学生派遣費用として用いられたのかについては，分からない。

白である。なぜなら，市場には無名性があり，貨幣の前では全ての人が「平等」だからである。まして，GATTの内外無差別原則に明らかに違反しており，政府は開放直後から続いてきたこの政策をGATT加盟のために廃止することにした。それにより，外国人（ないしは企業）は内国人（企業）と同じ購入・販売権限を享受できることになった。

さらに重要な貿易自由化政策が企業の貿易権限の拡大，ついには自由化である。改革開放直後，「社会主義計画経済」の原則の下，全ての対外貿易は国家が独占していた。しかし，開放後徐々に貿易権限を企業に下ろすようになり，最初は特定の企業にのみ輸出入の権限を与えていたが，次第に多くの企業が自主権を持てるようになっていった。それは同時に，為替取引が自由に行えるような体制に移行することを意味している。

かくして中国は1996年12月にIMF8条国に移行し，(1)経常為替取引の制限を撤廃し，(2)複数為替レートや2国間の支払協定などによる差別的通貨措置を撤廃し，そして(3)経常的な為替取引で非居住者の取得した通貨の交換性を保証する体制を築き上げたのである。ただし，その段階ではまだ全ての企業に貿易権や外貨保有権限が与えられたわけではなく，実際上はさまざまな制限付きの自由化だったといえよう。こうした貿易の自由化政策の集大成ともいうべき措置がWTO加盟である。WTO加盟に至る複雑な交渉過程はさておき，このWTO加盟が中国経済に与えた影響について整理しておこう。

WTO加盟が貿易の拡大に寄与し，第1節で論じたように中国経済全体の発展に大きく貢献したことは否定できない。加盟によって相手国の関税が引き下げられ，中国の輸出にとってきわめて良好な環境が整えられた。他方，輸入が急増し，国内産業が淘汰されていくのではないかという事前の予想とは裏腹に，中国はますます貿易黒字を蓄積することになった。アジア通貨危機以降次第に低下してきた成長率が，WTO加盟を期に再び上昇に転じ，今日に続く高成長の源になったといっても過言ではない。

貿易自由化は，それゆえ自由貿易論は，上述したプレビッシュやシンガーをはじめとして，これまで多くの論者から攻撃されるテーマだった。しかし台湾や韓国の成功経験，そして今日の中国の輸出主導型経済発展の著しい成果は，

それが途上国の経済発展にとって有効な政策であること、しかしそれを有効ならしめるにはさまざまな補完的政策や制度が必要だということを教えてくれている。そうであるからこそ、ほとんどの途上国もWTOに加盟し、また加盟しようとしているのである。それでは、そうした補完的政策や制度とは何だったのだろうか？　先に挙げた為替レートの改革などは別にして、中国に比較的特有な政策と制度に焦点を当てて見てみることにしよう。

4. 中国の新たな貿易レジーム：特区と加工貿易

中国に特有な貿易政策・制度としてしばしば指摘されるのが特区（special economic zones）である。特区制度は、元来が台湾や韓国などで実施された「輸出加工区（export processing zones）」にヒントを得たものだったが、中国に導入されたとき、とくに海南島全島が特区に指定される1985年までは4つある特区の中でも最大だった深圳特区の場合、単なる輸出加工区を超えて、多様な目的を持った改革開放の実験地区となった。すなわち、それは輸出入関税の免除、所得税の3年間の据え置きなどの優遇措置を外資に与え、積極的に外資を呼び込む地域にするとともに、鄧小平がいった「4つの窓口」（技術の窓口、管理の窓口、知識の窓口、対外政策の窓口）の役割を担い、それだけではなく、香港の本土復帰（1997年）を睨み、さらには台湾との統一をも視野に入れた、政治的意味合いをも持っていた。というのは、深圳は香港に接しているため、そこで大胆な改革開放を実験し、中国国内に「資本主義の実験区」を作れば、香港の人々にも本土復帰に対する安心感を与えることができるからである。中国は香港に対して「一国二制度」政策を採用し、中国にあっても国内とは異なる制度を少なくとも50年間は認めることを決めたが、深圳は、政治体制は国内と全く同じだが、経済体制にかんしては香港に一段と近づける政策を採ることになった。そのために、一時期は特区通貨を発行することさえ検討されたほどである。深圳と国内とは「第2国境線」によって厳重に区切られ、国内の人々が自由には深圳に行けないような措置がかなり長期間取られた。輸出加工区もある意味で「出島」のようなもので、加工区と内地との間に一定の線が引かれ

表 4-2 加工貿易の推移
(%)

	1981-85	1986-90	1991-95	1996-2000	2001-05	2006-10
輸　出	7.81	31.77	47.64	55.83	55.08	48.93
輸　入	8.67	26.76	40.09	45.21	40.26	34.24
輸出入	8.26	29.15	43.95	50.97	48.02	42.29

注) 加工貿易の全貿易に占める割合を表す。
出所)『中国統計年鑑』(2011) より筆者計算。

ている。というのは，加工区で生産された品物は輸出向けのものであり，そのために関税が免除されているのだから，その製品や原材料が国内に流通することは許されない。しかし，加工区は単なる生産基地でしかなく，そこには特区のように体制改革の意味も，政治的狙いも含まれていない。

　中国のもう1つの特徴ある貿易政策・制度は，加工貿易と一般貿易を併存させ，積極的に外貨を獲得してきたことである。加工貿易にはさまざまなタイプのものがあるが，細かな差異は別にして，外国から輸入した原材料や部品等を中国国内で安い労働力を使って加工あるいは組み立て，それを主に輸出する貿易のことである。たとえば原材料や部品等を関税なしで輸入し，加工あるいは組み立てたのち，その製品全てを契約相手へ輸出するという「来料加工」の場合，中国が受け取るものは加工賃だけでしかなく，中国にとってきわめて利幅の小さな貿易形態だといえる[12]。しかし，外国企業にとっては製品の品質にリスクが小さいだけ安心して営める加工貿易であるし，中国にとっても少なくとも初期には，外貨不足に悩まされていただけに，手軽に外貨を獲得できる便利な方式でもあった。

　こうした加工貿易は中国の貿易全体の中でどのくらいの比重を占めているのだろうか？　表4-2を見れば分かるとおり，輸入に占める加工輸出用財の輸入は1980年代末から急増し，1990年代の後半には全輸入の45％を占めるに至った。それと連動して加工貿易輸出が拡大してきた。この動きが次に述べる外資

---

[12] もう1つの加工貿易方式として，「進料加工」というものがある。それは，原材料や部品等が関税を支払って輸入される点や，輸出先が指定されていないことなどで，「来料加工」とは異なっている。

導入の動向と密接に絡んでいることは容易に想像がつく。輸出を目的として外資が中国に続々と入り、いまや中国輸出の約6割を外資が占めるに至った。その中の相当部分が加工貿易を行っているのである。

貿易黒字が累積し、世界最大の外貨保有国になった現在、中国にとって、加工貿易が当初担っていた外貨獲得の代表選手としての役割は終わった。しかし、この貿易形態が経済的意味を失ったかといえば決してそうではない。すでに中国の経済成長の中心機構の一部に組み込まれているからである。このことについて以下に詳しく見てみることにしよう。それに比べると特区は、いまや中国全体が特区に近い対外開放を実施し、「準特区」になってきた以上、その役割はほとんど終わったといってもいい。深圳市は本土復帰した香港と経済的に一体化しつつあり、先に挙げた4つの窓口も、特区が担わなければならない必然性はすでになくなったといえる。

5. 外国直接投資の役割と決定要因

貿易と並び、外向型開発モデルのもう1つの柱が外国直接投資（FDI : foreign direct investment）の積極的導入である。毛沢東時代、自力更生政策を採りながらも図4-1が示しているように対外貿易はそれなりにあったが、直接投資は1件もなかった。ソ連や東欧諸国からの融資や借款はあったし、1960年代初めに日本のクラレによる中国へのビニロンプラント輸出において、日本輸出入銀行の融資を使うのかどうか、日本、台湾、中国の間で深刻な政治問題になったことはよく知られている。融資や借款は経営権を左右しないが、直接投資の場合、企業の意思決定に外国企業が参与するから、当時の中国としては絶対認められなかったのである。しかし改革開放後、そうした方針を中国は180度転換し、NIEsに倣って積極的に海外から資本を入れ、多国籍企業を歓迎するようになった。

改革開放以後、中国が外資を取り込み、それを梃子にして発展してきたことは、半ば「定説」になっている。そもそも外資、あるいはFDIは経済発展にどのような役割を果たすものだろうか？ FDIは1980年代以降世界的に増大

し始め，1990年代には国際資本移動の最も重要なプレーヤーとして躍り出ることになり，それとともに開発経済学でも外資や多国籍企業にかんするテーマが注目されるようになってきた。新しい開発経済学の課題を論じたマイヤーは，「以前の国際的な政策問題は，貿易政策を軸にして展開したものだが，次の世代は国際的な資本の動き，移民および技術移転の影響の測定に，より多くの関心を向けなければならないだろう」と指摘している（Meier 1995）。

海外からの途上国に対する直接投資を分析するさい，経営論的に考察するのと経済学的に議論するのでは，方法論的に大きく異なる。またそれが途上国の経済発展にいかなる貢献を果たしているのか，という視点で見るのと，なぜ途上国の，しかもある地域に投資されるのか，という視点で捉えるのでも，また見方は違ってくる。そこで以下，主に経済学的観点からFDIの成長への貢献は何か，またFDIを決定する要因は何か，という2つの問題に絞って考えてみよう。

まず，FDIが途上国にもたらすものは何だろうか？ ほぼ共通の理解として，(1)資本，(2)技術，(3)海外市場へのアクセス，(4)外貨，(5)経営能力と国際競争力が挙げられる。具体的にいえば，海外の企業が途上国に投資すれば，途上国に不足している貯蓄（資本）を補うことができるし，それは外貨として入ってくるから不足している外貨を増やすことができる。また海外企業が途上国にはない技術を持っていれば，新しい技術の導入になるし，生産した財を輸出する場合，海外企業は自国も含めて海外市場を見つけてくれる。さらに，とくに合弁企業の場合，途上国の人員と海外企業の経営陣が一緒に企業経営に当たるわけであるから，進んだ海外の経営管理技術が移転されようし，それによって途上国企業の国際競争力も高まると期待される。したがって，これら全ての機会をFDIとともに途上国が享受できれば，当然成長率が高まることが期待できる。かつての従属論的開発論のように，「多国籍企業，直接投資＝途上国支配，搾取」という歪んだ図式はもはや成立しない。無論，FDIがもたらすものは全て，また全ての人にとって善とは限らない。分配の不平等化や生態系の破壊が結果として生じることもあるだろう。しかし，だからといってFDIを拒絶する理由にはならない。

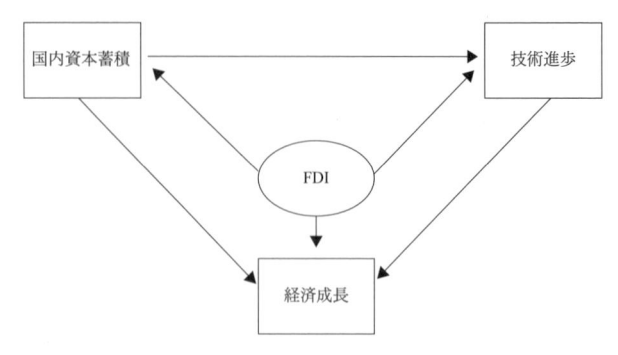

図 4-5 経済成長と FDI との内在的関係
出所）Luo（2007）より。

　問題は FDI がどのようなルートを取って成長に貢献するのか，である。従来のさまざまな研究と多くの実証分析を総合してみると，それが直接に成長に寄与することを決定的に示すことは困難であり，むしろ技術のスピルオーバー効果などを通じて間接的に寄与するという（戸堂 2008）。このことを中国を対象にしてテストしてみたのが Luo（2007）である。彼は経済成長，FDI，国内資本蓄積，それに技術進歩の 4 つの要素にかんする因果関係をモデル化し，FDI が直接成長率に作用するルートと，国内資本蓄積と技術進歩を通じて間接的に作用するルートの 2 つに分け（図 4-5 参照），1987-2001 年の 29 の省市自治区にかんするパネルデータを用いて FDI の成長効果を計測した。その結果，FDI の成長に対する直接効果は有意ではないが，間接効果が有意であること，したがって，FDI の持つ技術スピルオーバー効果が存在すること，それに FDI が国内投資をクラウドアウトするのではなく，逆にクラウドイン，つまり呼び水効果を持つことを発見している。同様に FDI の直接的成長効果にやや否定的な結論を導いた研究として，たとえば王（2009）がある。これは成長率を FDI，国内投資，それに消費に回帰させて，FDI の成長弾力性が国内投資や消費のそれよりはるかに小さいことを見出している。他方，FDI の成長効果が時期によって異なることを発見したのが胡・焦（2010）である。彼らは貿易とは異なり，FDI 依存度の成長弾力性が 1990 年代後半には低下したが，その後上昇に転じてきたことを指摘している。

中国におけるFDIが技術のスピルオーバー効果をもたらしたことはTuan・Ng・Zhao（2009）やLiu（2008）などの研究によっても指摘されている。このうちTuanらは外資が集中した揚子江デルタと珠江デルタの23都市を対象に，これらの地域の全要素生産性（TFP）がFDIやその他の要因によってどのように決められているのかを調べ，FDIがTFP向上に有意に効いていると主張する。またLiuは，1995-99年における17,675の企業データを利用して，FDIの増加が短期の生産性水準を下げるが，長期のそれを引き上げるものであると主張する。しかし，こうした説は必ずしも十分確立され，「定説」になっているとは言い難い。たとえば張・王（2010）は，1994-2008年の29の省市自治区のデータを利用して内生的成長モデルに基づいたFDIスピルオーバーモデルを作り検定してみたところ，FDIは地域の人的資本などの吸収能力や外資の構造などによって必ずしも地元にスピルオーバー効果をもたらさない，という結果を得た。考えてみれば，このことは当然だといえるかも知れない。外資の全てが先進技術を持ってきているわけではないし，中国の安い労働力を使い，単なる加工貿易をするために中国に投資した外資は，企業数からすれば製造業の大部分ともいえる。こうした企業に技術のスピルオーバー効果は期待できそうもない。

　FDIと成長との内在的関係も，どのような時間的視野で捉えるかによって，結論が違ってくるようである。Ford・Sen・Wei（2010）は1970-2006年にわたる時系列分析に基づいて，(1)長期的見るとGDP（および成長率）はFDIが増加すれば減少し，(2)FDI自体は成長率にプラスに反応すること，(3)FDIは，経済が貿易依存度が増大するという意味で開放的になればなるほど，縮小していくこと，(4)FDIは国内資本形成をクラウドアウトする傾向がある（それゆえ成長にマイナスの効果を持つ）こと[13]，しかし，(5)短期的に見ると貿易拡大とともにFDIは増加すること，また(6)成長率はFDIに有意な影響をもたらさないこと，などいくつかの興味深い結論を導いている。ともあれ，こうした結論は従来の「定説」ともいうべき「FDI＝中国における成長主因」説を覆すも

---

13) これについては，Sun et al.（2002）も同様の結論を導いている。

のだけに，今後さまざまな視角や方法論からテストされ，また論じられていくべきものだろう。

　FDIの効果ではなく，FDI導入の要因ないしは誘因についてはどうだろうか？　そもそも海外の企業は途上国になぜ投資するのだろうか？　また彼らは途上国のどこに惹きつけられていくのだろうか？　UNCTAD（国連貿易開発会議）の「世界投資報告（World Investment Report）」が示しているように，FDIの多くは先進国同士のものであり，途上国に投下される外国投資は2007年には全FDIの中の30％以下でしかなかった。途上国の中でもアジアが多く，ラテンアメリカやアフリカはわずかであるし，アジアの中でも中国に対する直接投資が圧倒的に多い。この事実は，FDI決定因を考えるさいに多分に示唆的である。

　UNCTADの「世界投資報告2006」は，FDI決定因を次のように整理している。すなわち，資源開発を目的とする投資は別にして，(1)市場・貿易条件：現地で生産した製品がどれほど売れるのか，また輸出できるのか，投資企業にとって大きな関心事である。(2)生産費用：たとえば現地の労働費用が安いほど海外企業は資本を自国から現地へ移転させる。(3)ビジネス条件：現地国が外国企業にとってどれほど良好なビジネス環境を用意できるのかが，重要な決定因になる。(4)政府の政策とマクロ経済的枠組み：たとえば現地政府がどれだけ税制などの優遇措置を外国企業に与えるかが問題になってくる。またマクロ経済環境がいいかどうかも，彼らにとって海外進出するさいの考慮材料になりうる。

　これまで多くの研究と計測がなされ，FDI決定因についてテストされてきた。比較的多く取り上げられた説明要因候補として，経済の開放度や成長率，市場規模，貿易障壁，それに為替レートや労働費用といったものがあるが，こうした要因は全て上記の(1)から(4)までの要因のいずれかに含まれる[14]。たとえば，Mottaleb and Kalirajan (2010) は，2005-07年の途上国68カ国のデータを用いてFDI関数を計測し，大きな国内市場，世界市場へのリンク，良好な

---

14) FDI決定因にかんしてサーベイしたものとして，Kok and Ersoy (2009) 参照。

ビジネス環境が投資にプラスに働いていること，それに海外から受けた援助の大きさがFDIにも有効に作用していることを計量分析により明らかにしている。海外援助とFDIが相関しているというのは，1つには，援助がインフラ形成に向けられていれば，それだけ投資環境が改善されるからであるし，もう1つは，海外からの援助がFDI受け入れの制度的条件を整備したという理由によるものと思われる。アジアが，そして中国が途上国の中で多くのFDIを引きつけてきた理由の大部分は上記の理由に見出せそうである。

中国へのFDI決定因にかんしても，これまで数多くの研究実績が蓄積されてきている[15]。たとえば，Head and Ries（1996）は，1984-91年における54都市，931の欧米日外資企業にかんするデータを基に投資誘因を調べ，集積効果が大きいこと，インフラが整っていることや，特区に象徴される開放政策も投資誘因効果を持つことを発見している。またCheng and Kwan（2000）はFDI決定因を次の5種類に分類する。すなわち，(1)全国および地域市場へのアクセス，(2)労働者の質や労働生産性で調整した賃金コストと他の労働市場条件，(3)税率を含むFDI政策，(4)インフラの条件とその質，(5)集積の経済。そして彼らは1982-95年の省別データを用い，FDI自体が説明力を持つこと，つまり集積の効果があること，インフラや地域の所得もFDI吸引に関係すること，しかし安い賃金は予想に反してマイナスの力しか持たず，また教育水準で測られる労働力の質も有意な差を示さないという結論を導いている[16]。

FDIと賃金の関係にかんしてRamasamy and Yeung（2010）が1988-2007年の20年間についてパネル分析と因果分析を行い，低賃金がやはり中国における，とりわけ内陸部における外資導入誘因の1つになっていると結論づけている。しかしそうした関係は沿海部においては明瞭には見られなかった。重要なことは，FDIが賃金率上昇の要因になっていることで，このことは低賃金誘因説が長期的には中国のFDIに妥当しそうもないことを示唆している。

---

15) これについては，張・陳（2008）が詳しいサーベイを行い，これまでの研究の方法，対象，結論などを表にまとめている。
16) 労働力の質がFDI誘因に無関係だとは意外な結論であるが，Gao（2005）は，途上国と先進国に分け，先進国からの投資は労働力の質を重視しているという結論を導いている。

このような FDI 誘因とその特質が，地域によって，産業によって，そして時期によって異なってくることは容易に想像される。張天宝と陳柳欽は 1992-96 年と 1998-2005 年の 2 つの時期に分けてパネル分析を行い，集積効果はますます強くなってきたこと，賃金の負の効果は次第に弱まってきたこと，市場潜在力は第 1 期と第 2 期で効果が異なり，マイナスからプラスに転じて，第 2 期における地域市場規模が重視されるようになったこと，対外開放やインフラの効果が第 2 期になって強まってきたことなど，時期によって要因の強さや効果が違っていることを明らかにしている（張・陳 2008）。確かに，1990 年代半ばを境に外資の中国進出目的は安い賃金を求めることから，中国国内市場を志向するものに次第に変わってきた。

こうした研究サーベイからも分かってくるが，外国企業が中国に投資をするのはさまざまな要因に左右されているが，市場規模や成長，それに政策や集積の効果はほぼ共通して要因に挙げられ，実証分析により確かめられている。このことから，FDI と成長との間には複雑で多様な相互促進関係があることが見て取れる。

6. 成長，貿易，FDI のダイナミックス

以上のことから，改革開放以後の中国についていえば，直接的な貢献や結びつきがあるかどうかは別にして，また因果関係の厳密な意味での方向性はここでは問わないことにして，成長と貿易との間，また FDI と成長との間に密接な関係があること，したがって，これら 3 つの要素が相互に結びつきあって，中国経済発展のダイナミズムを形成していることが示唆される（図 4-6 参照）。いまや中国の貿易の多くは外資が担っていることから，貿易と FDI とに密接な関係があることはすでに指摘した。他方，成長する市場を求めて外資が中国に入ってくるし，巨大化する市場を持つ中国こそ海外から見た絶好の貿易相手になっている。FDI は技術のスピルオーバーや管理技術の伝播を通じて中国の成長に貢献しているだろうし，中国市場の成長力に引きつけられて多くの海外資本が中国になだれ込んできたことも否定できない。

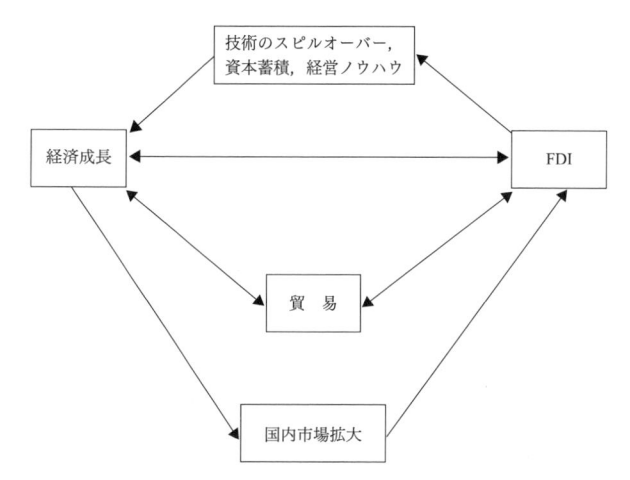

図 4-6 経済成長，貿易，FDI の内在的関係
出所）筆者作成。

　FDI が集積効果に引きつけられて導入されていることが分かったが，このことは次のようなことを含意している。つまり，立地条件の優れた沿海部に入った外資はまずそこで活動し始める。そうすると「類は友を呼ぶ」からさらに多くの外資が同じ地域に集まるようになり，その地域の成長力を引き上げる。またその地域の労働力の質も向上する。集積はかくしてさらなる集積をもたらす。こうしたメカニズムが働くから，第 7 章で議論するように外資導入は中国の地域格差の形成と拡大の一大原因になった。

　もう 1 つは，集積する外資は決して意味もなく群を形成しているわけではなく，産業集積（industrial agglomeration）という，産業間の密接な連関構造を持った体系を作りながら集積し，集積の効果を発揮していく。したがって，産業集積は外資が契機となって作られるばかりではなく，産業集積が外資を呼び込むという，ダイナミックな関係が形作られるようになる。先にも指摘したように，外資が内資をクラウドアウトしているのではないか，という議論については見解が一致していないが，マクロ的にはともかく，ミクロ的に見れば外資は集積された資本蓄積に引きつけられこそすれ，他の資本を排除しているとは考えられない。また内資も外資と連関のある企業を中心に集積効果を利用する

と考えるのが自然だろう[17]。こうした産業集積は中国における発展パターンを「超雁行形態的」なものにする重要な要因になっているので，次章で詳しく述べることにしよう。

7. 外資に対する評価

このように，外資が直接に間接に，またさまざまな分野で中国の経済発展に貢献してきたことは事実であるが，他面では負の影響をもたらしたことも否定できない。先にも触れたように，外資は地域格差を拡大させ，ひいては所得全体を不平等化するのに，少なくとも結果として寄与してきたし，時には社会的緊張を作り出す一因にもなった。たとえば一部の外資企業では労働争議が先鋭化したり，自殺者が続出する事態さえ現れた[18]。

中国国内では「新左派」と称する一部の学者が外資導入に警告を鳴らし続けている。「新自由主義者は自由貿易と比較優位に沿った分業を信奉するのに対して，新左派は幼稚産業，とくに技術集約度の高い産業に対する保護の必要性を訴えている。また，新自由主義者は外資導入に伴う技術移転や雇用創出のプラスの面を強調しているが，新左派は外資企業の進出は中国の市場だけでなく，民族資本の成長の機会まで奪ってしまうことを警告している」（関2005）。外資が民族資本の成長の機会を奪うかどうかは別にして，外資に頼りきることによって国内の技術開発能力が伸びなくなるのではないか，さらに，国内貯蓄が十分すぎるほどある現代においては外資導入の意味がないのではないか，と

---

[17] 中国のFDI効果あるいは要因にかんする分析のほとんどが省別データを用いたマクロ的なものであり，ある地域に外資が導入された後，その地域の経済にいかなる影響がもたらされたのかを分析するミクロ的研究はあまりなされていない。マクロ的には，外資が導入された結果その地域の投資が結果的に減少することは，たとえば翌年以降呼び水としての公共投資が減るので，そうした事態はありうるだろう。しかしこれは投資のクラウドアウトとはいえない。

[18] 台湾系企業であるFoxconn Technology（富士康）の深圳工場では自殺者が相次ぎ，社会的に大問題になった。フランスでは民営化以後フランス・テレコムで自殺者が続出し，これも大きな社会問題になったが，民営化と外資導入は職場環境を激変させる可能性があるという意味で，共通しているのかも知れない。

表4-3 国有企業, 私営企業, 外資の経営効率（総資産利潤率）
(%)

	2005	2006	2007	2008
国有企業	5.54	6.28	6.82	4.80
外資企業	6.44	6.98	7.81	7.35
私営企業	6.99	7.88	9.48	10.91

注）工業企業に限られる。
出所）韓（2010）より。

いう意見もある。実際，日本は戦後の経済発展の過程で外資に頼ることは決してなかった。

　もし経済発展の最終目的が途上国の自立した（そこには経済的自立のみならず，技術的自立も含まれる）経済成長にあるなら，外資が，したがってFDIが長期的に見てそうした目的に沿うものかどうか，FDIの経済効果や決定要因とは別に，おそらく政治的選択も含めて議論される必要があるだろう。どこまで外国人が国内の意思決定に関与できるのか，あるいはどの範囲まで国内の分野を外国人に開放するかは，すぐれて政治的問題だからである。逆に，もし経済発展の目的が単なる1人当たり所得の増大，あるいは金銭的な豊かさだけにあるなら，所得を生み出す主体が誰でもよく，極端にいえば，全ての企業が現地企業から外資企業に取って代わってもかまわないはずである。その企業が海外から導入した資本と技術を用い，現地国のインフラや労働力を利用して生産し，地元企業だけの時代よりもはるかに高い生産性と成長速度を達成できれば，以前よりも高い所得を生み出すことが期待できるかも知れない。

　ホワン（黄亜生）は上記の「経済自立論」に沿いつつ，しかしそれとは少し違った，やや政治的な視点から中国における外資依存を批判する。彼は，本来ならば国内民間企業を発展させなければならないのに，中国は非効率な国有企業を優遇しており，外資は未利用な資源（untapped resources）を獲得，利用すべく大量に中国に入り込んで，結果として国内体制改革を遅らせている，という（Huang 2008）。彼は中国とインドとを比べ，中国の方がはるかに貯蓄率が高く，外資の導入額も多いが，資本の効率的利用ではインドを大きく下回っていると指摘し，国際舞台におけるインドの有力民間企業の活躍を高く評価して

いる。確かにこのような指摘を裏付けるような事実がある。いま中国の国有企業，外資企業，それに国内私営（民間）企業の工業生産における資産利潤率を比べると，明らかに国有＜外資＜私営企業の順序で利潤率が高くなっている（表4-3参照）。もちろん業種や規模の違いもあり，こうした比較は厳密なものではないが，少なくとも外資企業が必ずしも最も効率的であるわけではないことを示す，1つの証拠にはなるだろう。

第5章

雁行形態論・キャッチアップ型工業化論とその限界

はじめに

　日本の経済学者が編み出した経済学の概念や用語，さらには定理や命題といったものはあまりないが，国際的に有名になった和製経済用語として「雁行形態（flying geese pattern）」がある[1]。周知のように，これは一橋大学（旧東京商科大学）の教授だった赤松要が戦前に発見した日本の工業発展パターン（モデル）を名付けたものであるが，その後直系の弟子である小島清によって拡張，発展させられることになった。この議論は，第1章で見たガーシェンクロンの「後進性の優位」仮説とともに，後発国（後進国）によるキャッチアップ過程を説明するモデル・仮説としてしばしば引用され，また応用されてきた。中国では「雁行形態」という用語や概念は日本ほどには広く用いられないが，本章では，この雁行形態論で中国の経済発展がいかに説明できるのか，あるいは十分には説明できないのかを考えてみることにする。

　まず第1節で雁行形態論の3類型について簡単に紹介した後，このモデルを使ってアジアの開発経験がどのように説明可能なのかを見てみる（第2節）。このモデルは貿易論として見た場合，従来の比較優位論やヘクシャー＝オリー

---

1) ラデレット（Radelet）とサックス（Sachs）は，雁行形態論を開発戦略の3大ドクトリンの1つであると見ている（Ozawa 2009, p. 9）。しかし，欧米の開発論の中でこの理論が真正面から取り上げられることはほとんどなかった。後から登場したヴァーノンのプロダクト・サイクル論の1変種のように取り扱われてきたようである。

ンの定理に即応しているが（第3節），実際中国の貿易がこうした比較優位原則に基づいているのかを，特化係数やRCA指数を用いて調べてみよう（第4節）。しかし，特化係数やRCA指数では輸出の質的レベル，あるいは輸出財に含まれる技術水準を表せないので，それを含んだ高度化指標（sophistication index）でもって中国の貿易構造を評価しよう（第5節）。そして中国の現実は必ずしも100％このような理論やモデルに相応したものではないことを論じ，その背景を探ってみる（第6節）。最後に，雁行形態論を含むキャッチアップ型工業化論の「限界」について考えてみることにしたい（第7節）。

1. 雁行形態の3類型

　赤松の当初の雁行形態論は2つの局面から構成されていた。1つは輸入→国内生産→輸出という，生産と貿易にかんする動態的，継起的発展過程である。赤松はこれを雁行形態の基本形態と呼んだ。いま途上国が発展を開始しようとしたとき，近代的な財を国内生産できず，輸入せざるをえない。しかし輸入が増え，国内需要を満たすようになると，国内にはその財の技術を導入し，自分も市場に参入しようとする企業（家）が現れ，その財の国内生産が開始される。国内生産が増大し，国内需要を満たせるようになると，輸入は減り始め，逆に輸出余力ができるようになると，輸出が始まる。言い換えれば，その間のその国の比較優位構造が変化したことになる。こうした意味での比較優位構造の動態的な変化をここでは雁行形態の第1類型と呼ぶことにする。

　もう1つの局面は，より労働集約的な財からより資本集約的な財への，あるいは消費財から生産財への比較優位構造の変化である。第1類型の発展過程の中で資本を蓄積し始めたその途上国は，相対的に資本が豊富になっていく。そこで初期には全く比較優位のなかった資本集約的な財に対して徐々に，また相対的に比較優位を持つようになってくる。そうすると，次第に国内でもその財を生産できるようになり，輸出余力も持つようになってくる。かくして資本集約的な財にかんしても第1類型と全く同じ発展パターンを示すようになる。資本集約財に比較優位を持てば労働集約財に対しては比較劣位を有するようにな

り，後者の生産と輸出が次第に減少して，前者の生産と輸出に取って代わられていくことになる。こうした産業構造の変化を組み入れた生産および輸出財の動態的構造変化を，ここでは雁行形態の第2類型と呼ぶことにしよう[2]。

もし以上の雁行形態的発展が全ての国に当てはまるとすれば，ある先発国Aが資本集約財に比較優位を持つと，その国と貿易関係のある後発国Bが労働集約財に比較優位を持つようになる。さらに時間が進み，後発国BがAを追って資本集約財に比較優位を持つようになると，先発国Aはさらにいっそう資本集約財に比較優位を持つようになり，他方後発国Bよりさらに後れた後発国Cが今度は労働集約財に比較優位を持つようになってくる。こうした国の発展段階に応じて出現することになる玉突き現象のことを雁行形態の第3類型と名付けることにしよう。新聞などでアジアにおける雁行形態的発展過程というとき，通常この第3類型の雁行形態を指している。たとえば，日本が先頭の雁で，その後をNIEsが追い，すぐその後をASEANが続き，さらにその後を中国が追いかけるといった経済発展の継起的過程を雁行形態と呼ぶことが多い[3]。この類型は，論理的にいえば第1，第2類型の発展論から導き出される。後にも指摘するように，経済発展にかんする「キャッチアップ」論は，議論の創始者の意図とは別に，基本的にはこうした雁行形態の第3類型に基づいているといえる。

その後，赤松の雁行形態論は小島清によって精緻化され，また発展させられた。その中でもわれわれは，とくに赤松の時代にはほとんど無視されていた外国からの直接投資（FDI）を小島が雁行形態論に組み込んだことに注目したい。先の第1類型の局面において，赤松モデルでは国内資本蓄積と国内の企業（あるいは政府）による技術導入が中心的役割を果たした。同様なことは第2類型の局面においても当てはまる。ここに資本と技術が外国企業によって海外から持ち込まれるとしよう。そうすると，第1類型にかんしては，輸入段階を省いて最初から国内生産，さらには輸出が，第2類型にかんしては，労働集約

---

2) 赤松は，次の第3類型のものと合わせ，第1類型の「基本型」に対して「副次型」と名付けた。しかし，どう考えてもこれは立派な基本型の1つである。
3) 渡辺利夫はこれを「重層的追跡過程」と呼んだ。渡辺（1985）参照。

財，あるいは消費財の生産段階を省いて最初から資本集約財，あるいは生産財の生産，さらには輸出が可能になる。かくして，FDI が雁行形態論的枠組みに入ってくると，理論的にも，また実際にも基本的な枠組み自体が崩れてくる可能性が生まれる。当然，これは第 3 類型のモデルにも波及し，「飛び越し型（leapfrogging）」の発展が可能となる[4]。このことについては，最終節で再び取り上げ，議論することにしよう。

　小島は FDI が赤松の雁行形態論を補強し，補完するものと考えたようである。そこで FDI を 2 種類に分類し，順貿易志向型（pro-trade oriented）のものと反貿易志向型（anti-trade oriented）のものがあると見なし，前者を日本型，後者をアメリカ型の直接投資と名付けた。すなわち，順貿易志向型の FDI では，投資国の比較劣位産業から受け入れ国（ホスト国）の要素賦存に相応して比較優位な産業へ投資がなされる。その過程で投資国の優れた経営資源が受け入れ国に移転し，受け入れ国での比較優位産業の能率が改善され，より利益の多い貿易が拡大することになる。第 1 類型の局面で国内生産が外国からの投資を受けて活発化し，輸出力がさらに拡大し，貿易が促進される。ところが反貿易志向型の FDI は，受け入れ国の要素賦存に対応しない性格のもので，投資国の比較優位な産業が受け入れ国の比較劣位にある産業に投資する場合に当たり，たとえば労働豊富な途上国に資本集約的な工場を建てるような投資であって，途上国の輸出はそれによって増大しない。小島による説明を聞くことにしよう。

　「Pro-trade の方向に海外直接投資を行えば，企業にとっての利潤は大きくなる。東アジアへの日本の FDI は，投資企業のかかる戦略によって決定された。その立地は当然低賃金を活用するように選択される。異なる産業の諸 FDI は，インフラの整った交通便利な地に集中する。そこに産業 cluster（集積）ができ上がるのである」（小島 2009，28 ページ）。

　しかし，こうした捉え方は正しいだろうか？　また中国の経験を説明できるのだろうか？

---

4) leapfrog を，直訳して「蛙跳び」と訳している文献があるが，正しくは「馬跳び」（子供の遊び）である。

2. アジアの経験：第1次輸入代替から第2次輸出代替へ

　この雁行形態論のエッセンスは形を変えて他の発展モデルにも採用されることになった。たとえば，フェイ・大川・レニスによって日本，台湾，韓国の発展過程を比較するための局面分析モデルに組み込まれている（フェイ・大川・レニス 1986）。彼らは消費財の輸入代替局面を局面1：第1次輸入代替（IS：import substitution）と呼び，雁行形態論の第1類型における輸入→国内生産をその局面として位置づけた。国内生産から輸出に移行すると，輸出財がそれまでの伝統的財から近代的消費財に代替するから，それを局面2：第1次輸出代替（ES：export substitution）と捉えた。これで雁行形態の第1類型が終わり，次の第2類型に移ると，生産財の国内生産が始まる第2次輸入代替の局面3が開始され，次いで輸出財がそれまでの消費財から生産財へ代わる第2次輸出代替の局面3に入る[5]。日本では戦後期になると技術の国内開発が進み，外国技術を導入しての輸入代替が終息する局面4に入った（表5-1参照）。このフェイ＝大川＝レニス・モデルは，第3章で見たレニス＝フェイ・モデルとも接合されて，過剰労働論と農業・非農業間資源移転関係を組み込んだ，より包括的なものとなっている。彼らの枠組みからすれば，局面2から局面3に移行する時点が「転換点」，つまり農村の過剰労働力が消滅する時点に対応している[6]。

　このモデルを，日本を中心して東アジア各国，さらには途上国一般の開発経験に当てはめようとしたのが大川一司と小浜裕久である。彼らは，初期条件や要素賦存により各国の辿る発展の軌跡は日本と異なるだろう，ある国はある局面をスキップするかも知れないし，あるいは局面移行がはっきりしていないかも知れない。しかし，「さまざまな条件の違いを考慮し，発展局面を的確に区分すれば，（4つの局面を移行してきた――引用者）日本の経済発展経験は，今日の多くの発展途上国の開発を考える際の，……有力な分析のフレームにはな

---

[5] このモデルでは，第2次輸入代替と第2次輸出代替がほぼ同時に各国で起こったと捉えている。

[6] それゆえ，彼らは日本経済の転換点を Fei and Ranis（1964）と同じく，1920年頃と捉えている。しかし，第3章でも議論したように，いまでは日本の転換点は1960年代初めだというのが通説になっている。

表 5-1　フェイ=大川=レニスの局面移行論

局面0	伝統経済		
局面1	第1次輸入代替	初期過渡期	外国技術の適用
局面2	第1次輸出代替		
局面3	第2次輸入代替 第2次輸出代替	後期過渡期	外国技術の適用
局面4	第2次輸入代替 第2次輸出代替		国産技術の開発

出所）フェイ・大川・レニス（1986）を基に筆者整理。

る」と見ている（大川・小浜 1993，16 ページ）。

　かくして，アジアの開発経験には基本的に雁行形態モデル，あるいはそれと実質上同工異曲のキャッチアップ型モデルが妥当するものとして紹介され，理解されてきた。そのことは，このモデルにはある種の普遍的性格があることを示唆している。雁行形態の第 3 類型である日本 > NIEs > ASEAN > 中国といった追跡過程は多くの人々に共有される一般認識，つまり通念となっているともいえよう。小沢輝智に言わせれば，それはまずは戦後覇権国としてアメリカが技術と市場を提供してくれたために起こったことであり，次には日本が構造的仲介者（structural intermediator）としてふるまい，また能力増強者（capacity augmenter）としてふるまい，さらにはアジア NIEs がその役割を担ってきたことが東アジアに幸いし，雁行形態論でいう産業の高度化（upgrading）が各国に次々と引き起こされていった（Ozawa 2002）。

3.　雁行形態論と産業・技術の国際的伝播

　雁行形態論の普遍性の源を探っていけば，古典的な貿易モデルである比較優位論とヘクシャー=オリーンの定理に行き着く。ただし静学的なものではなく，動学的な比較優位論とヘクシャー=オリーンの定理に，である。このことを，小島の教え子の 1 人である池間誠の説明に沿って解釈してみよう（池間2009）。彼はヴァーノンのプロダクト・サイクル論を雁行形態論に結びつけて，

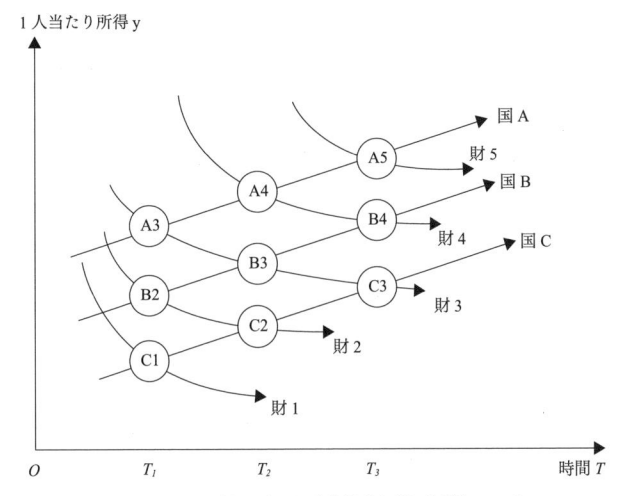

図5-1 雁行形態的発展（動態的国際分業）モデル
出所）池間（2009）図6より。

次のように重層的な経済発展過程を叙述する（図5-1参照）。

いま世界に3つの国，高所得国A，中所得国B，それに低所得国Cがあったとして，生産要素の賦存状況は所得が高いほど知識と資本が豊富で，低くなるほど労働が豊富にあると想定する。ある財（ないしは産業），たとえば財3が初めて市場に現れたときには知識集約的な新商品A3であったが，大量生産され始め成長製品になってくると資本集約的な商品B3に変わり，それがさらに進んで成熟段階に入ると労働集約的な商品C3に変化してくる。それに対応して生産地はA国からB国，そしてC国に移っていく。すなわち，産業（財3の生産）が国際的に伝播していく。財生産に関わる要素の集約度は右下がりの曲線で表される。他方，時間とともに所得水準が高まり，資本（あるいは知識）・労働比率も上がってくると想定すると，A国の財の比較優位は財3から財4へ，さらに財5へと変化していく。たとえば時点T_1では財1と財2を輸入していたが，時点T_2になると財4を生産・輸出し，財3以下をB国とC国，さらにはそれより所得の低い国から輸入するようになるだろうし，B国は時点T_1では財2を生産・輸出し，財1と財3をそれぞれA国とC国から輸入

していたが，時点 T_2 では財3が生産・輸出され，財4をA国から，財2をC国から輸入するようになる。すなわち，経済発展とともに資本（および知識）が蓄積されていくから，財1から財2へ，さらに財3へと比較優位構造も変化し，それに伴って輸入構造，生産構造，そして輸出構造も変わっていく。

　問題は資本（および知識）がどのように蓄積されていくか，である。もし何もしないで，自然の趨勢として貯蓄が増大するのなら，投資，さらに資本形成がなされ，第2章でみたハロッド＝ドーマー・モデルの世界になる。また何かのきっかけで輸出が増大し，外貨も獲得できるのなら，海外から資本財を輸入できるようになるだろう。これはハロッド＝ドーマー・モデルの発展した形であるチェネリー＝ストラウトのツーギャップ・モデルの世界になってくる。また輸出が前章で議論したように成長のエンジンになるなら，輸出さえ伸ばせば資本蓄積が可能になり，そして生産と輸出構造を高度化（sophistication）していけるだろう。しかし実際にはそうした理想的，あるいは仮想的世界は存在しない。資本を作り出す強力な制度と政策，知識を生み出し広める制度と政策がなければならない。FDI は，そうした制度として有力なものの1つである。

4. 特化係数や RCA 指数から見た雁行形態モデルと中国

　それでは，雁行形態論の枠組みに照らしてみた時の中国の経済発展について考えてみよう。中国は果たして雁行形態的な発展パターンを辿ってきたのだろうか？　あるいは，雁行形態論で中国の発展パターンを十分描写・説明できるのだろうか？　そのためには，赤松が行ったようにいくつかの主要な財を取り上げ，その発展パターンを描いてみることも重要だが，その場合，財の選択が問題になってくる。全体的に経済が雁行形態的に発展してきているのかを判断するには，むしろ中国の貿易パターンについて調べ，比較優位構造の変化を見ておく方が便利である。すなわち，上述したように，雁行形態的発展とは動学的比較優位構造の変化のことだから，ある国の経済発展が雁行形態的であるには，必要条件として，その国の貿易と国内生産が比較優位構造に基づいているものでなければならない。そこで特化係数（あるいは国際競争力指数）IC（international competitiveness)、ないしはバラッサの顕示的比較優位（RCA : revealed comparative advantage）指数とその動きを見てみよう[7]。

　まず、きわめて大雑把な区分けで中国のIC、そして／あるいはRCAを計算し、その動きを見たものとして、たとえば孔（2007）がある。この研究はSITC（標準国際貿易分類）6とSITC8を労働集約財、SITC5と同じくSITC7を資本・技術集約財と単純に分類し、1995年から2004年までのICならびにRCA指数を計算している。その結果、中国の輸出においては労働集約財に比較優位が依然として見られるものの、1997年以降SITC8の財の優位度は低下し始めていること、他方、資本集約財については、SITC6の財の優位度は依然低いものの、SITC8の財にかんしては2003年以降はっきりと比較優位を持つようになったこと、とくに機械、運輸設備などの財については国際競争力を有するようになったことが分かる[8]。

　しかしSITC1桁の分類ではあまりにも大雑把すぎて、財の特性を的確に捉えることは難しい。そこで楊・朱（2008）はSITC3桁まで下りて商品を資源集約型、労働集約型、資本集約型、それに技術集約型の4種類に分類し、改革開放以後2006年までの中国の輸出構造、RCA指数やIC指数などによる国際競争力の推移を調べて、次のような結果を得ている。すなわち、初期には資源集約型と労働集約型の製品に優位を持っていたが、次第に資本集約型と技術集約型の製品が比較優位を持つようになり、他方資源集約型のそれが比較劣位化して労働集約型と並ぶようになった（表5-2参照）。こうした研究は、一般化

---

7) 第j国の第i製品の輸出をX_{ij}、同じく輸入をM_{ij}とすると、特化係数あるいは国際競争力指数ICは$(X_{ij}-M_{ij})/(X_{ij}+M_{ij})$で示される。他方、世界の第$i$製品の輸出を$W_i$、世界全体の輸出を$W$、$j$国の輸出総額を$X_j$としたとき、RCA指数は$(X_{ij}/X_j)/(W_i/W)$で表される。これらはいずれも第$j$国の第$i$製品の比較優位度を測るものと理解されているが、「比較生産費」を測っているわけではないので、厳密にいえば単なる比較優位の「代理変数」でしかない。またいうまでもないが、全ての貿易が比較優位原則に則ってなされているという前提があり、その前提が成り立たないと、こうした係数や指数は比較優位を表すとは限らない。

8) こうした事実は、1995年と比べて2004年の中国製造業の輸出競争力を調べた李・秦（2007）によっても確かめられている。また1995-2006年の中米貿易に絞って中国のRCAを計算したShen and Gu (2007)は、SITC6の財も2004年以降に比較優位を持つようになったことを指摘している。

表 5-2 中国の国際競争力係数の動き

財のタイプ	1980	1985	1990	1995	2000	2006
資源集約型	0.21	0.47	0.31	0.04	−0.16	−0.32
労働集約型	0.40	0.55	0.68	0.72	0.75	0.67
資本集約型	−0.63	0	−0.25	−0.14	0.04	0.08
技術集約型	−0.47	−0.49	−0.03	0.18	0.18	0.17

出所）楊・朱（2008）より。

していえば，中国は依然として労働集約財に比較優位を持っているものの，資本・技術集約財の少なくとも一部には十分な国際競争力を持ち始めたことを示唆している。

　それでは，なぜ中国は資本・技術集約財に比較優位性を持つようになったのだろうか？　それを解く1つの鍵が産業内貿易の進展である。たとえば，中国が先進国（技術・資本豊富国）の一部の生産工程を受け持ち，その財を先進国に輸出すれば，中国の資本・技術集約財輸出になる。これがいわゆるフラグメンテーション（fragmentation）である。あるいは，先進国から資本・技術集約財を部品として輸入し，中国で加工し，あるいは組み立て，海外に輸出すれば，これも資本・技術集約財輸出になる。前章で述べたように，中国の貿易に占める加工貿易の比率はきわめて高かった。

5. 輸出財の技術集約度

　財が資本集約的であるかどうかは，その財の生産に当たって資本集約度（資本/労働）がどの程度だったかを調べることで，少なくとも理論的には識別できる。もちろん，実際にはこの測定はそれほど簡単ではない。しかし，技術集約的であるかどうか，またどの程度技術集約的なのかは，技術の範囲も広く，かつ種類も多様であるだけに，理論的にも実際的にも簡単には捉えられない。ラルは輸出製造品を技術水準を基準に次のように分類する。すなわち，資源型（resource-based）産品，低水準技術（low-technology）産品，中水準技術（medium-technology）産品，高水準技術（high-technology）産品の4段階に，また各種類の

産品にサブカテゴリーとして複数の産品を配置する (Lall 2000, Table 1)。この中で，たとえばエンジンやモーターは中水準技術の一部に，またデータ処理設備やテレビは高水準技術に分類されている。しかし，たとえば高水準技術製品に含まれるパソコンは，果たして真の意味で技術集約的なのだろうか？[9]

ラルたちは，SITC4桁の品目にかんして，財 i の技術高度化指標（sophistication index）SI_i を，その財の国別シェアとウェイトに，その財を輸出している国全ての所得を加重平均して求める (Lall et al. 2005)。すなわち，

$$SI_i = \Sigma(X_{ik}/X_{iw}) \cdot Y_k$$

ここで X_{ik} は k 国からの第 i 財の輸出額，X_{iw} は世界全体のその財の輸出額，Y_k は k 国の所得水準を表す。

なぜこれが第 i 財の技術高度化度を示すかといえば，高所得国ほどより技術水準の高い財を輸出しているはずだという想定が背後にあるからであり，各財にかんしてこの指標を求め，スコアにしていけば，先に挙げたラルの製造品の定性的分類とほぼ対応している，つまりこのスコアの高い財ほど高水準技術製品であることが分かる。この指標をもとに各国の輸出シェアを調べると，中国は低水準技術製品に大きなシェアを持つものの，中水準技術製品にも著しい伸びを見せていることが分かる。

一方，ロドリクは次のようなやり方で輸出財の生産性水準を求めた (Rodrik 2006)。まず，ある国のある財の RCA 指数をウェイトにして，その財を輸出している国々の加重平均で取った所得を求める（これを PRODY と呼ぶ）。これは，その財を生産できる比較優位を加味した所得水準，いわば生産性評価の所得水準を表している。次に，国別に，財の輸出依存度をウェイトにした平均 PRODY，つまりその国の輸出財の総合的能力を求め，これを EXPY と名付ける。そして各国の1人当たり所得水準とこの EXPY を相関させると，はっきりした順相関が認められ，その傾向線（回帰直線）と各国の位置とを見てみる

---

[9] 初期には技術集約的だったとしても，いまでは部品さえ集めれば比較的簡単に誰でも作れるといわれる。それに比べれば，伝統工芸の技術は何十年の技術の修練を必要とする。

と，中国は傾向線よりも突出して上に位置していることが分かる。すなわち，中国の輸出財は総合的に見てきわめて比較優位度，生産性，あるいは高度化水準（sophistication level）が高いことが示される[10]。

それに対してアミティとフロインドは，インドネシアの1992年の工業センサスを用いて財別の技術集約度を求め，それを中国の輸出財に適用する（Amiti and Freund 2008）。すなわち彼女たちは，そのセンサスで得られる全雇用の中の非生産労働者の割合を技能集約度（skill intensity）と定義し，ISIC（国際標準産業分類）5桁の製品分類でその割合を求め，それを中国の1992年と2005年の輸出額に掛けて各財の技術集約度を求め，その集約度の動きを見ている。その結果，加工輸出を除けば中国の輸出の技術集約度はほとんど変化がないが，それを含めると2005年に技術集約度が向上していることが分かる（図5-2）。すなわち，もしこの分析が正しければ，中国の輸出財の技術の多くが加工貿易のために輸入された財によるものであり，中国自身の技術水準の向上がそこには含まれていない，ということになろう。

以上の分析からは重要な論点が得られる。いま輸出が外資によるものか，あるいは加工貿易の結果なのか，ここでは問わないことにしよう。中国国内で生産し，かつ中国から輸出されたものは全て「中国製」として扱われるのが，グローバル化した現代経済における常識である。WTOの原則の1つが「内外無差別」だった。したがって，この一般原則に従う限り，技術集約的輸入財を使用するのが外資であろうと，地場の企業であろうと，そこには区別があってはならない。そうすると，中国の輸出財に含まれる技術水準は，総体として確実に上昇してきた。それがFDIのスピルオーバー効果によるものであれ，毛沢東時代の遺産によるものであれ，貿易構造を想像以上に高度化させる能力を持つようになったのである。この点については次節で再び取り上げることにしよう。

とはいえ，国家があり，国境があり，国益が重視され，また民族感情が依然として大きな力を持っている今日，全く「無色透明」なものとして外資が扱わ

---

10) この指標に対しては熊倉正修が批判を加えている。Kumakura（2007）参照。

第5章　雁行形態論・キャッチアップ型工業化論とその限界　141

a）中国製造業輸出品の技術集約度

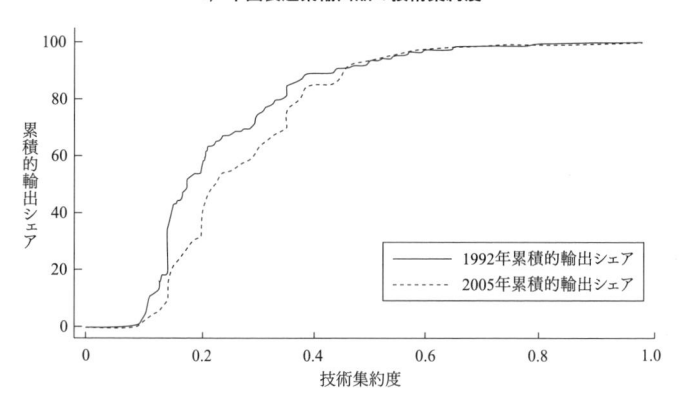

b）同じく加工貿易を除いた技術集約度

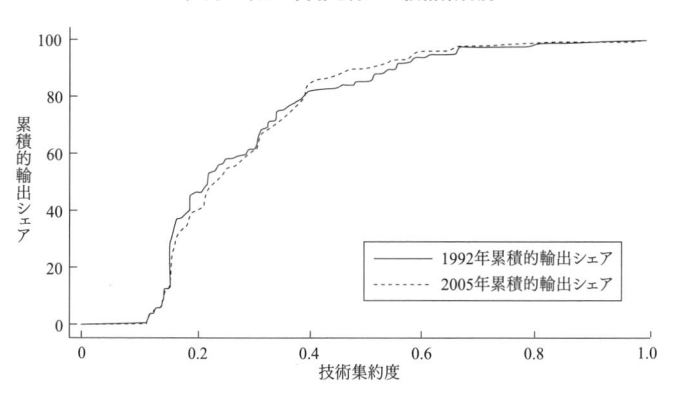

図 5-2　中国製造品輸出の技術集約度
出所）Amiti and Freund（2008）, Fig. 4, 5 より。

れるわけではないのも事実である。このことをどう考えるかが，中国に雁行形態モデルが妥当するかどうかという議論にも，また外国投資をどう考えるかという本質的問題にも関わってくる。

6. 中国に「雁行形態モデル」は妥当するか

それでは，中国のこれまでの発展の軌跡を見ると，赤松・小島のいう意味での雁行形態的発展パターンを辿ってきたといえるのだろうか？　この点をめぐってこれまで意見が分かれてきた。まず確認しておきたいのは，当然すぎることだが，毛沢東時代の中国には雁行形態論は全く当てはまらないということである。当時，中国には比較優位という観念自体全くなかったし，市場経済に基づいた自然の発展経路を中国が歩んでいたわけではなかった。改革開放以後の中国の貿易関数を計測した Yue and Hua（2002）は，輸出需要関数に財別のRCA指数を組み込んでテストしてみると，それらが有意に効いていることを発見している。つまり，中国の貿易が全体的に比較優位原則に基づいて動いていることを示している。このようなことは毛沢東時代にはありえなかった。言い換えると，改革開放後初めて中国は雁行形態的発展パターンに乗る条件を満たしたのである。

それでは，改革開放後の中国は真に雁行形態的発展パターンを辿ってきたのだろうか？　第1節で取り上げた雁行形態の3類型を忠実に解釈する限り，全ての類型にかんして中国が完全な意味での雁行形態的発展を遂げてきた，あるいは遂げつつあるとはいえない。技術革新のスピードが速く，国際市場の競争が激しい今日，ある財が輸入段階を飛び越えて直接国内で生産され，そのまま直接輸出されるケースは多々ある。このことは，第1類型の雁行形態論がいまの時代，また中国に必ずしも全て妥当するわけではないことを示している。また中国の場合，毛沢東時代から消費財も生産財も輸入代替してきており，改革開放後に輸出財が労働集約的財から技術・資本集約的財へ比重を移してきたことは事実だが，現在に至るも両者が同時に輸出されている。言い換えれば，フェイ＝大川＝レニス・モデルでいう第1次輸入代替も第2次輸入代替も，あるいは第2次輸出代替も起こっていない。さらに中国は一部の製品にかんして第3類型の雁行形態型発展パターンからはみ出し，先行するいくつかの国々を「追い越して」しまった。

このことを実証しようとした研究が Tung（2003）である。彼は世界の貿易

表5-3 OECDと高い輸出相似度を持つ国々

1983		1994		2005	
メキシコ	0.20	メキシコ	0.28	韓国	0.33
韓国	0.18	韓国	0.25	メキシコ	0.33
台湾	0.17	台湾	0.22	台湾	0.22
イスラエル	0.16	ブラジル	0.19	**中国**	**0.21**
ブラジル	0.16	香港	0.17	ブラジル	0.20
香港	0.13	シンガポール	0.16	ポーランド	0.17
シンガポール	0.13	**中国**	**0.15**	イスラエル	0.17
アルゼンチン	0.09	マレーシア	0.15	インド	0.16
ユーゴスラヴィア	0.09	イスラエル	0.14	シンガポール	0.15
ハンガリー	0.08	タイ	0.14	香港	0.15
ポーランド	0.08	アルゼンチン	0.09	タイ	0.15
サウジアラビア	0.08	ポーランド	0.09	アルゼンチン	0.13
中国	**0.08**	インド	0.09	ハンガリー	0.13

注）輸出相似係数については注11参照。
出所）Schott (2008), Table 12を基に，一部省略。

統計を用い，1970-98年における日本，NIEs，ASEAN，そして中国の電子製品貿易にかんするRCAおよびIC指数を計算し，集計額で取ると中国は確かにASEANの後を追いかけているが，個々の製品にかんしてはすでにASEANも追い越してしまっていることを示した。こうした事実は平塚大祐も指摘している（Hiratsuka 2003）。

輸出構造の相似指数（export similarity index）[11]を計算してみると，中国の2000年の輸出構造は2000年のASEAN諸国よりも1990年の韓国，台湾のそれに近かった（Lall and Albaladejo 2004）。言い換えると，貿易構造から見る限り，1人当たり所得から見た発展段階の低い中国がASEANを「飛び越して」韓国や台湾に接近しているのである。同様な結論はショットによっても導かれている（表5-3参照）。この指数から見る限り，中国は1983年には「普通の途上国」だったのが，1994年には韓国，台湾，シンガポールといったNIEsに接

---

11) この指数は次のようにして求められる。いま2カ国（地域）cとdの製品pのある年tにおける輸出比率をs^c_{tp}, s^d_{tp}とすると，輸出相似指数（ESI）= $\Sigma_p \min(s^c_{tp}, s^d_{tp})$である。ここで，cを中国，dをたとえばOECD諸国とすれば，中国とOECDとの輸出構造の近似度を測ることができ，OECDを基準にして他の国や地域のESIを計算し，それと中国とを比較すれば，中国と他の国や地域との近似度も取ることができる。

近し,2005年にはNIEsにほぼ等しくなってきた[12]。

それに対して,中国はIT貿易が進んできた今日においても依然としてASEANの後塵を拝している,つまり雁行形態論が中国に対してもやはり当てはまるのだという見方もある。たとえばGinzburg and Simonazzi (2005) はトンに触発されて,しかし別のデータベースを用いて,電子産業においても東アジアでは雁行形態論が成立すると主張しているし[13],関志雄は,アメリカに輸入されるアジア各国からの工業貿易財のIC指数やRCA指数を計算し,1990年に比べて2000年には中国の知識・資本集約型の産業の比較優位は確かに高まってきたが,それでもASEANに比べて中国が労働集約財に比較優位を持っていることを,先に見たラルの貿易高度化指数を計算して発見し,雁行形態論が依然として中国にも妥当すると主張する(関2002)[14]。また関の方法を踏襲し,時期を2006年まで延ばしてアメリカへの輸入財のICやRCA,それに国別の競合度を比較した朱立峰と寺町信雄は,基本的には関の発見と主張を支持しつつ,中国の対米輸出が日本と競合的になってきたことも指摘している(朱・寺町2010)。こうした点から見ると,平塚が指摘しているとおり,「(中国にかんして)雁行形態論は部分的に壊れている」と見ることも十分可能である (Hiratsuka 2003)。

輸出構造の変化だけから雁行形態論の妥当性を見るのではなく,われわれのいう第1類型や第2類型の,雁行形態のエッセンスが中国に当てはまることを主張するのが,唱(2011)である。彼は中国における比較優位が資本蓄積の過程で軽工業のような労働集約産業から重工業のような資本集約産業へ,さらにIT産業のような知識集約産業へ移転していること,それは小島のいう資本集約度の変化に対応していることを主張する。それは鉄鋼業や機械産業のような

---

12) ほぼ同様な結論は楊・朱(2008)でも得られている。
13) 彼ら電子産業とその項目別のRCA指数を計算しているが,「世界」全体ではなく,東アジアとアメリカを比較対象にしている点がトンと異なっている。またトンとほぼ同じようなRCAの動きを導いているが,解釈の違いが大きい。
14) 関はこの高度化指数を「付加価値指標」と名付けている。また関の分析対象は対米輸出に限定されているが,国によってRCA指数なども異なることは十分ありうることに注意しておく必要がある。たとえばTung (2003) が,世界全体の貿易と対日貿易に分けた場合にこうした指数に違いが見られることを発見している。

伝統的工業ばかりではなく，半導体産業や電子情報産業のような新しいタイプの産業にも当てはまるという。

　無論，何を基準に雁行形態型発展パターンに沿っているか，あるいはそれと違っているかを判断するか，難しい部分がある。たとえば，上述したように第1類型の雁行型発展パターンが崩れ，輸入段階を飛ばして最初から国内生産が始まり，次に輸出が開始されるものもあるだろうし，国内生産と輸出が同時に行われる場合もあるだろう。重要なことは，雁行形態型発展パターンと中国の軌跡を比較してみたとき，その違いがどうして起こるのか，その原因を探ることだと思われる。

　それでは，なぜ中国は部分的にせよ典型的な雁行形態型発展パターンから乖離したり，ある場合にはそれを飛び出すような軌跡を辿るのだろうか？　考えられる原因は何点かある。

　(1) 毛沢東時代の遺産：毛沢東戦略の下で，農民・農業・農村を犠牲にしながら重工業化を追求したのであるが，その結果少なくとも (a) 重工業基盤が形成され（第2章参照），(b) 必要な，また相当数の技術人材が育成され（第8章参照），さらに (c) 開発独裁という政治体制の下で国有企業を維持，拡大し，そのうえ市場化されても強力な財政配分機構を残すことができた（第10章参照）。それゆえ，多くの途上国とは異なり，中国は改革開放の出発点において相当な工業基盤を作り上げていたのである[15]。林毅夫たちのいう「超越的」発展，あるいはわれわれのいう毛沢東型の開発戦略は，言い換えれば比較優位を無視した工業化であり，狭い意味での経済合理性を無視した開発戦略を中国が採用したからこそ，今日部分的にせよ雁行形態を飛び越えた，新しい発展パターンが可能になったのである。政策的要因が強力に作用するとき，所得水準で測られる経済発展段階と，資本蓄積さらには資本集約度といった雁行形態型発展を理論的に説明する鍵概念とが対応しなくなることに注意しておきたい。

　(2) 経済規模の大きさ：人口で測った国の規模と貿易依存度に逆相関があることを発見したのがクズネッツであるが，GDPで測った経済規模と貿易の

---

15) もちろん，第1章でも指摘したとおり，現代中国が受け継いだもう1つの経済的遺産，つまり戦前期からの工業基盤の継承も大きな意味を持っている。

多様性に正の相関があることを見出したのがハッメルズとクレノウである（Hummels and Klenow 2005）。つまり，中国のような経済規模が大きい国の場合，その貿易は多様になる傾向がある[16]。

(3) 産業・技術政策：現代中国の技術蓄積は決して過去からの遺産だけではない。改革開放後も政府が積極的に技術導入し，普及させてきた。外資を選別して，先進技術を使用する企業を優遇してきたのも，そうした政策の結果である[17]。同時に大量の技術人員を養成してきたこと，しかもそうした人的資源を特定分野に集中的に配備する政策を採ってきたことも大いに現代の技術蓄積に貢献している。このことは，以下で述べる中国による特許申請の激増にも表れている。

(4) 産業集積やフラグメンテーション効果：新しい貿易理論の中で強調される産業集積やフラグメンテーションも，中国に超雁行形態的発展を可能にさせた重要な要因である。すなわち，いったん誕生した産業集積は「類は友を呼ぶ」効果を発揮し，ますます多くの産業や企業を同じ地域に移植させた。またフラグメンテーションと産業内貿易の進展により，先進国から新しい生産工程や部品生産工場が中国に持ち込まれることになった。その結果，輸入段階を飛び越えて，いきなり中国で国内生産が開始されることも可能になり，また持ち込まれた工程や部品は決して労働集約的なものではなく，資本集約的，さらには技術・知識集約的なものでもあった。とりわけ，IT化が進むと製品のモジュール化が拡大，進化し，フラグメンテーションもさらに容易になってくる。こうした急速なグローバル化の進展や生産方式の新しい展開は，赤松も小島も想定していなかったのではなかろうか。

(5) 外国直接投資：こうした「飛び越え」過程の中核にあったものこそ，外資つまりFDIである。外資が資本のみならず技術や経営ノウハウをも中国に

---

16) 彼らはPPP（購買力平価）でGDPを取り，その全世界に占める相対規模で国の経済規模を測っており，中国の場合，いっそう規模が大きくなる。彼らは1995年における貿易データを基に貿易額を商品種類の多様性（extensive margin），同一商品の取引額（intensive margin）に分解している。
17) 中国政府は「市場をもって技術と交換する」，つまり国内市場への進出を許す代わりに先進技術を提供することを外資に求める戦略を採ってきた。

持ち込んだことはすでに述べた。フラグメンテーションは外資が行った行動であり，一部の産業集積は外資が本国から引き連れてきた関連企業が作り出したものである。無論，技術は全てが外資が外からもたらしたものではない。中国国内の技術蓄積と大量の人的資本，それに技術習得・開発に対する強い（国家および民間の）意志があって初めて自らのものを生み出す力を持つ。しかし，新技術の創成や普及において外資が果たした直接間接の役割はきわめて大きかった。

　木村福成は，産業集積やフラグメンテーションの進展に着目し，「東アジア経済は，雁行形態論の指し示した方向に沿いつつも，当初考えられていたよりもはるかに先までいってしまう。機械産業を中心とする国際的生産・流通ネットワークの形成が，まさにそれを体現したのである」という（木村2009）。ここで木村の意図とは少しずれるかも知れないが，「東アジア経済」を「中国経済」に言い換えることもできるだろう[18]。

　(6)　地域格差：人口規模の大きさは，国土面積の広さと併せて地域格差の拡がりをも示唆する。第7章でも取り上げるように，経済発展水準で見て中国はきわめて大きな地域格差を抱えている。いうなれば，上海のような「先進国」と，（中国で最も貧しい）貴州省のような「最貧国」を国内に併せ持っているようなものである。そうしたとき，全国平均の所得水準と地域ごとの要素賦存とは決して対応しない。いま中国が2つの地域からなるものとしよう。人口が少ない，しかし先進的で，1人当たり所得の高い地域aと，逆に人口は多く，後進的で，1人当たり所得の低い地域bの2つである。両地域の要素賦存は異なり，地域aでは資本が相対的に豊富で，地域bでは逆に労働が圧倒的に多いものとする。この時，比較優位論に従えば，また全国に競争的労働・資本市場があるとすると，地域aではA点で生産がなされ資本集約的産業が，地域bではB点で生産が行われ労働集約的産業が，それぞれ国内では比較優位を持ち，

---

[18]　木村は雁行形態論を高く評価し，「あわてて重工業やハイテク産業に飛びつかなくても，順調に経済発展を遂げていれば，自然に産業・貿易構造も高度化してくる，雁行形態論はそういう強いメッセージを発信してきた」と述べる（木村2009）。しかし，これは雁行形態論に対する少々過大評価のような気がする。

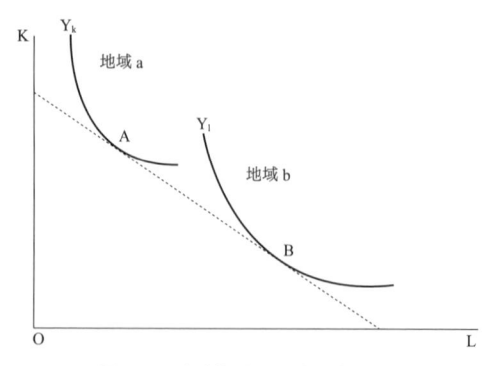

図 5-3 地域格差と生産の多様化

注) Y_k と Y_l は，資本集約財と労働集約財の等生産量曲線をそれぞれ表す。点線は全国における労働と資本の価格比率を示す。

国全体では労働豊富であっても資本集約的産業が存立しうることになる（図5-3参照）。このモデルは，国全体の平均1人当たり所得水準が低くとも，地域aの規模が相当大きければ，中国が両種の産業を同時に持つことが経済学的に正当化されることを示している。それは，ちょうど域内格差の大きいEUにおいて，さまざまな種類の比較優位産業が内部に併存していることと同じである。かくして，この比較優位構造の多様化説を使えば，なぜ中国が100円ショップで売られている雑貨のような労働集約的製品から，鉄鋼のような資本集約的製品，さらには新幹線車両に象徴される技術集約的製品まで，幅広く多様な製品を生産でき，かつ輸出できるのか，その理由のかなりの部分を説明できる。

結局，中国においては従来の雁行形態論では説明が難しい新たな事態，われわれのいう「超雁行形態」的発展パターンが生まれることになる（中兼2002）。すなわち，第1類型の雁行形態にかんしては輸入→国内生産→輸出という継起的順序が崩れること，第2類型の雁行形態にかんしては労働集約，資本集約，さらには技術集約という，本来なら継起的に現れるはずの産業発展が同時に起こっていること，そして第3類型の雁行形態にかんしては，一部とはいえ中国が先行グループに追いつき，あるいは追い越すという飛び越し型の発展が見ら

れること，である。

 とはいえ，雁行形態型発展が中国全体の発展パターンに当てはまらないというわけではない。動学的な資本蓄積，技術移転過程として，また産業の高度化プロセスを説明する用具としてある程度十分な説明力を持つ。とくに中国国内の比較優位構造が地域別に変化していく様子を見るさいに，このモデルは一定程度の説得力を持っている。すなわち，経済発展過程の中で，労働力が相対的に不足してきた先進地域である沿海部から，労働力が豊富な後進地域の内陸部に向かって労働集約的企業が移転していく様を見ると，国内における雁行形態的発展パターンが成立している様子が窺える。

7. キャッチアップ型工業化論の限界

 雁行形態論も，そしてガーシェンクロンの「後進性の優位」仮説も，いずれもキャッチアップ型工業化論の一種である。ロストウの発展段階論もそうした議論の一部だと見なされるかも知れない。そもそも経済開発論は，後れているもの（途上国）が先に行くもの（先進国）に追いつこうとすること（経済開発）を研究する学問だから，そこに出てくる理論や仮説，命題などは全て「キャッチアップ論」として扱うことも可能である。しかし，「後進性の優位」仮説は必ずしもそうではないが，少なくとも雁行形態論は，「追いつき（キャッチアップ）には一定の順序（シークエンシング）があり，したがって追い越しは起こらない」と想定しているところが他のキャッチアップ型工業化論と異なっている。

 末廣昭はヴァーノンのプロダクト・サイクル論と赤松の雁行形態論とを統合し，キャッチアップ型工業化の一般模型を次のように描く（図5-4参照）。この図は先に見た図5-1と実質的に同じことであるが，より分かりやすく生産，技術の国際的伝播を描いている。いまある革新的技術（製品）がアメリカで生まれると，それが日本に伝わり，次にNIEsに移植され，さらにASEAN，X国（ここに中国を当てはめてもいい）へと玉突き現象のように伝播していくが，そのプロセスは（ある程度の飛び越しを認めつつも）基本的には変わらない順序

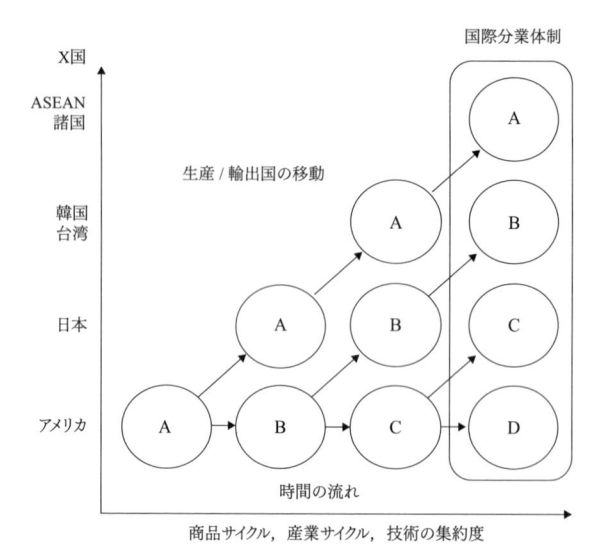

図 5-4　キャッチアップ型工業化モデル
出所）末廣（2000）図 2-4B より。

で起こっていく。もちろん，新規の技術が日本から生まれても，他の先進国で誕生しても，議論の本質は変わらない。この議論からは，中国は決してASEANや，ましてや台湾を飛び越すことは，原則的にありえないことになる。

　もちろん，このモデルが国際的競争条件を考慮していないなど，単純なモデルであることによる限界を末廣も指摘しているが，われわれが強調しておきたいのは，そこでは（また図5-1の雁行形態モデルにしても）発展段階，実際には1人当たり所得で測られる経済的豊かさに応じて新しい技術が次々に出現することになっていることである。言い換えれば，技術は単なる所得水準の関数として捉えられている。確かにそうした面があることは否定できない。豊かさが技術に関わるさまざまな変数，たとえば教育水準の代理変数になるからだし，研究開発投資の水準をも間接的に代表しているからでもある。しかし，現実はもっと複雑であり，新技術の創造は必ずしも所得水準，しかも1国の平均所得水準によって決まらない[19]。むしろ，経済的規模が技術水準に絡んでいること

表5-4 アメリカにおけるアジア各国の特許申請数

	1995	2000	2005	2010	2010/1995
日本	21,764	31,295	30,341	44,814	2.06
韓国	1,161	3,314	4,352	11,671	10.05
台湾	1,620	4,667	5,118	8,238	5.09
香港	86	179	283	429	4.99
シンガポール	53	218	346	603	11.38
インドネシア	4	6	10	6	1.50
フィリピン	4	2	18	37	9.25
マレーシア	7	42	88	202	28.86
タイ	8	15	16	46	5.75
中国	62	119	402	2,657	42.85

出所) USPTO（2011）より。

も考えられるし，それ以外の多くの要因，たとえば政策に見られる明確な国家意志が1国の技術水準を左右し，さらには初期条件をも大きく支配していることを忘れてはならないと思う。

　国の平均的技術水準を何によって表すべきなのか，たとえば研究開発投資の累積額で取るのか，技術者の数で測るのか，決まった標識があるわけではないが，少なくともその動きを特許申請数の推移によって見ることは決して的はずれではないだろう。アメリカにおける特許申請数の推移を東アジアの主要国（地域）にかんして1995年から2010年まで見てみると，絶対件数は依然日本が圧倒的に多いが，その伸び率は韓国が高く，またそれを上回って中国が飛び抜けて高い（表5-4参照）。2010年の時点ではまだ台湾を下回っているが，このままのスピードで中国の申請数が増えていけば，数年もしないうちに中台の地位は逆転するものと思われる。つまり，中国はいまやASEANをはるかに引き離し，NIEsに迫る勢いで技術の蓄積を進めている，といってもいい[20]。

---

19) たとえば戦後の日本は，1人当たり所得水準で測ると「途上国」レベルだった1950-60年代に，ソニーやホンダをはじめとして世界水準の技術を次々と開発していった。

20) 同様な調査は日本における特許申請データを使って行うこともできる。黒岩郁雄らの分析では，中国は2009年時点においても台湾より下回っているものの，「日本と韓国にキャッチアップするペースは驚くべきものがある」と結論づけている（Kuroiwa et al. 2011）。

中国は，ごく短期間に日本やドイツなどから高速鉄道の技術を習得し，「技術の盗用」だとか，「単なる模倣」だとか，さまざまな厳しい批判に晒されながらも，日本や韓国に対抗して海外に「中国製新幹線」（技術）を輸出しようとしている[21]。その良し悪しは別にして，またそれが成功するかどうかは論じないとして，ともかくこうした行動は従来のキャッチアップ型工業化論や雁行形態論だけでは適切に説明できそうもない。

　もう1つ例を挙げれば，台湾は長年にわたり自前の自動車工業を育成しようと努めてきたが，1社として自前の企業はなく，全て日米の自動車資本の傘下にある。ところが中国では1997年に設立，いまや自主ブランドの自動車を輸出するまでに成長した奇瑞があるし，あるいは有名ブランドのボルボを買収し，その技術力を手に入れようとした自動車会社吉利のような企業もある。なぜ中台でこうした「逆転現象」が起こったのか，そのことを追究し，そのメカニズムを明らかにする方が，単純なキャッチアップ型工業化論を展開するよりも，まして中国に雁行形態論が妥当するかどうか，どの程度当てはまるのかを議論するよりも，経済学的にははるかに意味があるように思われる。ともあれ，数年内に月面着陸を試みるなど，着々と「宇宙大国」への道を歩もうとしている国は，もはやありふれた，また単に人口が多いだけの「途上国」として見るべきではないように思われる。

---

21) これについては，金（2010）が詳しい。

第6章

人口転換と人口ボーナス

はじめに

　従来の開発論では，途上国における人口問題というと，1つは古典的な「マルサスの罠」仮説，もう1つは近代化に伴って現れる「人口転換（demographic transition）」現象を中心に議論してきた。たとえばトダロの開発論がそうであるし（Todaro 1994），ジリスたちの開発論も基本的に同じである（Gillis et al. 1996）。すなわち，途上国＝人口増＝貯蓄不足や食料不足等々，概して人口増大に伴う否定的事象の発生，という理解が一般的だった。しかし，今日，別の側面の人口問題が大きく登場してきた。それは人口ボーナス（ないしは配当）問題であり，高齢化の問題であり，さらには社会保障の問題である。

　そこで以下，まずマルサスの罠仮説について説明し（第1節），人口転換とは何か，それが近代化に伴ってなぜ出現するのか，その原因を考え（第2節），中国の人口増と人口構造の変化を2つのモデルを対照させて振り返ってみる（第3節）。そして人口ボーナスとは何か，人口構造が経済発展にボーナスをもたらす事実と，この問題の背景，重要性について考察し（第4節），この議論が中国でどのように展開されているのかを見る（第5節）。それと密接な関係を持つ高齢化，さらには高齢化が引き起こす社会保障問題について見た後（第6節），最後に，人口規模と経済発展との関係を中国の経験を基に振り返ってみることにする（第7節）。そこからは，マルサスの罠ではなく「マルサスの逆説」ともいうべき新しい論点が見えてきそうである。

1. 人口と経済発展：マルサスの罠と低水準均衡の罠

　食料は算術級数的にしか伸びないのに，人口は幾何級数的に増大するから，いま食料が足りていても，いずれは食料不足に陥り，戦争や飢饉のような異常な事態によって人口を減少させるのでなければ，経済は停滞してしまうというのがマルサスの予言だった。こうして人口増加によって経済発展が阻害されることを「マルサスの罠（Malthusian trap）」という。この説を戦後開発論において別の形で展開したのがライベンスタインの「低水準均衡の罠（low level equilibrium trap）」論である。後の議論にも関係するので，簡単に彼の説を振り返っておこう。

　いま横軸に1人当たり所得を，縦軸に成長率（増加率）を取ると，所得の成長率（増加率）と人口増加率が，それぞれ初期には増大，1人当たり所得がある水準に達すると停滞ないしは減少しはじめ，最後には両者とも減少するという，一種の逆U字曲線を描くものと考えられる（図6-1参照）。人口増加率曲線の形は以下で述べる人口転換論から導かれるが，成長率曲線が図のような逆U字型になるのは，初期には成長とともに貯蓄率，したがって投資率も上がり，先に見たハロッド＝ドーマー・モデルが指し示すように成長率も高くなるが（第2章参照），ある段階を過ぎると資本，投資の限界生産性が低下し始め，成長率が落ちてくるからである。またこうした傾向は，内生的成長論でいう所得水準の収束仮説，つまり豊かな国ほど成長率は低下するという経験的事実に

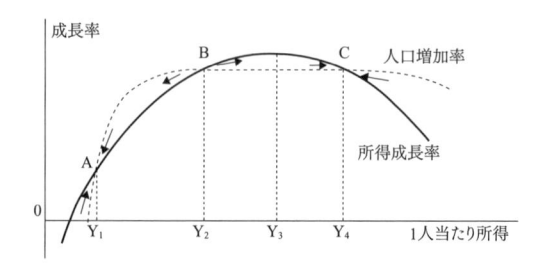

図6-1　低水準均衡の罠モデル
出所）Todaro and Smith（2003），p. 276, Fig. 7.8 より。

も符合している。

　この想定自体，それほど不自然ではない。問題は2つの曲線が3カ所（A，B，C）で交差するように描かれていることで，仮に成長率曲線が常に人口増加率曲線の上に位置するなら，経済は永久に豊かになって（1人当たり所得は上昇して）いくことになるだろうし，逆に常に下に位置するのなら，経済はますます縮小して（1人当たり所得は減少して）いくことになる。後者のケースが典型的なマルサスの罠に当たる。そのほかにも，A点またはC点だけで交差するケース，B点だけで交差するケース，B点とC点，あるいはA点とB点で交差するケースなど，いくつかのケースが考えられるが，この仮説の本質は，人口増加率曲線が下から成長率曲線と交差するA点またはC点に経済は収束していくという点にある。A点以上に経済が拡大しようとしても人口増加のために引き戻されてしまい，A点まで落ち込んでしまうこともマルサスの罠である。ライベンスタインがこのモデルでいわんとしたことは，A点という低水準均衡の罠に陥らないために，「最小臨界努力（minimum critical effort）」を払って，所得水準 Y_2 以上に何とか経済を成長させる必要があるということである。それは，先に見た「貧困の罠」（貧困の悪循環）論にも共通する（第2章参照）。

　この図からもう1つ重要な含意を導くことができる。つまり，人口増加率曲線を引き下げ，せめてC点で成長率曲線と下から交差させるようにすれば，途上国は安心して所得水準 Y_4 まで自然に成長できることになる。そのために人口抑制政策，具体的には産児制限と家族計画を推進していく必要がある。中国が1970年代から強力な1人っ子政策を実施したのも，こうした開発論的理由からだったと解釈できる。ただし，高度成長を長期にわたって実現してきた今日も，1人っ子政策を続けるべきかは別問題である。

2. 人口転換とは

　クズネッツは，近代的経済成長（modern economic growth）の特徴として，1人当たり所得の増大と人口の増大が同時に出現することを挙げた（クズネッツ

1968)。裏返していえば，前近代には(1)人口も増大せず，所得も増大しない停滞があったか，(2)人口は増大するものの1人当たり所得は上がらず，貧しいままの量的拡大があったか，(3)人口はそれほど増えずに，1人当たり所得だけが増大する成長が見られたか，いずれかであったことになる。このうち，(3)のケースは考えにくい。いずれにせよ前近代では死亡率が高く，他方それを補うためにも人々は多くの子供をもうけた。

　近代に入ると死亡率が劇的に低下する。それには医学の進歩や医療水準の向上，人々の栄養水準の改善や衛生知識の普及といったさまざまな要因が絡んでいるが，出生率はすぐにはそれほど下がらない。人々の意識や生活習慣に「慣性」が働くためでもあろう。その結果，人口は爆発的に増大する。これを「人口爆発（demographic explosion）」という。しかし人々の生活がある程度豊かになると，子供を持つことの「限界効用」が低下し，逆に子供を持つことによる限界費用が高くなり，また死亡率の低下が進んでいけば，従来のように「保険」のために子供を多く産む必要もなくなり，出生率は次第に低下していく。かくして人口の自然増加率は低下していく。このように，高死亡率＋高出生率社会から低死亡率＋高出生率社会へ，また低死亡率＋低出生率社会へと転換していくことを，人口転換（demographic transition）と呼ぶ。前者を第1次人口転換，後者を第2次人口転換という。こうした人口転換は，転換の長さや大きさに差があれ，どの国も近代化と経済発展とともに経験してきたことであり，また今日途上国の多くが経験している。その意味で経済発展における一種の標準パターンだといえよう。

　人口転換がさらに進むと少子高齢化の時代が到来し，一方，死亡率の低下は緩慢であるのに対して出生率はそれ以上の速度で低下していくから，（移民などによる社会的増加は別にして）何もしない限り人口の絶対数が減少し始める時代が到来する。途上国といえども，それは決してはるか先の話ではなく，とくに東アジアにおいては先進国に人口構造の面でも「キャッチアップ」しようとしている。

3. 中国の人口構造の推移と特色

　ここで中国の人口変動や人口構造の動き，またその特徴やそれをもたらした政策的背景についてまとめておこう。まず，王・楊（2010）にしたがって，中国における人口転換を4つの段階，1つの特殊時期に分けることにする（図6-2参照）。

　第1段階（1949-57年）：この時期は第1次人口転換の時期に当たり，高出生率，高死亡率から高出生率，低死亡率に中国の人口が転換し，第1回目の人口爆発が起こった時期である。

　特殊時期（1958-62年）：大躍進とその人為的失敗による大自然災害，大飢饉の時期に当たり，出生率が低下し，死亡率が上がったために人口減少が発生した。

　第2段階（1962-72年）：出生率は急上昇し，死亡率が低下した2回目の第1次人口転換，第2次人口爆発が起きた時期である。「特殊時期」さえなければ，第1段階がこの時期まで継続していたと思われる。

　第3段階（1972-91年）：1970年代初めから政府が大規模な人口抑制に乗り出し，出生率は大幅に低下し始めた。この時期を第2次人口転換に至る過渡期といえるかも知れない。いわゆる「1人っ子政策」は1980年代以降，後述するように「超過出生（超生）」に対する制裁を含むいっそう強制的なものになってきた。

　第4段階（1992年以降）：出生率はさらに低下し，本格的な低出生，低死亡率，低人口増加率の時代に入ってきた。これは1人っ子政策の効果もさることながら，都市部において少子化が進んできたためでもある。

　こうした中国の人口転換とその結果を他国，とくに他の途上国と比べたとき，そこには著しい特色が見られる。そのうちの一部は他国でも見られるものだが，以下に述べる特色の全てを併せ持っているのは中国だけである。ここで中国の人口転換がもたらしたものを整理しておこう。

　(1) 急速な人口転換と高齢化：この点についてはすでに指摘した。1人っ子政策による強制的な人口転換は，人口構造の面から見れば途上国にしては早期

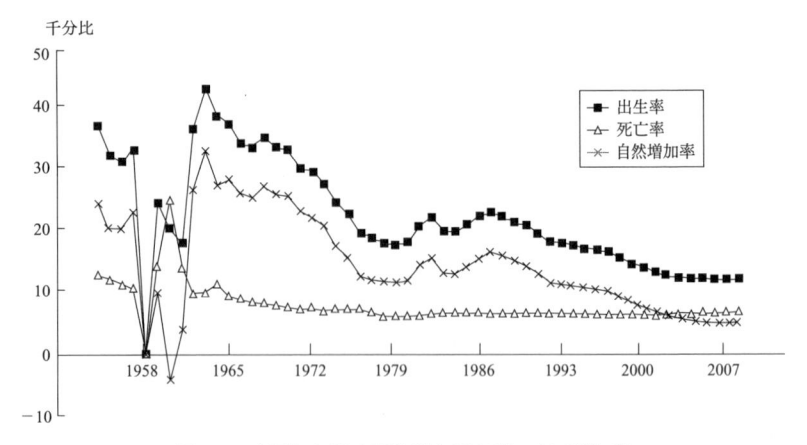

図 6-2 中国における出生率と死亡率，人口増加率
出所）『中国統計年鑑』各年鑑より。

の高齢化社会を作り出した。これが中国社会にどのようなインパクトをもたらすのか，のちほど議論しよう（第 6 節参照）。

(2) 後れた都市化：都市化率（都市農村人口比）がこれまで戸籍制度のために意図的に低く抑えられ，このことが農村の発展を遅らせ，農民の社会的地位を低める元凶の 1 つになった（第 3 章参照）。このことは，労働力の市場化の進展に大きな制約を与えるものとなった。

(3) 歪んだ性比：中国は伝統的に男系社会であり，「男尊女卑」の観念と，したがって「男児選好」の意識が社会に，とりわけ農村に強く残っており，そのことが 1 人っ子政策の下で歪んだ性比（女性に対する男性の割合）を出現させる源になっている。最初に生まれた子が女子なら，農村ではたとえ罰金を払っても 2 番目の子供を欲しがり，もし 2 番目の子供も妊娠後女子だと分かると中絶してしまう[1]。2010 年における中国全体の性比は 105.2 であるが，出生時の性比はこれよりもはるかに高い。2000 年の時点で平均の性比は 117 以上にも達し，120 以上になる省は 7 つ，海南省と広東省ではそれぞれ 135.6 と 130.3

---

1) かつては，生まれた嬰児が女児なら殺してしまう「嬰児殺し（infanticide）」があったというが，いまではそうした話は聞かない。それは超音波診断装置（中国で B 超と呼ばれる）と人工中絶の方法が「進歩，普及」したために違いない。

表 6-1　出生別性比

	合計	第 1 子	第 2 子	第 3 子以上
1990	111.3	105.2	121.0	127.0
1995	115.6	106.4	141.1	154.3
2000	116.9	107.1	151.9	159.4

出所）康・朱・原（2006）表 1 より。原典は国務院人口センサスデータ。

にものぼった（康・朱・原 2006）。2005 年には性比は若干下がるが，それでも 116.2 という高い水準を保っている。

　第 1 子と第 2 子以下で性比が違うことは表 6-1 に示されている。すなわち，第 1 子では性比が比較的正常なのに対して，第 2 子以後は急に上昇している。これはあからさまな男児選好を表している。

　中絶と男児選好との間に密接な関係があることを立証したのが，葦・李・費（2005）である。彼らは国家計画生育委員会の 2001 年全国計画生育・生殖健康調査データ（調査対象：婦女子 39,586 人，うち都市 10,074 人，農村 29,512 人）を使い，次のような興味深い事実を発見している。すなわち，1979 年以前には人工中絶は 5.1％ と非常に低かったが，それ以後徐々に上がりはじめ，1995-2001 年には 19.5％ にも達し，他方，出生時の性比は 1979 年以前は基本的に正常な 105.5 だったのが，1995-2001 年には 129.6 と異常に高くなっている。中国の 1 人っ子政策は事実上 1980 年以前から始まっているが，厳しくなるのは 1980 年以降であり，こうした政策的変化が男児選好下で人工中絶を流行らせ，その結果が歪んだ性比となって現れたといえる。

　(4) 無戸籍者の発生：上記の点にも密接に関連するが，1 人っ子政策に違反して 2 人，あるいはそれ以上を産もうとする親が少なくなく，とくに農村においては都市ほどにコントロールが厳格ではないこともあって，2 人まで子供が許容されることがあった。この政策，というよりも事実上命令に違反して第 2 子を産んだ場合，年収の 2〜6 倍にも相当する「社会扶養費」なる高額の罰金を支払わされるし，それを支払えない場合，戸籍も与えられず，したがって就学も就職もできない，無戸籍者（これを「黒人」あるいは「黒戸」という）が生

まれることになる。2010年の第6次人口センサスの結果によれば，全国で1300万人に上る無戸籍者がいることが判明した[2]。

　(5) 少数民族地域における民族構成比：周知のように，漢族に比べて少数民族は1人っ子政策の適用がなく，したがって全人口に占める少数民族の割合は増えている。しかし現在に至るも人口の圧倒的多数（91.5％）は漢族であり，少数民族はそれこそ少数である。問題は，少数民族地域に漢族が続々と移住し，政治的には当然のこととして，経済的にも，そして文化的にも漢族の影響が強まっていくことである。たとえば新疆ウイグル自治区であるが，1950年には人口のわずか7％，30万人に過ぎなかった漢族も，1954年の新疆生産建設兵団の入植開始以後急速に増大し，2000年には750万人に達し，いまではウイグル族と拮抗するまでに至っている。そうした人口面から見た「漢族化」が，宗教問題と併せてウイグル族と漢族の対立を生み出す最大の要因といえそうである[3]。

4. 人口ボーナスとは

　人口転換論は，経済発展が人口増加率にどのような影響を与えるかを見るものだった。図6-1が表しているように，人口増加率は1人当たり所得によって決まるものとされている。しかし，逆の因果関係はどうだろうか。つまり，人口増加率や人口構造は経済発展に，とりわけ経済成長にどのように作用するのだろうか？　第1節で論じたマルサスの罠論では，高い人口増加率は経済成長の阻害要因になるというものだった。しかし，クズネッツのいう近代的経済成長が示唆しているように，高い人口増加率は少なくともある時期には高い経済成長率を生み出す要因の1つであるようである。他方「人口ボーナス」論は，逆に低出生率の下で経済成長が高くなることを主張する。

---

2) 『南方周末』2011年6月16日号の記事による。戸籍制度と産児制限とは本来別のものであるはずだが，中国では戸籍制度を手段にして強制的な産児制限を行っている。
3) 新疆ウイグル自治区にはそのほかにタジク族などの多くの少数民族が住み，全体として漢族は40％強の「少数派」になっているが，軍人の数を入れれば漢族の人口はもっと増えることも忘れてはならない。同様なことはチベットについても当てはまる。

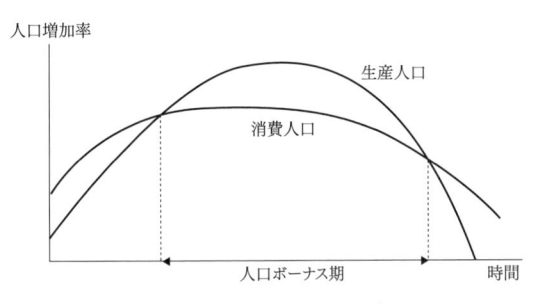

第 6 章 人口転換と人口ボーナス 161

図 6-3 人口ボーナス・モデル
出所）大泉（2007）より。

人口ボーナス（demographic bonus or dividend）とは，生産年齢人口の割合が高く，従属人口，あるいは 15 歳以下の若年，65 歳以上の高齢者の比率がまだ低いときに，労働力の増加が生産を伸ばし，貯蓄と投資の増加をもたらし，経済発展を促進するという考え方である[4]。人口転換が起こり，低出生，低死亡率の段階が来ると，最初に年少人口が減り，逆に生産年齢人口が増大する。これが人口ボーナスといわれるものである。これを図に描いてみよう（図 6-3 参照）。横軸に時間を，縦軸に人口増加率を取ると，上述した人口転換の議論から分かるように，第 1 次転換後には人口爆発が起き，たくさんの子供が生まれるから，消費人口の増加率が生産人口のそれを上回る。しかし第 2 次転換後には少子化が始まるから消費人口が相対的に減少し，生産人口が逆に増加する。これが人口ボーナスの開始である。そして少子高齢化が進むにつれて，いずれは生産人口の伸びが低下し，高齢者からなる消費人口が相対的に増大するので人口ボーナスは終息する。

この考えは 1990 年代にブルームやウィリアムソンらによって展開されたもので（Bloom and Williamson 1998 など），比較的最近の議論であるためか，これまで出た経済開発論のテキストではほとんど取り上げられていない。彼らにいわせれば，1965-90 年における「東アジアの奇跡（East Asian miracle）」と呼ば

---

[4] 中国語で人口ボーナスのことを「人口紅利」という。「紅利」とは「割り増し配当金」のことで，約束した配当以上に配当できる場合に支払われる配当のことを指す。この訳の方が英語の dividend（配当）よりも実態や意味を正確に表している。

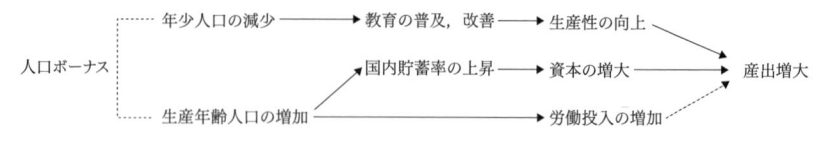

```
人口ボーナス ┌── 年少人口の減少 ──→ 教育の普及,改善 ──→ 生産性の向上 ──┐
            │                    ┌→ 国内貯蓄率の上昇 ──→ 資本の増大 ──→ 産出増大
            └── 生産年齢人口の増加 ┤
                                  └→ 労働投入の増加 ─────────────────┘
```

図 6-4　人口ボーナスによる経済成長

出所）大泉（2007）図 2-4 を基に一部修正。

れる高度成長期に，1 人当たり成長率の 1.4〜1.9％ポイント，言い換えれば同期における成長率の 1/3 は，このような人口ダイナミックス（population dynamics）によるものだという。

　それでは人口ボーナスがなぜ高成長をもたらすのだろうか？　人口ボーナスが経済発展を促進すると考えられる 1 つのプロセスを図示すると図 6-4 のようになる。以下，ここで描かれているメカニズムを基に，人口ボーナスによる成長モデルを簡単な式でもって説明しよう。いま生産年齢人口＝労働力と仮定し L とする。一方消費人口は生産年齢人口と従属人口を含む全人口 N で，$N-L$ は従属人口に当たり，$(N-L)/L$ が扶養率あるいは従属人口比率（dependency ratio）に相当する。扶養率とは，労働力 1 人が子供や老人たち非労働人口をどれだけ養えるかを示している。いま生産＝所得を Y とすると，次の恒等式が成り立つ。

$$Y/N = (L/N) \times (Y/L)$$

この式を微分して増加率（成長率）G で表せば，次の式が成り立つ。

$$G(Y/N) = G(L) - G(N) + G(Y/L) \qquad ①$$

つまり，1 人当たり所得の成長率は，労働生産性の増加率 $G(Y/L)$ と労働力の伸び率マイナス消費人口の伸び率 $G(L)-G(N)$ に等しい。人口ボーナスが発生するのは $G(L) > G(N)$ のときであり，その差が人口ボーナスである[5]。一般

---

[5] この式は Mason and Kinugasa（2004）で展開されているものを，若干修正して導いたものである。なお，これが図 6-3 で示されている人口ボーナスに対応することに注意しておこう。

的には，生産年齢人口（L）が人口（N）の 2/3 を超える状況にあるとき，「人口ボーナス期」と呼ぶ。

いま人口転換が起こり，子供の数が減ると子供1人当たりにかける教育費が増大し，子供の教育水準が上がるだろうから人的資本は増加し，その結果，生産性が向上する。他方，生産年齢人口が増えると労働力が増大するのは当然として，第2章で見た貯蓄のライフ・サイクル仮説からも明らかなように貯蓄率が上昇する。その貯蓄が投資となって資本形成を生み出す。かくして，労働，資本，技術の3大生産要素が増加するから産出も増大する。

しかし低出生率，あるいは少子化が続いていけば社会は高齢化し，今度は生産年齢人口が減り，従属人口（高齢人口）が増えるためにいずれは人口ボーナスはなくなり，逆に経済は停滞し始める。これを「人口オーナス（demographic onus：負債）」という（小峰・日本経済研究センター編 2007）。上式 ① を使えば，G(L)<G(N)になり，労働生産性の増加率が一定ならば，成長率は低下する。日本は高度成長期に人口ボーナスを獲得し，1995年以降は人口オーナスの時代に入ったといわれる。現在成長を遂げている東アジア諸国も遠からずその時代に入り，東アジア成長の夢は終わるとも予測されている（大泉，小峰ほか編前掲）。ここからは東アジアの悲観的将来像が描かれることになる。中国も同じようなコースを歩むものと見なされている。

以上のことから明らかなように，人口転換が自然に人口ボーナスを生み出すわけではない。もし，人口ボーナス期に入っても人々が貯蓄せず，消費しているなら，それが生産へのボーナスになるはずがない。「人口ボーナスは必然的なものではない。それは獲得されなければならない。正しい政策環境がなければ，年齢構造の変化に適応するのにもたつくだろうし，よくて高成長機会を失うだろうし，悪くすると……失業率の増加や，さらにはおそらく犯罪率の上昇と政治的不安定性というような犠牲の大きい罰を受けることになろう」(Bloom et al. 2001)。

そのことは，人口転換が進み，社会が高齢化すれば必然的に成長のダイナミズムが消滅するわけではないことをも示唆している。メイソンらは適切な経済政策を実施すれば第2の人口ボーナスが生まれ，高齢化は東アジアでさらに強

力な成長と繁栄をもたらすだろうと予言する（Mason and Kinugasa 2004, Lee and Mason 2006）。彼らは，高齢化と家族的支援の低下は人々の貯蓄率を引き上げる大きな誘因になると主張する。むしろ，第1の人口ボーナスが一時的なものであるのに対して，第2のそれは永続的なものなのだという。考えてみれば，人口ボーナスがなくなっても，①式から分かるとおり，労働生産性を引き上げるような施策を採れば成長率は下がらない。またハロッド＝ドーマー・モデルのように貯蓄率が成長の主たる動力なら別であるが，貯蓄率→投資率→資本形成という経路以外にも，たとえば技術進歩や全要素生産性の増大といった成長回路はありうる。しかし，日本の経験が示すとおり，第2の人口ボーナスは第1のそれとは違い，なかなか生まれにくいのも事実である。

5. 中国における人口ボーナス論

　それでは中国では人口ボーナス，およびそれと経済発展との関係をどのように捉えているのだろうか？　第3章で見た「転換点」論争を契機に人口ボーナス論も盛んに展開されるようになった。

　蔡昉はルイス転換点と人口ボーナスを結びつけ，中国経済がルイス転換点に向かいつつある中で，第1の人口ボーナスはまだ十分取得していないこと，そのために戸籍制度の改革など労働力の流動化をいっそう促す政策が必要であり，また第2の人口ボーナスを得るためには年金制度の改革などを通して貯蓄率を高め，労働参加率も引き上げ，経済発展方式を集約的成長，つまり技術進歩と全要素生産性の向上を動力とした成長方式に改めることを主張する（蔡 2009, 2010）。

　中国でのこの問題に対する関心は，人口ボーナスが成長にいかに役立ってきたのか，という点にほぼ集中している。たとえば先に引用した王・楊 (2010) は，計量分析の結果，扶養率，あるいは従属人口比率が成長率とマイナスの相関があることを発見している。言い換えれば，人口ボーナスは確かに中国で成長効果を発揮してきたのである。あるいは，鍾・李 (2009) はグレンジャーの因果分析（補論2参照）を1978-2006年のデータに当てはめ，扶養率が1人当

たり収入に対する原因となっていると判断している。また単純に①のような式に基づいて人口ボーナスの成長への貢献度を調べると，改革開放後には15％はあっただろうといわれる（王・梅森2006）。他方，人口転換の成長への貢献をもう少し高く評価しているのが王・蔡・張（2004）である。彼らは，1982-2002年の省レベルのパネルデータを用いて，従属人口比率が貯蓄率にいかなる効果を発揮しているのかを回帰分析により調べ，従属人口比率にかかる弾力性が1人当たり収入や成長率にかかるそれよりも大きいこと，さらには従属人口比率と成長率との関係を分析してみると，従属人口比率の低下が1人当たり所得の成長率の約1/4を説明するものであるという結論を導いている。

しかし，人口ボーナスは成長の決定的要因ではない。車・郭（2011）は固定資本投資が中国経済成長の最大の要因であり，その次に技術進歩，さらには制度変化や構造変動といった要因が続き，人口ボーナスは成長に対して有意な効果をもたらすものの，その説明力は弱いものと結論づけている。こうした研究を総合すれば，人口ボーナス自体成長に対して直接的には有力な要因になっているわけではない。むしろ貯蓄率の決定要因の1つとなっており，それが成長に（間接的）効果を発揮していると見るべきだろう。

6. 高齢化が中国にもたらすもの

むしろ人口構造の変化が中国にもたらすものは恐るべき速さと規模で到来する高齢化である。現在は人口ボーナスを享受している段階であり，人口も抑制しているとはいえ依然増加しつつある。一般に65歳以上の高齢者が全人口に占める比率が7％，または60歳以上の人口が10％を超えると高齢化社会だといわれるが，中国は2008年末の時点でそれぞれ8.3％と12％を超え，立派な高齢化時代に突入していることになる。国連の人口予測をはじめ各種の予測は，このままいけば中国の人口は2025年頃にピークを迎え，他方高齢化率は急速に高まっていく。全人口に占める65歳以上の高齢者の割合で取った高齢化率は，2050年には26.1％と日本の現在の高齢化水準を上回る高齢化社会が到達するだろうといわれる（小峰・日本経済研究センター2007）。こうした高齢

化がメイソンたちのいう「第2の人口ボーナス」を生み出すかどうかは別にして，中国の社会と経済，さらには政治に大きな影響と変化をもたらすことだけは確かである[6]。

　まず，高齢化に伴う財政負担の増大である。日本の経験が物語っているように，高齢化は社会保障費の増大を伴い，それに付随した財政がますます逼迫してくる。大泉啓一郎もいうように，人口構成の変化だけを見ても，中国の医療費は今後毎年2％の割合で増大し，医療の高度化を加味すれば4％に達するだろうと予測されている（大泉 2007, 150-151 ページ）。加えて年金があり，高齢化は大きな経済負担を強いることは間違いない。とくに農村部において，若い労働力が都市に移転して高齢化はさらに進むから，事態は深刻である。日本のように豊かになってから高齢化するのさえ大変なのに，十分豊かになる前に高齢化すれば（未富先老）問題はさらに大きい。

　もう1つは，非常に後れている社会保障体制の整備に中国がどれだけ努力を傾注できるかである。低い社会保障水準もさることながら，とくに医療と年金の両面でどれだけ都市農村間格差を解消できるか，また地域差を克服し，いかに全国的に統一した保障システムを構築できるか，こうしたことが高齢化社会を乗り切るための鍵となる。しかしこれは容易なことではない。とくに膨大な人口を抱える農村部において，医療保険は大問題になっている。中国は2003年から「新型農村合作医療」制度を導入し，全国に普及させた。2008年末には全国で8.15億人の農民が参加し，参加率が91.5％にも達した。その制度の下では，農民が保険料の一部（30元）を負担し，一部を県や省が負担する保険制度を設け，農民たちが外地にいても立て替え払いにより医療を受けられるような仕組みを作ったが，多くの問題が顕在化している。個別地域にかんする具体的事例が示しているように，資金が不足しているとか，管理体制が脆弱であるとか，外地での立て替え払いに制限が設けられているとか，あるいは地元に医者が少なく，しかも次第に減少してきているとか，この制度はさまざまな問題に直面している[7]。

---

6) たとえば津上（2011）は，中国が抱える大きな壁の1つにこの人口ボーナスの喪失と高齢化を挙げている。

農村における年金制度は医療保険制度よりもさらに後れている。2009年に「新型農村社会養老保険」の試行が全国10％の県（あるいは市や区）で実施されるようになり，2020年までに基本的に全国に普及させることになった。それによって60歳以上の老人には月額55元を下回らない額が支払われることになっているが，その額は公定の貧困線をも下回る水準であり，農民の保険金支出が30元以上ということであるから，政府が相当額をカバーしなければならないことになる。これは，とくに貧しい地域農村には難しい課題となっている[8]。

　こうしたことは，高齢化とともに中国における都市農村間格差がますます鮮明に社会問題化するか，あるいはさらに深刻化するか，きわめて重大な状況になりうることを示唆している。

　さらにもっと広範囲な問題として，高齢化を迎える中国は第3章で述べたルイス転換点にはいずれ到達するだろうから，そこで議論したように「近代化」という大波に中国が洗われることになる。高齢化は生産年齢人口の減少をも意味するから，従来の労働集約的産業は相対的に不利になり，技術を中心とした集約的成長がますます不可欠になってくる。そうなると，それに適した社会政治体制が求められてくるはずである。その時，中国の体制は近代西欧社会や日本のそれと質的に同質になるのだろうか？　政治体制はいまのままでいいのだろうか？　この点については，最終章で再び取り上げることにする。

7. 人口規模と経済発展：中国の経験

　これまでの「マルサスの罠」論では明示的に，あるいは人口転換論では暗示的に想定されてきた「人口増加は成長への足枷となる」という主張を，上で述べた人口ボーナス論は大きく転換させるきっかけとなった。確かに人口転換論

---

7) 安徽省農村の例にかんしては，葉（2010）参照
8) 封・郭（2011）は，将来の農村人口予測を基に年金用政府財政支出の伸びをシミュレーションし，比較的楽観的な見通しを立てているが，年金額を抑えるのならともかく，今後増やしていかなければならないとしたら，それほど楽観できないように思われる。

では直接的に人口抑制の必要性を唱えてはいない。しかし近代社会においては人口増加は抑制されるべきで，人口の量よりも質を高めるのが近代化だという言説は，労働生産性や1人当たり所得の増大を目指す途上国に大きなインパクトを与えるものだった。中国は，それゆえ1人っ子政策という急速な人口転換と強制的人口抑制を図ってきたのである。その中国において人口がボーナスを与えるものだとしたら，現在の経済成長はまさにこれまでの人口増加の賜だったことになる。

人口増加もそうであるが，人口規模自体が経済発展に大きな，また強力な効果を与えることを中国の経験が示唆しているように見える。従来，開発論の中で人口規模が明示的に取り上げられてきたのは，1つは序章でも紹介したチェネリー＝サーキンによる発展の標準パターン論においてである。そこでは，経済発展の主たる実績が1人当たり所得と人口規模で導き出されていた。彼らは人口大国と人口小国とに分けて経済発展の標準パターンを描いていた。もう1つが，人口で測った国の規模と貿易依存度との間に逆相関があるというクズネッツの仮説である（第5章参照）。しかしこれらの事実発見は，人口規模そのものが成長を生み出す原動力になることをいうものではなく，単に人口の多寡が経済実績に関係があることを指摘しているに過ぎない。これまで人口規模が成長に積極的に関係するという議論がなかったわけではないが，われわれの知る限り，ほとんど注目されてこなかった[9]。

第4章で見たように，中国へのFDI（外国直接投資）を説明する有力な要因の1つが経済規模だった。経済規模は1人当たり所得×人口規模で示される。したがって，人口規模が大きいほど（他の条件を一定として）FDIが中国へ入ってくることになる。それは，主としてFDIの生産物を国内向けに販売するとき，人口規模は消費市場の大きさを決めるからである。

いま経済規模が同じであるが，人口規模が異なる2つの国AとBとを比較してみよう。A国は貧しく人口規模が大きいとする。他方B国は豊かであるが人口規模が小さいとしよう。FDIは現在の経済規模もさることながら，将来

---

9) クズネッツが人口増加のもたらす集積の効果を指摘しているが（Bloom et al. 2001），こうした議論はわれわれの知る限りあまりない。

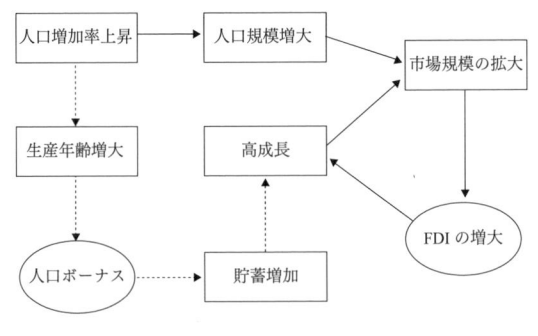

図 6-5　人口規模と成長
出所）筆者作成。

の規模も考慮する。将来の経済規模は成長率×現在の1人当たり所得×人口規模×人口増加率で表され，一般に貧しいA国の方が成長率と人口増加率が相対的により高いから，多国籍企業はB国よりもA国を（他の条件を一定として）投資先として選択するだろう。中国は強制的人口転換によって人口増加率はそれほど高くないから，成長率と人口規模によってFDIを引きつけてきた。周知のように，物理的な衝撃力は質量×加速度によって表される。ここで質量を人口規模に，加速度を成長率に読み替えると，それは経済の国際的衝撃力になる。そうした衝撃力があるからこそ，中国に多国籍企業は殺到したのである[10]。中国が単に人口規模が大きいだけだったら外国企業はそれほど来なかっただろう。その高い成長率，より正確には高成長率に対する期待と予想があって初めて彼らを引きつけたのである。

　FDIが人口規模に誘引されるなら，それは第4章で議論したように成長力を持つから（図4-6参照），人口規模は成長の1要因になる。高い成長率は人口規模と併せて市場規模を拡大させ，そのことがさらなるFDIを呼び込むことになる。かくして，人口ボーナスとは別のルートを辿って人口成長が経済成長をもたらすことになる（図6-5参照）。ただし，人口ボーナスとは異なり，ここでは規模が問題なのだから，すでに相当数ある人口数そのものを人口成長が

10）もちろん，経済的衝撃力はFDIだけに関わるものではなく，貿易にも，あるいは政治，外交，さらには軍事力にも大きく影響を与える。

量的に大きく増加させることが重要である。たとえば台湾でも人口ボーナスが作用してきたが，その人口規模は成長とは無関係だったように思える。

このようにして見ると，マルサスの罠とは全く逆の，人口増加有用論が導けそうである。これを「マルサスの逆説」と呼べるかも知れない。1957年に馬寅初（当時の北京大学学長）が「新人口論」を発表し，人口抑制を唱えたが，毛沢東によって激しく批判された。そのとき毛沢東が持ち出したロジックが「人手論」だった。すなわち，「人間には1つの『口』だけではなく2本の『手』があるから，消費するだけではなく生産できる。人口が多いほどより多くの生産ができ，経済が発展できる」と毛沢東は主張した。当時，ある毛沢東派の論者は馬をマルサス主義者だと批判し，「馬寅初の馬は，マルクス（馬克思）の馬か，マルサス（馬爾撒撕）の馬か」と揶揄したものである。その後，大躍進政策の大失敗の結果膨大な餓死者が生まれ，毛沢東の「人手論」は事実上撤回され，中国においてマルサス主義が復活し，やがて1人っ子政策が導入されることになった[11]。しかし，今日の時点で考えてみると，その「人手論」には人口ボーナス論に通じるものがあり，皮肉にも毛沢東の議論は必ずしも全て間違っていたわけではなかった，といえそうである[12]。

いうまでもなく，人口は多ければ多いほどいいわけではなく，過大な人口規模はそれなりの負の効果をもたらす。もし都市がメガロポリス（巨大都市）になると，集積の効果を発揮できる反面，居住環境の悪化や交通渋滞，公害の深刻化，あるいは社会秩序維持の困難など，さまざまな問題が噴出してくるだろう。同じように，人口巨大国は格差拡大や社会統合の難しさなど，人口小国には見られない多くの課題を抱え込むことになる。しかし，少なくとも経済成長にかんする限り，人口規模は時には，少なくとも一国経済のある段階におい

---

11) 馬寅初は「新人口論」発表後失脚したが，改革開放後に名誉回復され，1982年に満99歳で亡くなっている。彼が復活したときに，「間違って1人を批判し，誤って3億人も人口が増えた（錯批1人，誤増3億）」といわれた。

12) というのは，「人口」＝全人口ないしは従属人口，「人手」＝生産年齢人口と解釈することが可能だからである。無論，これは「人手論」に対する過大評価かも知れない。人手論には貯蓄の議論が抜け落ちているし，人口構造の変化や高齢化問題が提起されておらず，きわめて楽観的な唯物論，ないしは生産力至上主義に基づいている。人口ボーナスとは，あくまでも時間制約的なものであることに注意しておこう。

て，また一定期間，積極的役割を果たすことを，理論的にも実証的にも確認しておく必要があるように見える。

第7章

分配と貧困

はじめに

　経済開発・発展過程において，成長の次に重視されるのがおそらく分配，そして貧困だと思われる。あるいは，貧困国にとっては成長以上に分配と貧困は大問題なのかも知れない。序章でも指摘したように，マイヤーは経済発展を「『絶対的貧困線』以下の人数が増加せず，所得分配がより不平等にならないという**条件**のもとで，1国の**実質1人当たり所得**が**長期にわたり増加する過程**」と定義した。もしたった1人の富豪あるいは国王が富の大部分を集積し，大多数の貧しい人を尻目に国民所得の半分を自分のものにする国があったとしよう。その国が毎年石油などの天然資源を外資に売ることで，単純平均すれば「1人当たり所得の成長率」が上がっているなら，その国は経済発展していると統計上いえるかも知れないが，こうした状況は「発展なき成長（growth without development）」と呼ぶにふさわしい[1]。

　高度成長を遂げてきた現代中国において，経済開発のための最大の政策課題はいまや成長よりも分配にあるといえる。だからこそ，胡錦涛・温家宝政権は「調和の取れた社会（和諧社会）」の構築を目標に掲げたのだった（終章参照）。

---

1) この国は一定程度の構造変化を遂げているので，われわれの定義（序章参照）からすれば「発展」しているはずである。しかしその構造変化は，標準パターンに比べ，大きく歪んだものとなっている。また，分配を加味した成長率として，所得階層をたとえば等しい人口数からなる5分位に分け，各分位ごとの成長率を単純に平均するというやり方が考えられるが，この方法は一般化していない。

それでは成長と分配とはどのような関係にあるのだろうか？　中国において分配はどれほど不平等化してきたのだろうか，またそれはなぜだろうか？　本章では，こうした問題を中心に取り上げ，併せて貧困や，逆に豊かさの問題について考えてみよう。

　最初に，分配問題における最も標準的な仮説であるクズネッツの逆U字仮説とその妥当性について取り上げ（第1節），中国における格差の構造と推移を整理し（第2節），次にそうした格差の決定要因について考察する（第3節）。さらに，格差の一部であるが，巨大な中国を考えるさいに欠かすことのできない地域格差に焦点を当て，いわゆるウィリアムソン仮説の中国への適用可能性，および地域格差の決定要因について見てみる（第4節）。その後で中国における貧困水準の動きと貧困の構造について調べ（第5節），最後に中国（人）にとっての貧しさと豊かさとは何か，不公平感はどのようにして生まれるのか，といったことや非経済学的問題について考えることにしよう（第6節）。なお，ここでは紙幅の制約もあって，ジニ係数などの不平等指数の求め方についてはタイル指数を除き説明を省略した。各種不平等指数の定義，算出方法，意味については，『経済学辞典』（有斐閣）や『経済学大辞典』（東洋経済新報社）などの関連項目を参照して欲しい。

1. クズネッツ仮説とその妥当性

　クズネッツの逆U字仮説はあまりにも有名なので，ここで詳述することは避けよう。簡単にいえば，発展の初期には所得分配が比較的平等であるが，発展が進み，所得水準が上がるに従い不平等化し，ある段階（これをクズネッツの転換点という）になると発展とともに再び平等化するという，一種の経験法則的命題（仮説）である。

　もしこの仮説が正しいとすると，その理由は何だろうか？　クズネッツ自身は次のように考えていた。すなわち，部門間の格差が部門内の格差より大きいならば，人々が所得の低い農村部門から所得の高い都市部門に移動するにつれ最初は全体の格差が拡大する。その後，ほとんどの人口が都市に移住するとそ

の格差は小さくなっていく（Wu and Perloff 2005）。

　それをもう少し拡大解釈したシナリオにすればこうなる。すなわち，発展段階が低く人々が貧しいとき，市場が十分発達せず，村共同体のような助け合い制度があり，平等主義がその社会を支配していた。それはちょうど，第3章で見たルイス・モデルの伝統部門における分配原理，つまり平均主義と同趣旨のものである。しかし，市場が次第に発達し始め，一部の人は共同体を離れて近代部門ないしは都市に移りだし，市場の分配原理，つまり限界主義で分配がなされるようになると，個人に能力差がある以上，その労働の限界生産力は異なり，したがって賃金も違ってくる。さらに市場はさまざまな利益獲得機会を提供するから，リスクを冒し企業を興すような個人は莫大な収入を得るかも知れない。かくして所得分配は不平等化し，そうした趨勢は人々の意欲を刺激し，経済発展を刺激する。しかしある程度まで発展し，国が豊かになってくると，財政収入も増え，低所得層へ所得移転できる財政基盤もできてくる。また人々も成長主義から次第に脱却し，安定を求めるようになると，極端な不平等が社会的不安定性を招くことを自覚するようになる。かくして所得の再分配が行われ，分配のベクトルは不平等から平等化へ次第に動いていく。

　このようなクズネッツ仮説の理論的，現実的背景については従来さまざまに議論されてきた。その中でも，イギリスとアメリカにおける所得分配の動きを経済学的に解釈して見せたウィリアムソンの議論が最も説得力があるかも知れない（ウィリアムソン 2003）。すなわち，資本蓄積と労働節約的技術進歩は資本家と熟練労働力の所得を増大させて格差を拡大させ，資本蓄積が平準化して多くの部門で進み，また労働力の増加が落ちると格差は縮小していく。

　無論，因果関係を逆にして，分配の平等，不平等がどのように所得水準，さらには成長を決めるのか，という観点からこの仮説を解釈してみることも可能である。開発の初期段階では比較的平等で，成長意欲もそれほど強くないが，分配が（市場化の進展により）不平等化し始めると競争を刺激し，成長を速め，それがさらなる不平等化をもたらす。しかし，一定段階に達すると，不平等は成長に対する抑止的効果を持つようになり，社会的に平等化した方が安定した成長を約束するようになってくる，と見るのである。

もちろん，こうしたシナリオが全ての国に当てはまるわけではない。分配には政策以外に社会的慣習や他の環境条件（序章参照）も大きく作用している。また分配が平等化しすぎると逆の力が働き，再び不平等化の方に舵が切られるかも知れない。その場合は，逆U字というよりも，逆W字型の発展パターンを取ることになるだろう。言い換えると，50年や100年といった超長期のタイムスパンで取ると，両者の関係は単純な逆U字ではなくなる可能性が出てくる。

問題は，クズネッツの逆U字仮説が果たしてどの程度現実性を持っているのか，である。速水（1995）によれば，クロスセクションで国際比較すると所得不平等度と所得水準との間にきれいな逆U字関係が描かれるという。しかし，これはサンプル数が限られており，もっと多くの国・地域をサンプルに取ると決してそれほど見事な逆U字関係が見られるわけではない。たとえば1980年代の世界65カ国をサンプルにジニ係数GをY所得（1985年のPPP基準1人当たりGDP）の2次関数に回帰させてみると，

$$G = -1.072 + 0.395 \log Y - 0.026 \log Y^2$$

という結果が得られた（Gillis et al. 1996, p. 81）。確かにY^2にかかる係数がマイナスなので，これはGとYとが逆U字の関係にあることを示している。しかし，その決定係数は0.15しかなく，ジリスたちにいわせれば「クズネッツが見出した逆U字関係はある程度支持されてきた（とくにクロスセクション分析で）が，まだ議論の余地が残ったままである」（同上）。われわれ自身サンプル数をさらに多く取り，比較的最近のデータを用いて同じような検証を試みたが，結論は変わらない[2]。近年ではこの仮説に対する否定的見解が強まっているように見えるが[3]，バーロは教育水準などいくつかのコントロール変数を導入し，所得水準以外のコントロール変数による効果を除去すると，比較的有意な，しかしきわめて弱い逆U字関係が見出せるという（Barro 2000）。

---

2) 無論，データ問題がある。所得分配の国際比較をするとき，まずジニ係数をとれる国が限定されることと，次にジニ係数はしっかりした家計調査が行われる統計制度の整った国ではないと，信頼の置ける数値を得ることが難しいという問題がある。

それでは時系列で見たとき，この仮説はどの程度支持されるのだろうか？クズネッツがこの仮説を発見したのは，ノルウェーなど一部の先進国における長期統計に基づく時系列分析の結果だった。その後各国にかんして所得分配の時系列分析がなされてきたが，近年，アトキンソンらによって，より大規模な所得分配にかんする長期変動研究の結果が発表され，そこでは衝撃的な結果を導いている（Atkinson et al. 2011）。彼らは世界各国の長期税務データを収集，利用し，課税前の高額所得者の所得比率を計算し，その比率が時間とともにどのように変化してきたのか，地域別の特性があるのかどうかを調べた。その結果，100年以上に及ぶ超長期のその比率は，地域によって3つのパターンがあることが分かった。(1) 英語圏（英米やカナダのような旧イギリス植民地）ではU字型の，(2) 日本やドイツ，フランスなどではL字型の，さらに(3) 北欧やイタリア，スペインではU字ないしはL字型の動きを示している。ここでL字型というのは，最初低下し，その後あまり変動しないというタイプのものである。地域別にタイプ分けできるということは，地域に特有な文化と分配とが密接に結びついていることを暗示している。もちろん，彼らが取った高額所得比率というのは極端な不平等指標である。ジニ係数や変動係数，あるいはタイル尺度といった通常の不平等指数とは性格を異にしている。しかし，こうした一般の不平等指数と無関係ではありえない。高額所得者比率が高まるとき，ジニ係数などの不平等係数も高まると考えるのが自然である。

　こうして見ると，クズネッツの逆U字仮説の持つ妥当性はかなり限定されたものであることが分かる。すなわち，所得分配の動きには地域差が大きく，1つのパターンに一般化することは，相当困難である。しかし，それを準拠枠にして事実を整理し，あるいはそこからさまざまな含意を導き出すことは決して無意味ではない。

---

3) この仮説にかんする検証論文を簡単にサーベイしたものとして，南・キム（2000）や李（2009）がある。南・キムは「国際比較分析からは，クズネッツ仮説を論証するための確固たる証拠を出すことはできない……また時系列分析からの結論は，選んだ国や期間に応じてまちまちであった」と指摘している。

2. 中国における格差の構造と推移

　所得格差にはさまざまな種類がある。最も一般的なものは家計ないしは個人間の格差であるが，それ以外に個人や家計が属する集団・群間の格差もあり，集団の取り方によって多様な格差を測ることができる。たとえば地域間の格差であり，これについては第4節で取り上げる。中国の場合，これまで所得格差に関連してしばしば議論になってきたのは，都市農村間と男女間（ジェンダー），それに民族間と産業間の所得格差である。ほかに，戸籍間格差，具体的には農民工と正規工との格差も注目されてきた。

　こうした格差は主に客観的な数字，とくに所得や消費にかんする，時には所得ではなく富にかんする尺度によって測られるが，それとは別に主観的格差もある。たとえばある集団に属する人の所得が年1万ドルで，それ以外の人の所得が5千ドルだとしよう。両者の格差はたった2倍でしかない。しかし，前者には多くの特権が与えられ，後者にはそれが何もないとすると，後者の人々の抱く不公正感は2倍どころか10倍以上にもなるかも知れない。よくいわれるように，市場経済では貨幣の無名性があり，金銭を持っていれば財とサービスの購入においてどの集団に属そうと全く同じ扱いを受け，同等の権利を行使できる。しかし社会主義計画経済や，似たような非市場的経済の場合，金銭を持っていても特権や慣習の前に同じような権利を行使できない[4]。この時，格差は差別に転化していく。この主観的格差についてはのちほど取り上げることにして（第6節参照），ここでは所得面での分配と客観的格差の動きを見ておこう。

　毛沢東時代には系統的で本格的な家計調査も行われなかった（あるいは公表されていない）ので，全国レベルの信頼できる不平等指数を求めることは難しい。しかし，改革開放初期のデータから推して，改革開放期に比べればきわめ

---

4) もちろんこれは一般論・抽象論の世界での議論であり，現実には無名性を謳う市場経済においてもさまざまな差別や「有名性」（誰が金銭の持ち主かが問われる）が見られる。典型的にはアメリカにおける黒人差別だろう。しかし，アメリカの人種差別と社会主義国の特権差別とは，前者が制度として禁止されているのに対して，後者が制度として肯定されている点で大きく異なっている。

て平等だったことは確かである。とりわけ、都市部においては国有企業間・内の賃金格差が非常に小さく、農村以上に平等主義的であり、ジニ係数は 0.15 ほどだったと推測される。ある研究によれば、約 4 千人の都市住民に回想させ、1950 年から 1990 年にかけての所得あるいは賃金の情報を集めて、大学レベルと小学校レベルの教育による格差を計算すると、1960 年以前は 1.8 倍、1980 年頃にはそれが 1.3 倍に縮小していたという (Fleisher and Wang 2005)。

　農村部は移動が制限され、しかも自然環境に生産が強く支配されていただけに、都市部以上に「不平等」だったことは確かであるが、やはり改革開放初期の数値から推測するとジニ係数は 0.20 程度だったように見える。しかし、毛沢東時代の四半世紀間にどう変化してきたのか、都市部と比べておそらく大きな変動を経験したのではないかと推測されるが、これまでのところほとんど調査・研究はなされておらず（あるいは公表されていない）、今後の研究課題になっている。ともあれ、毛沢東時代にも都市農村間をはじめとして格差はあったが、それが強く意識されることはなかった。単純化していえば、格差はあったが、「格差問題」はなかった、あるいはそれほど大きくなかったと見てよい。

　改革開放以後、事態は大きく変わる。格差問題が発生、拡大、そして深刻化していった。同時に、格差の構造も変化してきた。産業間・業種間の賃金格差なるものが発生したのは改革開放以後である。農民工というのは以前にはなかったから、農民工と正規工の格差は 1980 年代末頃から意識されてくる。まずは全国レベルで所得が不平等化していく。1 つには鄧小平の「先富論（先に豊かになるものから豊かになる）」があり、格差拡大を政府が容認したこともあるが、それ以上に市場化の波は経済に能力主義と不平等化を持ち込んだ。とくにその波と原理は都市、非農業部門において著しいものがあったから、都市において急速に不平等化傾向が強まっていった（図 7-1 参照）。この図が示しているとおり、2006 年には都市のジニ係数は 0.34、農村のそれは 0.37、全国のそれは 0.46 にもなり、中国は世界的に見ても立派に「不平等国家」の仲間入りを果たしたといえる（園田 2008）。

　しかも実際はもっと深刻なようである。李実は、公表されたジニ係数の基になる国家統計局による家計調査は高額所得者の所得を摑んでおらず、実際の数

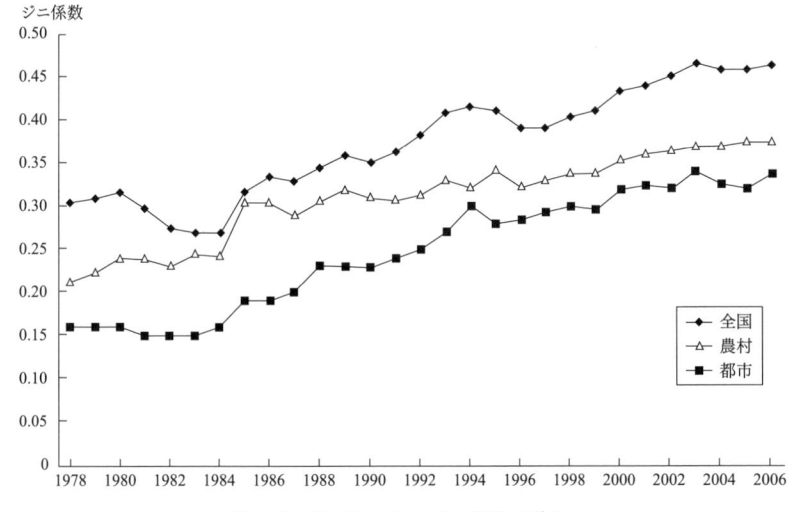

図7-1 中国におけるジニ係数の動き

注) 国家統計局の家計調査に基づく。
出所) 陳・戴 (2011) より。

値よりも低めに出ているという (李2011)。彼は, 税務申告している高額所得者の収入を加味してジニ係数を推計し直すと, 2007年で都市部は0.34が0.42に, 全国のそれは0.47が0.52に, それぞれ上がったという[5]。他方, 地域ごとに生計費は異なってくるから, 生計費で修正したジニ係数を計算すると, 名目の係数より多少値は下がってくる (Lin et al. 2008)。しかし, それでも改革開放以後中国の所得は不平等化してきたという事実は変わらない。

正確な所得不平等度の計測は無理として, 少なくとも中国は現在クズネッツの逆U字仮説 (もしこの仮説が妥当性を持ち, 標準パターンとして通用するならば) の第1局面, つまり格差拡大局面にあるといえる。そうだからこそ, ポスト鄧小平型開発戦略の中心に中国指導部は格差是正や社会的調和を掲げたので

---

[5] 李実は国民を3つの階層A (中より下), B (比較的高収入の階層), C (高所得層) に分け, 国家統計局の家計調査でとられるのはA群と一部のB群だという。もちろん, 高額所得者に多いだろう脱税や秘匿収入は彼の所得調整には考慮されておらず, それを加味すればさらにジニ係数は高まる可能性が強い。

ある(補論1参照)。

3. 格差の決定因

　それでは,こうした格差はどのように形成されたのだろうか? 格差の主たる原因は何だろうか? 上述した格差の構造を念頭に,格差形成の要因について考えてみよう。そのためには,格差の分解分析を使うやり方と,格差をいくつかの説明変数によって回帰させる方法がしばしば用いられる。

　まず中国においてとくに重視されてきた都市農村内・間格差を取り上げる。全国のジニ係数を G,都市部門のそれを Gu,農村部門のそれを Gr,都市農村間の格差を表すジニ係数を Gur とすると,次の式が成り立つ(Aronson et al. 1994)。

$$G = Gur + \alpha_u Gu + \alpha_r Gr + R \qquad ①$$

ここで,αは都市および農村の人口×平均所得からなるウェイトで,R は残差である[6]。すなわち,全国の不平等度 G は都市農村間格差 Gur,都市内格差 Gu,農村内格差 Gr,その他に分解できる。この式を中国に当てはめ,全体の格差が何によって説明されるのかを計算すると,一部の時期を除いて,ほぼ 5〜6 割が都市農村間格差によるものであることが分かる(陳・戴 2011)。あるいは李実の計算では,1988 年に都市農村間格差の寄与率は 37%ほどだったのに対して,1995 年には 42%,2002 年には 46%,2007 年には 50%にも達する(李 2011)。このことは,第 3 章でも指摘したとおり,中国において経済的に見た都市農村分断がいかに深刻であるかを物語っているといえよう(図 7-2 参照)。日本における都市農村間格差と対比させてみれば(図 3-4 参照),中国のそれは日本の戦前期にも相当する開き方である。

　他方①式は,都市化が進めば一般に Gu > Gr だろうから,中国全体の分配が(他の条件を一定として)不平等化していくことを暗示している。ただし,

---

　6) タイル尺度の場合,全体の不平等度は都市農村間格差と都市および農村内格差の 3 つに分解できるが,ジニ係数はそうしたきれいな分解ができない。

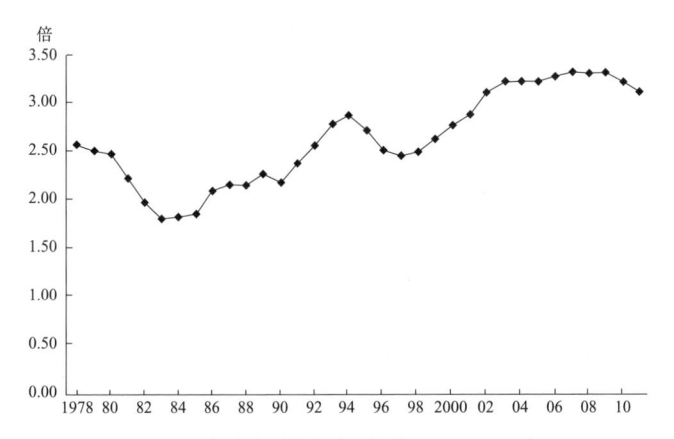

図 7-2 都市農村間格差の推移:1978-2010 年
注)農家の収入は農業純収入,都市住民の収入は可処分所得をそれぞれ表す。
出所)中国国家統計局のホームページより。

これまでは中国では Gu＜Gr,つまり都市内部の格差よりも農村内部の格差の方が大きかった。ところがいまや,都市内部の所得格差は市場化とともに急速に増大している。

しかし①式が示すように,全体の格差(不平等度)は残差項 R があるので都市農村間と都市・農村内部のそれに余りなく全て分解することはできない。それが可能なのはエントロピー尺度であるタイル指数(尺度)T,あるいは平均対数偏差(MLD)である[7]。全国のタイル指数を T とすると,

$$T = (1/n\mu)\Sigma\{\ln(y_i/\mu)y_i\} \quad ②$$

同様に,

$$MLD = (1/n)\Sigma \ln(\mu/y_i) \quad ③$$

ここで n は対象となるグループの総人数,y_i は第 i 人の所得,μ は平均所得,

---

[7] ただし,ジニ係数とは異なり,その値は 0 から無限大をとり,ちょうど国際競争力指数(IC)と顕示的比較優位(RCA)指数との関係にも似ている。MLD はタイル指数の一種である。

ln は自然対数をそれぞれ表す。もしグループが k 個のサブグループに分かれているとすると，これらエントロピー尺度はサブグループ内のエントロピー尺度と，サブグループ間のそれとに分解できる。

たとえばタイル指数は，

$$T = \Sigma w_g T_g + T(\mu_1, \mu_2, \mu_3 \cdots \mu_k) \tag{4}$$

となる。ここで，w_g はサブグループ g のウェイト，T_g はそのグループ内のタイル指数，第 2 項の T( ) は k 個のサブグループの平均所得間のタイル指数をそれぞれ表す。もし k=2 で，都市・農村という 2 つの地域を表すとすると，④式の第 1 項は都市および農村内の格差を，第 2 項は都市農村間格差をそれぞれ表すことになる。

Lin et al. (2008) はこのタイル指数を用いて全国の所得不平等度（生計費修正済み）を都市農村間，都市内，農村内に分解する。その結果，1990 年には格差の 72％が農村内の格差によって説明できたが，2004 年にはその比率は 36％に下がり，都市内部の格差が 34％，都市農村間格差が 30％と，次第に都市内部と都市農村間の格差の寄与率が増大してきたことを発見している。また Wu and Perloff（2005）は MLD を使って 1985-2001 年の都市農村内・間格差の寄与率を測り，次第に都市農村間格差の割合が増大してきたこと，また全期間にわたって格差の増加分の 56％は都市農村間格差であることを導いている。

他方，曹・陳・馬（2010）は，タイル指数でとった都市農村間格差，都市化率，それに成長率の関係をめぐる 23 の省レベルのデータ（1987-2006 年）によるパネル統計分析を試みている。その結果，都市化率が都市農村間格差に対して有意に縮小効果を持つこと，しかしそれは地域によって異なり，東北，西北，西南，華北といった，どちらかというと後れた地域にかんして縮小効果を持つものの，華東，華南，華中といった比較的豊かな地域では逆の効果があることが認められた。彼らは，これを戸籍制度の違いに結びつける。すなわち，多くの地域では戸籍制度により都市農村の分断化を進めており，一部で戸籍制度を緩和し，農民の都市移住を合法化しているものの，豊かな農民だけが都市戸籍を取得できるために，かえって都市農村間格差を拡大する効果を持たせて

いる，という。

　同様な分析は毛（2011）によっても行われている。毛其琳は経済の開放度と都市化が都市農村間格差にどのような影響をもたらすのか，タイル指数を格差の尺度に，1995-2008年の29省レベルのパネルデータを基にさまざまな制御変数を入れつつ，推定を行っている。全国レベルでは開放度と都市化は都市農村間格差を縮小させる効果を持つことが，また沿海部と内陸部に分けたとき，沿海部においては都市化が，内陸部においては対外開放が都市農村間格差の縮小効果が大きいことが実証された[8]。

　次に産業・業種間の格差にかんして，問題になるのは独占的国有企業と競争的民間企業との賃金格差だろう。業種間の賃金格差を変動係数で表すと，1990年代初めが0.15程度だったのが，2008年には0.35以上に上昇している（魏 2010）。とくにこれは独占的国有企業とそれ以外の企業間の格差が著しい。しかも，農民工たちは民間企業に勤めることが多く，彼らの低い賃金はこうした統計に反映されていないこと，さらに，独占国有企業における各種ボーナスや隠れた収入を勘案すると，実際の格差はこれよりはるかに大きいといわなければならない。岳希明たちは「ワハカ＝ブラインダー分解（Oaxaca-Blinder decomposition）」（以後OB分解と略す。この分解方法について，詳しくは本章補論4参照）を使い，2005年の全国1％抽出人口調査データを基に，業種を独占的なものと競争的なものに分け，前者の賃金が後者のそれよりも高く，その格差が教育水準などの「合理的理由」によるものでは必ずしもなく，「不合理な格差」が50％以上を占めることを発見している（岳・李・史 2010）。このような格差が生じる原因は単純である。独占国有企業は「独占レント」を享受でき，それを経営幹部たちが「独占」することなく，「親方赤旗」の下で従業員たちにも均霑させている，といえる[9]。かくして，国有制という制度が中国において所得分配の不平等化の一因になっていることになるが，この事実は否定できそうも

8）多くの論者が省別パネルデータ分析を行っているが，データ（とくに対象期間によって取り上げる省が異なる），推定式（ここで取り上げた毛（2011）の場合にはOLSのほかにGMM推定を行っている），さらには制御変数の取り扱い方などで違いがあり，結論が一致しなくても不思議ではない。

ない。

　近年，男女間（ジェンダー）格差についても調査研究が進んできた。Gustafsson and Li（2000）の研究は社会科学院経済研究所が行った1988年と1995年の家計調査を使いながら，都市部において男女格差が拡がりつつあること，またOB分解の方法を用いて，格差増大の大部分が説明できない，したがって女性差別によるものらしいことを発見しているし，馬欣欣によれば，どの所有制企業でも男女の賃金格差は存在するが，それは拡大傾向にあること，また公有企業よりも民間企業において格差は大きいことを見出している（馬2011）。このことは，中国は決して真の意味での「男女平等」を達成しているわけではないことを物語っている。とはいえ，日中で比較すると，日本の方が男女間格差が大きいので，中国の方が相対的に男女平等だといえるかも知れない[10]。

　ジェンダー格差は農民工に対しても当てはまる。李・楊（2010）は2008年の15都市における住民調査を基に6,351人の農民工の収入を調べ，男女差があるのかどうか，その差が教育水準などの合理的理由によって説明できるかどうかをOB分解に基づいて分析し，その差の2/3以上は差別やその他観測できない理由によって説明されるという結論を導いている。

4. ウィリアムソン仮説と地域格差拡大・縮小のメカニズム

　クズネッツの仮説の地域格差版というべき仮説がウィリアムソン仮説である。ウィリアムソンは各国の地域別所得格差の動きを実証，比較し，クズネッツ仮説と同様に逆U字の関係があることを発見した（Williamson 1965）。開発経済学ではこの仮説自体ほとんど注目されることはないが，中国の経済発展過

9）経営トップが，日本の旧国鉄や電電公社の役員報酬とは比較にならないほどの巨額の報酬を得ていることも事実である。しかし，だからといって従業員たちが低賃金に喘いでいるわけではない。
10）ただし，そのことは中国の方で女性がより「解放」されていることを意味するものではない。国際的比較によく用いられる女性の解放度指数であるGEM（gender empowerment measure）で測ると，中国は日本や台湾よりかなり下である。

程を考えるさいに重要な視点を提供してくれる。また中国のように人口大国で，国土も広く，そのうえ悠久の歴史を誇る国の場合，人口小国や地理的な小国，また歴史の浅い国に比べて地域格差が大きくなりがちなだけに，ウィリアムソン仮説は意味のある準拠枠を与えてくれる。また中国のような多民族国家の場合，地域格差がしばしば民族問題と関連づけて論じられる[11]。

なぜ開発の初期には地域格差が小さくて，開発とともに格差は拡がり，あるところで反転して縮小に向かうのだろうか？ 市場経済の場合，ハーシュマンのいう（市場の持つ）2つの効果，すなわち分極効果（polarization effect）と浸透効果（trickle-down effect）によって説明できるかも知れない（ハーシュマン 1961）。開発の初期段階では比較的発展した地域に後れた地域から人口が移動し，移動した地域では集積効果もあって発展の速度が高く，両地域の格差が拡大していく。しかし，次第に発展した地域の経済が周りに波及・浸透し始め，後れた地域の発展水準もこれにより引き上げられ，格差は縮小していくのである。もちろん，これに付け加えて，要素価格の変化も作用しているかも知れない。たとえば，発展した地域に人口が集積すると土地価格が上がり，上がりすぎると企業は土地の安い後れた地域に移転する可能性が出てくる。賃金も発展した地域で上昇するから，それを嫌った労働集約的企業は，賃金の安い後発地域に工場を移転させることもありうる。かくして，市場原理だけで地域格差は拡大から縮小に転じることを説明できるのだが，実際の地域格差の形成あるいは変動はもっと複雑で，多様な要因に支配されている。それは，われわれの枠組みに照らしていえば，環境条件，政策，制度，それに成長率を含むマクロ的経済諸成果に整理される（序章参照）。

「地域」はいろいろなレベルで定義できるが，中国の地域格差を測る最も普

---

11) かつて1990年代に「中国の地域格差がこのまま拡大していけば，中国は第2のユーゴスラビアになる」のだと胡鞍鋼は述べたことがある。それは，民族対立と経済格差が要因となって民族間紛争が激しくなり，ついには連邦が解体してしまったユーゴの例に引きつけて，中国における地域格差問題の重要性に警鐘を鳴らしたものである。しかし，経済的な地域格差が民族問題に跳ね返るというのは短絡的な見方である。チベットの人々の不満は，漢族に比べて貧しいということよりも，チベット族の「民族」としての尊厳を中央政府が尊重していないことにある。

通のやり方は 31 の 1 級行政区（省レベル）を基準に，東西（沿海部と内陸部）の 2 地域（地帯），あるいは東部，中部，西部の 3 地域（地帯）で区分するやり方である。中国の省レベルの人口は最大の広東省の 9,449 万人から，最小のチベットの 284 万人（2007 年）まで大きな開きがあり，敢えて比較すれば，EU の中で人口最大のドイツ（8,200 万人）と最小のルクセンブルグ（48 万人）を抱えるようなものである。

　それでは，中国の地域格差は今日までどのように変化してきたのだろうか？ ウィリアムソン仮説は長期的に見て中国に妥当するのだろうか？　まず毛沢東時代と改革開放以後を比較してみよう。1 人当たり GDP が地域別に，さらには地帯別にどのような格差の構造をもって変化してきたのか，タイル指標を用いた加藤弘之・陳光輝による推計の結果を見てみよう（図 7-3 参照）。この図から明らかなように，「平等主義」といわれた毛沢東時代でも中国の地域格差はかなり大きく，しかも時により変動しているのである。これはその時代における地域政策と関係し，ある時にはある特定の地域が優先的に開発されたことが大きく関わっている[12]。市場メカニズムが作用しなかった毛沢東時代には，ハーシュマンのいう 2 つの効果が十分発揮されるはずもなかった。そして改革開放以後，地域格差はさらに拡大してきた[13]。したがって，この面から見る限り，ウィリアムソン仮説の第 1 局面が始まったと見なせそうである。

　こうした地域格差が何によって決まるのか，中国の地域格差の決定因にかんする研究はかなりの量にのぼる。たとえば，カンブールとチャン・シアオポーによれば，1952-2000 年までの長期の地域格差変動は，(1) 重工業化率，(2) 地方分権化の程度，(3) 対外開放の程度によって決まってくるという（Kanbur and Zhang 2004）。このうち重工業化率は毛沢東時代の都市農村間格差の決定因であるし，他の 2 つの変数は改革開放後の東西格差に関係する要因である。これら 3 つの変数はいずれも政策に関わるものである。あるいはグリースとレドリ

---

[12] 中国における地域開発政策の展開については，加藤（1997, 2003），丸山編（1994）などを参照のこと。毛沢東時代，一面では地域における「自力更生」路線が強調されたから，地域格差が拡大する潜在的背景があった。

[13] 同様の結論はジニ係数を使っても得られる。Kanbur and Zhang（2004）参照。

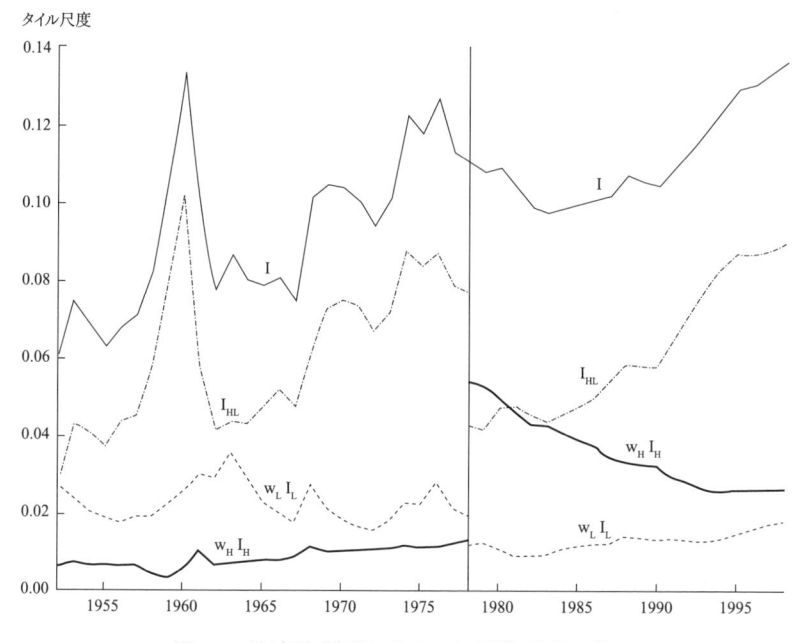

図 7-3　地域間（省間 1 人当たり所得）格差の動き

注）L＝低所得地帯，H＝高所得地帯，I は全体の格差を，I_{HL} は両地帯の平均の格差を，I_H は高所得地帯内部の格差を，I_L は低所得地帯内部の格差をそれぞれ表す。W_H と W_L は両地帯の人口ウェイトを示し，1978 年以前（毛沢東時代）と以後（改革開放後）で両地帯間・内の格差が連続しないのは，地帯の構成が異なることによる。

出所）加藤・陳（2002）より。

ンは，1991-2004 年の地域格差が主として貿易と国内および海外からの投資，それにインフラ格差によって説明できること，他方，財政や人的資本はそれほど強い決定因ではないことを主張する（Gries and Redlin 2009）。また，1985-98 年の 23 省・自治区のパネルデータを用いて，立地やインフラ条件（交通通信，流通網）の差が地域の成長力の違いをもたらしていることを強調したのがデミュルジェである（Démurger 2001）。分析には初期条件や教育水準，あるいは産業構造や制度改革（国有企業の比率）などの変数も組み入れ，多面的に中国の地域格差決定要因を探っている。彼女の分析から，インフラの違いが FDI 導入の多寡を決め，それが地域の成長力に大きく作用しているという含意が導かれてくる。

経済発展の結果として地域格差が拡大したという側面だけに注目するのは一面的であろう。地域格差があったからこそ経済成長が促進されてきたことも事実である。これは一種の「構造ボーナス」といえよう。すなわち，ハーシュマンの仮説が示唆しているように，生産要素（資本や労働力）が生産性の高い沿海部に生産性の低い内陸部から移転したから成長率が高まったし，反面，地域間の格差も拡大してきた。逆にいえば，沿海部の成長が飽和状態になり，内陸部の利潤機会が増えると，生産要素の動きは逆になり，格差は縮小していく。近年中国における地域格差は縮小する傾向を見せ，内蒙古などの内陸部の発展が沿海部よりも著しいが，そこには政府による地域開発政策の効果もあったものの，主たる動力は市場による均衡作用にあったようである。

5. 中国における貧困水準の動きと貧困の構造

　改革開放以後の中国において分配が不平等化してきたことは確認できたが，貧困水準や貧困率の方はどうだろうか？　やはり深刻になってきたのだろうか，それとも大きく改善されたのだろうか？　また貧困の構造はどう変化してきたのだろうか？

　貧困は「貧困線（poverty line）」の取り方によって絶対的貧困と相対的貧困の2種類に分かれる。すなわち，その国の人々の「必要最低生活水準」を年収に換算していくらと決めたとき，その水準を絶対的「貧困線」と呼び，その水準を下回る所得の人々が人口に占める割合を貧困者比率（head count ratio）とする。一般に貧困線は1人当たり必要摂取カロリーを出発点に決められていくが，中国の場合，その線は年とともに引き上げられ，1985年における貧困線が206元だったのが，2009年には1,196元になった[14]。ラヴァリオンとチェン・シャオホワは世界銀行などで広く用いられている1人当たり1日1ドル（PPP換算）を基準に中国における貧困者比率とその推移を求める（Ravallion and Chen 2004）[15]。いま，農村における貧困者比率の動きを見てみよう（図7-4

---

14) 2000年から09年まで中国では「貧困」と「低収入」とを区別し，前者が絶対的貧困に，後者が相対的貧困に対応していた。

農村人口に
占める比(%)

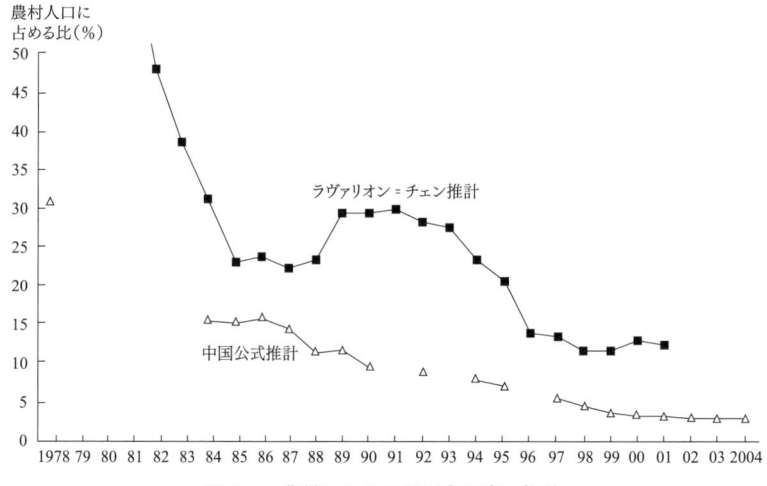

図7-4 農村における貧困者比率の推移
出所）Naughton (2007), p. 213, Fig. 9.1 より。

参照)。この図から明らかなように，改革開放後，急速に絶対的貧困者比率は低下し，公式数字では1978年当時30％を超えていた貧困者比率が，2004年には3％程度にまで下がってきた。しかし，ラヴァリオンたちの世銀推計では農村の貧困者比率はもっと高く，1980年代初期には50％を超えていたのが，2001年には13％程度にまで縮小してきた。無論，貧困線の基準を上げればこの率はもっと高くなる。しかし，どのような貧困基準を取ろうと，改革開放以後，中国の，より具体的には農村の貧困水準は大きく低下してきたことは確かである。

この図は次のことも示唆している。すなわち，毛沢東時代末期は少なくとも改革開放時代の初期の貧困水準にあったと想定できるから，世銀推計に依拠する限り，国民の半数以上は「(絶対的)貧困」にあった。言い換えれば，その時代は「貧しい社会主義」の時代にあって，人々は比較的平等な分配の中で貧

---

15) もう1つの基準が1日2ドルで，それは「やや貧困 (moderately poor)」の状況を表すものとして用いられる。なお，1日1ドル基準が，物価調整すると中国でいう「低収入」基準に非常に近くなっている。楊ほか (2010) 参照。

しさを忍んでいた，つまりギアツがいう「貧困の共有（shared poverty）」の状況にあった[16]。改革開放はこうした貧困の共有を，上述したように(a) 貧困者数の減少と，(b) 分配の共有ではなく不平等化，という両面から突き崩したといえる。それはある意味で，市場化を基にした経済発展の必然的結果でもあった。

とはいえ，現在も中国には貧困問題が，とくに内陸部・農村地域において存在する。それは何によってもたらされたのだろうか？　よく知られる Burnside and Dollar（2000）の分析によれば，成長こそが貧困を削減する有力な手段である。したがって，成長の停滞が貧困を生み出す大きな要因になっているに違いない。そこから，成長に絡んでいるさまざまな要因，たとえば教育水準やインフラなどが貧困に密接に関係しているはずだ，という含意が導かれる。さらには，分配の不平等も貧困をもたらす重要な要因になっているだろう。というのは，貧困の共有がなくなり，格差が拡大してきた現在，貧困は一部の人々や階層に集中するからである。

相対的貧困はこの格差に深く関係している。相対的貧困線は平均や中位数からのある距離，たとえば平均から標準偏差の 2 倍ぶん少ない額を貧困線と定義し，その線を下回る人口の割合が（相対的）貧困率になる。したがって，格差が拡大していくとき，絶対的貧困人口は減少しても相対的貧困人口は増大することがありえる。中国の「健康栄養調査（CNHS）」データに基づき相対的貧困率を計算した王・姚（2010）によれば，中国では都市，農村とも貧困率は 1990-2005 年の間に上昇してきている（表7-1 参照）。

貧困の原因を探る場合，分配と同様に分解分析と回帰分析，あるいはそれに類した多変量解析の方法が用いられるのが一般である。たとえば楊（2010）は，21 世紀における中国農村の貧困率の低下を成長と分配の 2 つの効果に分解し，前者はその低下に大きく貢献してきたが，後者はむしろ悪化させてきた

---

16) ギアツの「貧困の共有」については原（1985）が詳しい。なお，ギアツのいう「貧困の共有」はジャワ農村を対象に，そこでは飢餓水準に至るほどの貧困は想定されていないが，中国の場合，大躍進期には3,000万人あるいはそれ以上が餓死したような，絶対的貧困を超えた赤貧状況にしばしば遭遇した。

表 7-1 相対的貧困率の推移

	農村		都市	
	貧困者比率	貧困率	貧困者比率	貧困率
1990	20.24%	0.420	16.09%	0.378
1992	21.17%	0.421	17.23%	0.413
1996	20.52%	0.476	19.56%	0.419
1999	25.34%	0.462	19.94%	0.484
2003	25.52%	0.491	23.02%	0.537
2005	27.39%	0.456	24.72%	0.523

注)貧困線は OECD の基準に倣い都市,農村の中位所得の 50%で取っている。貧困率は貧困者1人当たりの $\Sigma(z-y)/z$ で測っている。ここで z は貧困線,y は所得を表す。
出所)王・姚(2010)より。

と結論づけている。一方,許・蔣・劉(2011)は,1990-2005 年における貧困率の変化を,(a) 成長効果,(b) 分配効果,(c) 貧困基準の変化によるものに分解し,1990-99 年については成長効果＞貧困基準効果＞分配効果の順だったのに対して,1999-2005 年の場合,成長効果＞分配効果＞貧困基準効果の順に寄与率が変わってきたこと,しかしいずれにせよ,貧困率の低下に対しては成長が最も大きく貢献していることを発見している。

あるいは李・鄭(2010)は,農村の貧困を支配し,またはそれに影響を与えていると思われる変数を,(a) 経済発展の速度に関わるもの,(b) 経済構造の変化に関わるもの,(c) 経済発展の質に関わるものの3種に分類し,いくつかの具体的変数を特定して 1985-2007 年の省レベルのデータを用いて回帰分析を施した。その結果,やはり経済成長が最も有力な決定因として選ばれている。そのほかに都市農村間格差や農業生産比率など,総じて経済発展に関わるいくつかの変数が農村貧困率の低下に有意に作用している。羅楚亮(2010)は貧困率決定の多変量分析を試みるが,その中でも出稼ぎ労働が貧困率の減少に大きく貢献していることを発見している。これも貧困と成長との逆相関を証明する材料になっているだろう。

ところで,毛沢東時代,そして 1990 年代までは中国における貧困とは農村の貧困のことを指していた。なぜなら,都市では国有経済が主体であり,貧し

くとも平等で，少なくとも貧困人口を生み出さない仕組みができていたからである。国有企業に勤めれば失業の心配はなく，安い賃金を補充する社会的サービスが無料で，あるいは安く手に入れられた。「揺りかごから墓場まで」の，ある種の「社会保障」が，「単位」と呼ばれる企業社会に入れば人々に提供されていたのである。しかし，改革開放以後，市場化が進展し国有企業が全体的に縮小していく中で，都市の失業が重大化してきた。1993-97年には1,850万人の労働者が解雇され，レイオフされたものは都市最低階層を形成している（何ほか2010）。そのうえ農村から大量の農民工が都市に流入するようになり，両者が都市貧困層の「2大主要グループ」（同上）となっている。かくして中国においても都市貧困問題が顕在化してきたのである。

こうした都市貧困の発生メカニズムについても研究が進んでいる。一例を挙げれば，姚・王（2010）は「中国総合社会調査（CGSS）」データを用いて都市の貧困発生原因にかんする分析を試み，人的資本（たとえば教育水準）と社会資本（インターネットの普及状況で測る）が貧困発生と負の相関を持っていることを検証している。あるいは何ほか（2010）は，ほぼ同じような手法を用いて，6大都市の2007年データを分析し，教育水準や戸籍制度などが関連する市場報酬と，社会保障制度や住宅制度などが関連する制度保障の2つが都市貧困の主たる要因だと主張している[17]。

ただし，都市の貧困は絶対的貧困よりも相対的貧困，とくに貧困の広さよりも深さを測る貧困率に重心がある。すなわち，貧困線以下の所得が占める割合を貧困率とすると，貧困者比率では農村の方が都市を上回るものの，貧困率では次第に都市の方が農村よりも高くなってきた（表7-1参照）。このことは，都市の方が農村に比べて貧困者の所得が非貧困者の所得を大きく下回っていることを示している。その背景として，経済発展→都市における不平等化の進展→都市貧困の拡大というメカニズムがあることを示唆している。

---

17) 彼らの貧困線は，各都市における公定の最低生活費で取っている。

6. 格差と貧困をめぐるいくつかの問題

かくして，中国の貧困水準は高成長とともに改善されてきたものの，分配の不平等化，格差の拡大とともに，ある面では深刻化してきたといえる。同時に，中国は格差と貧困をめぐる新たな問題に直面することにもなった。

(1) 豊かさとは何か？ それは単に所得水準だけで測れるものだろうか？ UNDP（国連開発機構）が毎年発表している「人間開発指数（human development index）」は所得水準，教育水準，それに健康水準を合成したものであるが，その指数から見る限り，中国は国際的に見て中程度の「人間開発」水準にある。したがって，経済的のみならず「健康で文化的な生活」水準を，その発展段階を基準にすれば達成していることになる[18]。ただし地域差は大きく，チベットは，1人当たり GDP で測ると政府の莫大な援助が効いていて決して最下位ではないが，人間開発指数で測ると常に最下位である。

分配面から見ても，確かに絶対的貧困人口は減少し，低所得層の収入も増大した。しかし，人々の求めているのは果たして経済的豊かさだけなのだろうか？「自由」は贅沢財として政府や党がコントロールし，金銭さえ与えれば（経済的に豊かにさえなれば）人々は政治に対して不満を表明するはずがないと考え，センのいう「自由としての開発」を無視するのは，すでに低所得国から脱皮して中所得国の水準に達し，かつ上位中所得国に向けて驀進する国としては異端である。これは経済発展と政治的自由の問題が絡む重要なテーマだけに，章を改めてもう一度振り返ってみよう（第10章参照）。

(2) 不公平感や主観的格差についてはどうであろうか。もし格差が拡がっているとしても，多くの人々がそれに納得しているのならよいが，逆に不満を高まらせているとしたら，それは社会的，さらには政治的緊張をもたらす大きな原因の1つになりうる。「調和の取れた（和諧）社会」の建設を目指す現政権は，こうした不満が政治的不安定を引き起こすことを恐れ，きわめて神経質に

---

18) 国際比較してみると，教育水準や健康水準は所得水準ときわめて高い相関を持っている。したがって，中国が中所得（middle income）国に属していること，そして人間開発指数の面でも中位水準にあることは当然といえる。

対応している。中国の体制が危機に瀕するとすれば，この格差の拡大が主な原因だとする意見が内外ともにおいて有力である。三浦有史に言わせれば，格差拡大そのものではなく，格差拡大がもたらした階層の固定化が社会に埋め込まれ，それが社会的不安定をもたらしている（三浦 2010）。

上述したように，格差には客観的格差と主観的格差があるが，不公平感とはまさにこの主観的格差から来ている。それでは中国において「分配不公（平）」とはどのようなことを指すのだろうか？　貧しい人ほど現状に不満を感じているのだろうか？　社会的地位とそうした不満とはどう関係しているのだろうか？　こうした分配の公平感や分配の正義ないしは正当性（distributive justice）にかんしては，これまで社会学者が中心になって調査研究を進めてきた。

このテーマをめぐって影響力の大きい見解を展開したのが M. K. ホワイトである。彼は，2004 年に中国で実施された全国的な意識調査（サンプル数 3,267）に基づき，また中国における格差拡大が深刻な社会的亀裂を生み出すのではないかという問題意識の下に，分析を試みた。その結果，多くの人々は全国的には所得格差は大きすぎると判断しているものの，周辺の人と比べると格差がひどすぎると感じる人は 1/3 にとどまっている事実を発見している。さらに，不平等に対して最も不満を持っているのは，通常考えられている「弱者」，たとえば農民や農民工ではなく，教育程度が比較的高い，中部の省に住む，とくに中年の人々だった（懐 2009, Whyte 2010）。政府が心配しているように，社会の底辺にいる階層が現状を不公正だと見ているかというと，必ずしもそうではない。かくして，所得格差の拡大が社会的不安定性（social volcano）をもたらすと考えるのは神話（myth）だという，興味深い含意をホワイトは導くことになる[19]。

こうした観察と分析結果は他の社会学者によっても支持されている。たとえば，馬・劉（2010）は社会経済的地位が分配の不公平感をもたらしているのか，そして／あるいは自分の過去，あるいは周囲の他人との比較でそうした不

---

19) 所得水準と不公平感が対応しないことは，何ほか（2010）によっても指摘されている。彼らの発見では，都市のレイオフ失業者や公共住宅居住者，社会保障住宅に居住する都市住民の方が農民工よりも主観的貧困感が強い。

公平感を持つのか，2005年の「中国総合社会調査」を利用して都市住民を対象として分析を行った。その結果，社会構造ではなく，ホワイトの結論が示唆するように，局部的な比較を通して分配の不公平感を抱くのだと結論づけている。他方，Wang（2011）は上海市住民の公平分配意識を分析し，彼らが個人の属性，たとえば教育水準によって高い収入を得ることに対しては不公平感をそれほど感じないが，権力や政策によって利益を得ていることに対して強い不公平感を抱いていることを統計的に明らかにしている。

それに対して園田茂人は，天津市における長期の定点観測調査から，所得や富が不平等化してきていると人々が次第に強く感じ始めていること，またそうした格差は不公平だと感じている人々の割合が増えてきている傾向を見出しつつも，所得階層や教育水準と人々の不満との間には必ずしも有意な関係が見出せないという（園田2010）。そもそもこうした不公平感の感じ方は地域により，あるいは住んでいる場所により相当違ってくるかも知れない。たとえば，天津と上海とを一律に論じることは無理があるかも知れない。さらに細かな，また広範囲な，かつ園田が行ったような系統的な調査による分析が望まれる。

(3) 心理的格差のほかに社会的，政治的格差の問題がある。たとえば，土地収用と農民の権利に絡んだ問題である。従来はほとんどが所得（あるいは消費）の格差を中心として分配問題を論じ，調べてきた。しかし，農民にとっての「土地」は特別な意味を持ち，その土地が政府の一方的計画により接収され，住む場所と仕事をやむをえず変えなければならない多くの「失地」農民が高度成長の過程で大量に発生してきた。彼らの権利が侵害され，頻繁に農民たちによる抗議行動となって表れていることは多くの報道事例からも明らかである。無論，都市においても区画整理や再開発のために強制的に移転を強いられるケースは数多い。しかし，土地をめぐる紛争は圧倒的に農村において多い。それは，突き詰めれば中国における農民の地位が低いからであり，彼らはしばしば無権利状態に貶められる。

所得格差は経済的次元の，そして不公平感は（社会）心理の次元での問題であるが，権利は制度と法の根本に関わる事象である。中国における土地収用の最大の問題点は，土地の（所有者ではないが）権利者である農民が土地処分の

決定に全く関与できない点にある。日本の場合,土地所有者と土地を公的目的のために収容する者とが,少なくとも形式上対等な資格で第三者機関である「土地収用委員会」の席上でわたりあえるが,中国においては土地収用が上部の一存で決定され,一定の収用価格(安置費)で土地を収用されることが県や郷を通して村に伝えられるだけである[20]。こうした法的権利の格差と分断については,中国の内外いずれでもこれまで十分に研究されてこなかった。現在中国各地の農村で頻発している土地収用をめぐる紛争,ないしは騒擾事件は,単なる土地収益の分配をめぐる紛争ではなく,政治社会体制の根幹に絡む重大な争点を含んでいる。

(4) 中国において不平等が(少なくとも今日までは)必ずしも重大な,あるいは全国的規模での政権を揺るがすような社会的不安定をもたらさなかったのは,経済が成長し,格差を伴いながらも多くの人々に成長の果実を与えてきたからだ,といわれる[21]。経済を成長と分配を軸に4つの象限に分割すれば,(a) 高成長と平等分配の経済が最も安定性が高く,(b) 低成長と不平等分配の経済が逆に最も不安定だといえそうである。他方,(c) 低成長と平等分配のケースと,(d) 高成長と不平等分配のケースは,おそらく(a)と(b)との中間に位置しているだろう。現代の中国はまさに(d)の状態にあり,これまでのところ,中位安定の経済だといえそうである。政府が目指しているのは,もちろん(d)→(a)への移行であるが,その移行に失敗すると,(d)→(b)に転落し,社会は急速に不安定化するかも知れない(図7-5参照)。

もちろん,これは単純化された分類であり,実際の社会的安定性には成長と分配以外に数多くの要因が絡んでいる。たとえば,権力の正当性(が保たれるかどうか)がそうだろう。司法機能の有効性も重要な一因だろう。上述した,

---

20) これについては,中兼(2007)参照。そこでは,日本と中国の土地収用制度の違いが論じられている。
21) 無論,ローカルな騒擾事件は頻発しており,年に8万件以上の紛争が起きていると伝えられている。しかしこれによって共産党政権が揺らいだという話は聞かない。情報統制,公安と警察による取締り,あるいは脅迫,さらにはそれにも関わるが全国的指導者の不在,といったさまざまな要因が挙げられるが,本文で取り上げた経済的,社会的,ないしは心理的要因も大きい。

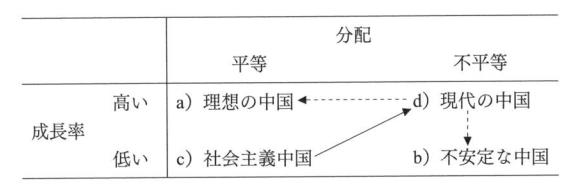

	分配	
	平等	不平等
成長率 　高い	a) 理想の中国 ←------	d) 現代の中国
低い	c) 社会主義中国	b) 不安定な中国

図 7-5 成長，分配，社会的安定性の関係

出所）筆者作成。

農民の権利に対する重大な侵害事件と多発する紛争事件は，たとえ彼らの収入が伸びていたとしても，不当な土地買収が行われれば容易に社会問題化する例の1つである。

分配と社会的安定との関係はこれまで政治学者が中心になって議論してきた。南亮進が指摘しているように，所得分配の悪化が社会的不安定をもたらすという仮説は，「相対所得が顕著に低下した階層の不満が嵩じる」ことによって起こりやすいことが実証研究によっても確かめられているが，それも絶対的なものではなく，むしろ絶対所得の低下こそが社会的不安定をもたらすという意見もあり，まだ確定したとはいえない。そのうえ，「所得分布の悪化（またそれによって生じた社会的不安定）と政治的不安定（時には政治体制の変革につながる）との関係はさらに複雑である」（南 1998，11 ページ）。このことは，所得分配の悪化→社会的不安定の増大→政治的不安定といった常識的，あるいは通念を前に，さまざまな可能性を探る必要性を暗示しているといえよう。

補論4　ワハカ=ブラインダー（OB）分解

格差の要因分解にかんしてはタイル指数をはじめ，いくつかの方法が考案されているが，少なくとも賃金格差にかんして最もよく使われる方法の1つがOB分解である[22]。われわれがサーベイした中国の所得分配にかんする論文の多くは，中国内外を問わず，また全面的にか部分的にか，この方法を用いていた。以下，この方法について説明し，そこに内在している問題点や限界について考えてみよう。

いま社会の成員が2つのグループ1と2に分かれているとして，その所得 y^i (i=1, 2) が次のような式で決まるものとしよう。

$$\ln(y^i) = \alpha_i + \beta_i \cdot X^i + \varepsilon_i \quad ①$$

ここで，Xは個人の属性（年齢や性別，教育水準など）や産業，地域など，個人の賃金に密接に関わるさまざまな変数からなる列ベクトル，β はそれらの変数にかかる係数（行ベクトル）を表す。ε は誤差項（期待値=0）。この式をグループ1, 2のサンプル・データに当てはめ，回帰分析を施すと，その結果は次のようになる。

すなわち，平均所得 $\overline{y}^1$, $\overline{y}^2$ は回帰係数 α, β と説明変数 X により決められるから，

$$\ln(\overline{y}^1) = \alpha_1 + \beta_1 \cdot \overline{X}^1 \quad ②$$
$$\ln(\overline{y}^2) = \alpha_2 + \beta_2 \cdot \overline{X}^2 \quad ③$$

この平均所得の差をとると，それは次のように分解できる。

$$\ln(\overline{y}^1) - \ln(\overline{y}^2) = (\alpha_1 - \alpha_2) + (\beta_1 - \beta_2)\overline{X}^1 + \beta_2(\overline{X}^1 - \overline{X}^2) \quad ④$$

---

[22] これは，ワハカとブラインダーが別々にほぼ同じ方法を開発してことから名付けられている。ここでは Oaxaca (1973) に主として依拠して説明する。

または，

$$\ln(\overline{y}^1) - \ln(\overline{y}^2) = (\alpha_1 - \alpha_2) + (\beta_1 - \beta_2)\overline{X}^2 + \beta_1(\overline{X}^1 - \overline{X}^2) \qquad ⑤$$

もしグループ 2 の方の所得が高いなら，前者④式の分解方法を標準分解（standard decompositon），後者⑤式のそれを逆分解（reverse decomposition）という。

④あるいは⑤の意味はこうである。すなわち，第 3 項は変数 X のグループ間賦存差から生じた格差を表し，ある意味で「説明可能な」，「合理的」格差である。ところが，第 2 項は係数の差から生まれた格差を示し，第 1 項と併せて「説明できない」格差を表している，と解釈する。この 2 つのグループを都市住民と農民としてもいいし，男女（性差）と捉えてもかまわない。あるいは，正規工と農民工であってもいいだろう。いずれにせよ，グループ間の賃金（あるいは所得や収入）差を 2 つの要因に分解できるので，その手軽さが受けて多くの研究者がさまざまな事例に対してこの方法を応用してきた。

しかし，回帰分析にしばしば含まれる，あるいは時には避けられない技術的な問題，たとえば説明変数の不十分さや内生性などといった問題はさておき，中国のように，市場原理が完全には貫徹していないという意味で市場経済が十分に発達していないケースに応用すると，論理的に考えて次のような疑問符がつけられる。つまり，変数ベクトル X の，全てではないが一部の変数には制度的歪みが反映されているかも知れない。労働市場が不完全ならば，たとえば産業や業種，職種といったものにはすでにある種の歪みが含まれていることになる[23]。しかしOB 分解では，賃金に関わる制度的歪みは全て係数 β に集約されていると想定している。したがって，そうした限界を意識しながら，この分解方法を用いるべきだろう。

---

[23] こうした点についてワハカは気づいていたようである。Oaxaca（1973）の結論部分で，彼は女性差別がない状態でも男女の賃金構造は違う可能性があることを指摘している。たとえば，女性は男性よりも短い労働時間を選択するかも知れない。これによる賃金格差が差別と呼べるのかどうかは，難しい。

第 8 章

人的資本と教育

はじめに

　1950年代に隆盛を極めたヌルクセやルイスといった古典的な開発経済学者と彼らの経済学は，1960年代に入るとさまざまな面から批判を浴びることになる。1つはネオ・マルクス主義者たちが展開する「従属論」からの批判である。彼らは，世界経済は日本を含む先進資本主義体制（世界資本主義システム）に支配されており，途上国の経済発展はそれとの決別によって可能となる，と考えた（たとえば Frank 1978 参照）。そこには自由貿易や市場原理を否定する，一種の計画主義的発想が隠されていた。もう1つが市場をとくに重視する新古典派からの批判であり，その代表がシュルツだった。彼は教育の重要性を指摘し，ベッカーらとともに人的資本論を創成，発展させることになった。

　本章ではまずシュルツとベッカーの人的資本論を概観し（第1節），その思想の流れで生まれてきた教育の収益率の概念，その求め方について説明する（第2節）。また中国における人的資本の蓄積過程と経済発展との関連について見たあと（第3節），中国における教育の収益率の動き，その特徴について他の諸国の事例と比較しながら考え（第4節），最後に，教育の収益率や不平等が分配や成長にどう関連しているのかを見てみることにしよう（第5節）。

1. シュルツとベッカーの人的資本論

　シュルツはシカゴ派経済学者らしく市場主義とその背後にある経済合理主義を信奉し，途上国の農民は「慣習的農業」に従事しているが，彼らは「貧しいけれども合理的である（efficient but poor）」，ただしそれは伝統的技術体系という枠組みの中だけであると主張した（Schultz 1964）。その観点からは，第3章で議論したような過剰労働力など存在するはずがない，合理的な農民たちが，そもそも労働の限界生産力が賃金率より下回るところまで労働を投下することなどありえない，という結論が導かれる。農民の合理性をめぐってはよく知られている論争がある。すなわち，1970年代に繰り広げられたポプキンたちの「ポリティカル・エコノミー」論と，スコットらの「モラル・エコノミー」論との対立である[1]。前者はアジアの農民たちが個人的に「経済人」であり，経済合理的な行動を取ると主張し，後者は不確実な農業生産の下で集団的なモラルの上に生存維持活動を行うと捉えた。シュルツの立場は明らかに前者に沿っている。

　シュルツの議論は，その後の開発論における人的資本論や教育重視論が展開していく上での基礎を作ったともいえる。彼は『農業近代化の理論』の結論部分でこう述べている[2]。

　「慣習的農業に縛られている者は，土地がいかに肥えていても，多くの食料を生産できない。この種の農業の貧弱さ（niggardliness）を克服するのには節倹と勤労だけでは不十分である。農産物を豊富に生産するためには，土壌・植物・動物，ならびに機械にかんして科学が教えるものを使用できる技能と知識を農民が手に入れることが大事である。……このような転換を可能にする知識は一種の資本であり，それには投資が必要である。この投資には，知識の一部が埋め込まれている物的投入に対する投資だけではなく，重要なことは農業者

---

[1] この論争にかんしては原（1985）が詳しい。この論争，ならびにスコットのモラル・エコノミー論にかんしては，スコット（1999）に訳者による詳しい説明（同書299ページ以下）がある。
[2] この箇所の邦訳は不正確なので，原文から直接翻訳した。

に対する投資も含まれている」（Schultz 1964, pp. 205-206）。

　慣習的農業から近代的農業へ脱皮していくには，かくして農業者への投資という人的資本の形成が必要となり，そのためには教育が重視されてくる。仮に市場が十分発達しているのなら，農民も「価格反応的（price responsive）」であるはずだから，新しい知識や情報を取り入れ理解し吸収する「人的資本」さえあれば，彼らは従来の技術体系を脱却できるはずである。

　この観点を理論的に精緻に展開したのがベッカーの人的資本論である（Becker 1964）。彼は人々の収入は人的資本投資の結果生まれると考え，その投資が企業による職場訓練（on the job training）と学校教育によってなされると捉える[3]。企業は労働者に訓練という教育投資を行い，その部分費用がかかるが，その投資は技術の増大という効果をもたらし，企業収入の増大に貢献するから，こうした教育投資は他の物理的投資と同じように扱うことができる。また学校を特殊な「企業」と見なせば，子供の学校教育に投下する費用は一種の投資と見なすことができ，それが人々の将来利得の増大をもたらす。人々の収入は就職してから長期間獲得できるから，将来にわたる毎年の収益の現在価値を同じく毎年の費用の現在価値に等しくさせる割引率，すなわち内部収益率（internal rate of return）が求められる。いま学校教育だけに着目すると，これが教育の収益率（educational rate of return）に相当する。

　教育の収益率といったとき，私的収益率と社会的収益率の2種類がある。前者は個人が投下した教育投資が本人の税引き後の収入の増大にどのように反映されているかを見るものであるし，後者は社会が教育に投資した部分（公的補助）も含み，私的投資と併せて，それが税引き前の収入の増大にいかに跳ね返ってくるかを見るものである。

2. 教育のミンサー型収益率

　ベッカー自身は，教育の収益率を内部収益率を求めるやり方でアメリカの

---

[3] 正確にいえば，それ以外に他の知識（other knowledge）があり，そこには人々の職場探索活動などが含まれるが，この知識（投資）は無視されている。

データに当てはめ、大学教育や高校教育における収益率を計算したのであるが、実際その方法は面倒であり、もっと簡便な方法が必要となる[4]。そこで登場したのがミンサーが開発した賃金関数であり、これによって得られる教育の収益率をミンサー型収益率（Mincerian rate of return）と呼ぶ。いまある個人の就職後の収入を Y とし、就業年数を X、就学年数を S としよう。その時、その個人の収入は企業と学校における「教育投資期間」だけによって決まるとすれば、

$$\ln Y = a + bX + cX^2 + dS \qquad ①$$

と考えられる[5]。ここで ln は自然対数を表し、$b>0$, $c<0$, つまり、その人の収入は（他の条件を一定として）歳とともに増加するが、その増加率は次第に減少し、最後には収入自体が減少するものと想定される。実際、賃金増加のプロファイルを見てみると、たとえば日本の場合には 50 歳代の前半で賃金はピークになり、それ以後徐々に低下していく傾向が見られる。①式の d が教育の収益率に相当し、lnY を S で（偏）微分すると、

$$d = (\delta Y/Y)/\delta S$$

となるから、これは、1 年教育期間を延ばせば、収入が何パーセント増大するかを示している。

このミンサー型の教育の収益率が便利なのは、計算が容易であることもさることながら、個人の年齢と学歴さえ分かれば、大よその収益率が求められることである。いま、ある人が 40 歳で、高校卒の学歴を持ち、ある職場で働いているとすると、$S=12$（年）、$X=22$（年）と考えられる。すなわち、通常の高校卒業は 18 歳であるから、それ以後すぐにいまの職場に就職して、一度も休

---

[4] 個人の教育投資といったとき、単に学校の教育費ばかりではなく、書籍代も、あるいは塾や家庭教師の費用も含まれるだろう。さらには、スポーツや芸術クラブに絡む代金も入れなければならないかも知れない。そうすると、公教育を終えるまでにどれほどの「投資」を親や本人が行ったのかを推計することは容易ではない。そのうえ、内部収益率を求めるさいの計算も厄介である。

[5] この式の求め方は小塩（2002）、澤田（2003）参照。

表 8-1　世界における教育の収益率:ミンサー型収益率
(%)

	平均教育年数	収益率
高所得国　9,266ドル以上	9.4	7.4
中所得国　756〜9,265ドル	8.2	10.7
低所得国　755ドル以下	7.6	10.9
世界全体	8.3	9.7

出所) Psacharopoulos and Patrinos (2002) より。

職や転職をしなかったと想定すると，その人の勤務年数 X は 22 年になるはずである[6]。もちろん，実際には 19 歳で高校を卒業しているかも知れないし，いまの職場にすぐには就職しなかったかも知れない。あるいは勤めてもしばらくして退職して，遊んでいたかも知れない。しかし，非常に多くのサンプルを扱う場合，細かく個人の経歴を聞くことはできないだろうし，想定外の経歴を有する個人は少数だと見なせば，全体的な結論に大きく影響しないはずである。

　実際に①式を用いて収益率を導出する場合，その式に個人属性などさまざまな付加的条件を付けて求めるのが普通である。たとえば，教育の収益率には男女差が問題になるかも知れないし，地域差も関わってこよう。あるいは，民族や宗教といった文化的要因を入れることも重要かも知れない。また教育年数 S を単純に用いるのではなく，小学卒，中学卒，高校卒，さらには大学卒といった教育レベルによって S を分けることも必要になるかも知れない。

　こうした収益率の計測は世界各国を対象にして大規模に行われてきており，これまで多くの実証研究の成果がサカロポウロスらによってサーベイされている。代表的なものとして Psacharopoulos (1994) や Psacharopoulos and Patrinos (2002) などがあり，数多くの実証結果が整理されている。これらによると，教育の収益率は経済の発展段階によって異なり，一般に発展段階が低い国ほど高い（表 8-1 参照）。言い換えれば，教育の限界収益は所得の増大とともに低下する傾向がある。また社会的収益率と私的収益率とを比較してみると，一般に私的収益率の方が高く，また社会的収益率は初等教育＞中等教育＞高等教育

---

6) 幼稚園教育は無視し，その人が 6・3・3 制教育を受けたと仮定する。

表 8-2　世界における教育投資の社会的，私的収益率
(%)

		社会的収益率			私的収益率		
		初等	中等	高等	初等	中等	高等
高所得国	9,266ドル以上	13.4	10.3	9.5	25.6	12.2	12.4
中所得国	756～9,265ドル	18.8	12.9	11.3	27.4	18.0	19.3
低所得国	755ドル以下	21.3	15.7	11.2	25.8	19.9	26.0
世界全体		18.9	13.1	10.8	26.6	17.0	19.0

出所) Psacharopoulos and Patrinos (2002) より。

の順に大きく，他方私的収益率は初等教育＞高等教育＞中等教育の順に大きくなる傾向が見られる（表8-2参照）。また男性と女性とでは教育投資の効果は異なり，中等教育以上では女性の方が投資効果が高いことが確かめられている。しかし，これはあくまでも「標準パターン」であって，各国とも特殊性がありうる。中国の場合どうだったのかを第4節で見ることにする。

3. 中国における人的資本の蓄積

学校教育が人的資本形成に最も基本的なものであるとすれば，新中国建国以後，中国は紆余曲折はあるものの，膨大な人的資本を形成してきたといえる。ただし，毛沢東時代と改革開放以後とでは人的資本の形成の仕方と哲学は全く異なっている。

毛沢東時代，まず大躍進期までは急速に小学校入学児童数が増えたが，大躍進とその失敗の結果，今度は激減する[7]。その後回復するが，問題は教育の量よりも質である。文化大革命時代には，教師の足りない農村部に多数の若者（多くは地元の若者で比較的，といっても高卒程度の学歴のある者）を非正規の教師（民瓣教師）として配置し，主として小学校教育に当たらせた。それは，当時農村医療人員の不足を補うために，やはり地元の高卒者に即席の医学教育を施して「裸足の医者（赤脚医生）」として送り込んだのと同じ発想に基づいて

---

7) しかも，入学者は増えても中途退学者が多く，卒業者数はそれほど増えなかった（園田・新保 2010）。

いる。これは制度化を軽視した毛沢東の思想に根源があるが、政府予算が限られている中で、多くの教育医療予算は主に都市部に投下され、農村においては全て「自給自足」せざるをえなかったためでもある。9年制の義務教育がほぼ全国に普及したのは20世紀末のことだった。

　毛沢東時代、初等教育に比べて中等教育、とくに高校レベルの中等教育や高等教育はもっと後れていた。諸外国に比べて進学率は低く、大学進学率は1964年には1.2%、改革開放直後の1982年でも1.3%でしかなかった（小島・鄭編2001年、23ページ）。少なくとも比率で見る限り、毛沢東時代の中国は世界的に見て高等教育が最も後れているグループに属していた（同上）。とはいえ、その膨大な人口数を考えると、絶対数から見た大学卒業生の数は決して少なくはないし、1国の技術レベルを決めるのは、比率よりもむしろ絶対数である。すなわち、毛沢東時代に一定程度の人的資本が形成されたといえる。さもなければ、改革開放という第2の転換点を迎えると急速に産業が発展し、外資が質のいい、かつ低賃金の労働力を求めて中国に殺到するはずがない。

　問題だったのは、文化大革命開始とともに中国の教育が大混乱に陥り、とくに都市部において全ての学校が閉鎖されたことである。大学が学生の政治的態度を重視した基準で新入生を受け入れたのは5年後の1971年からである。このような異常な時期を経験した年齢階層の人々が、果たして改革開放後に（正常な教育を受けた階層に比べて）不利な待遇を受けていないか、あるいは本来なら得られたであろう水準を下回る賃金しか得ていないのかどうか、大きな争点になってくる。

　中国における学校教育の様相が劇的に変わったのは改革開放以後、とりわけ鄧小平の南巡講話（1992年）以降、市場経済化がすさまじい勢いで進んでからである。教育普及の推移をグラフによって見てみよう。小学校教育は毛沢東時代に就学率が大きく変動したが、文革終了時にはほぼ平常に復帰した（図8-1参照）。他方、大学教育の普及、拡大は初等教育よりも後れていたが、1990年代末から急速に進んでいった（図8-2参照）。大学入学者は1999年に一気に拡大し、大学の一般化が見られるようになった。それは、以下で論じる教育の収益率と密接に関係しているし、また党・政府幹部の「高学歴化」とも連動して

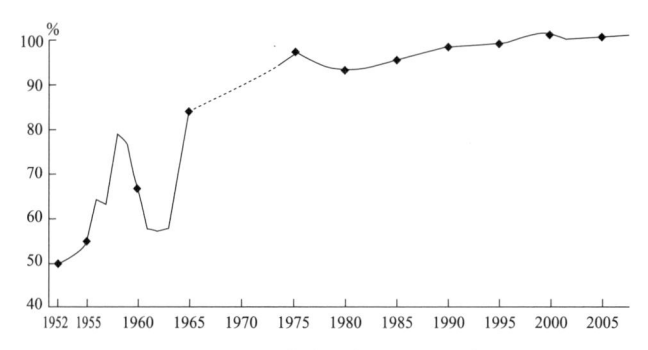

図 8-1 中国における教育の普及 (1)：初等教育の進展
出所) 園田・新保 (2010) 図 3-1 より。

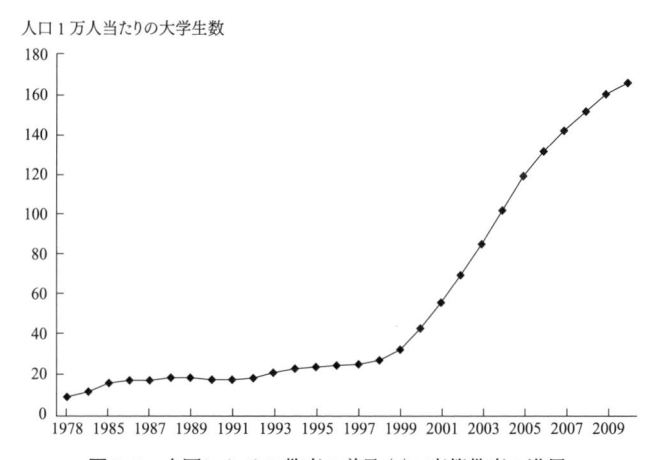

人口 1 万人当たりの大学生数

図 8-2 中国における教育の普及 (2)：高等教育の進展
出所)『中国統計年鑑』2000 年版および 2011 年版より筆者作成。

いる。しかし，急激な大学の拡張は卒業生の就職難という難問をもたらすことにもなった。

4. 中国における教育の収益率とその効果

こうした教育普及の背景に人々の教育に対する認識が大きく変化したことが

挙げられる。図 8-1 の就学率の動向では明らかではないが，1980 年代，改革開放が始まって初期はまだ毛沢東時代の教育の影響が残り，とくに農村においては児童の中途退学率が高かった。農村における人民公社制の廃止と個人農化は農民の農業生産意欲を高め，子供たちに対して「学校よりも仕事を」優先させたのである。当時，文革における「勉強無用（読書無用）」論に続く第 2 の勉強無用の風潮に警鐘が鳴らされていた[8]。しかし，市場経済化が本格的に始まると，「教育は収入につながる」，つまり教育の収益率の高さが農民たちにも認識されるようになった。その結果生じたのが以前とは全く逆の過熱した教育熱である。

中国における教育の収益率の推計にかんしては Hossain（1997）をはじめとして，数多くの英語，中国語論文と少々の日本語論文とがある。そのうち，重要と思われるものを選び，そこから中国における教育の収益率とその動きを見ておこう。

まず，毛沢東時代にかんしてであるが，当時は，前章でも見たとおり所得格差が少なくとも都市部においてはきわめて小さかったから，教育の収益率が小さく出ることは当然予想される。とくに文化大革命時，一定期間教育は事実上停止していたから，そうした傾向は強く出ているだろうと予想される。毛沢東時代の教育の収益率にかんする研究はデータの関係上非常に少ないが，記憶回想という手法を使い，多数の都市住民に過去のいくつかの時期における所得を聞き取り，それに教育経験，年齢，さらに下放経験の有無などを変数に入れて，毛沢東時代とそれ以前，それに改革開放以後における教育の収益率を求めるやり方もある（Fleisher and Wang 2005）。その結果，文革中の，たとえば「上山下郷運動」のように学生たちが農村や地方へ送られたことによる影響はそれほど大きくないこと，また予想どおり毛沢東時代の教育の収益率はきわめて低く，文革末期の大学生の収益率はわずか 4.5％でしかなく，改革開放後もしば

---

8) 中国で「教師節」が設けられ，教師を称揚することが公式に決められたのが 1986 年である。逆にいえば，それまで教師は，とりわけ農村において高く評価されてこなかった。私が 1986 年秋に山東省の農村で行った聞き取り調査でも，複数の「田舎教師」が率直にそのことを認めていた。

らくそうした低い教育の収益率の状況は続くが，1990年代から著しく高まっていったことが実証されている。

他方，Zhang et al. (2007) は5都市，914組の双子のデータを用いて文革の収入に与えた影響を計測している[9]。彼らは，文革世代と非文革世代にグループを分けたとき，教育の収益率に差があるかどうかを検証した。その結果，文革世代グループの方が教育の収益率がやや高いという予想外の結論が得られた。これはさまざまに解釈できるが[10]，文革が人的資本の形成に絶対的に悪影響をもたらしたという通念に対して，それを頭から受け入れていいのか，慎重であるべきことを教えているようである[11]。

改革開放以後の教育効果にかんしては，中国国内を中心に数多くの，主として都市における私的収益率にかんする実証研究が行われてきた。董・郝 (2011) に従って，これまでの研究成果を要約しておけば，次のようにいえるだろう。まず，(1) 社会的収益率の方が私的収益率よりも高い[12]。このことは，教育投資の持つスピルオーバー効果の高さを示している。次に，(2) 改革開放以来，中国の教育の収益率は高まってきたが，今世紀に入ると収益率の上昇傾向に歯止めが掛かってきた[13]。ある推計では，1989年に1.1〜2.2%だった収益率はその後上昇し，2006年には6.0〜6.4%に達したという（銭・易2009）。さ

---

9) 双子，しかも一卵性双生児のデータを用いたのは，家庭や本人の潜在能力の影響を除去した効果を見るためである。
10) たとえば，文革によって技術的知識の吸収は妨げられたかも知れないが，社会の現実を知ることによって，意識が高まったと解釈することもできる。また文革世代は学習期間が短かったので，限界的収益率は非文革世代のそれに比べて高かったのかも知れない。
11) 注意しておくべきことは，文革時代の教育の収益率と，文革時代に育った年齢層，あるいは文革中に学校に行けなかった年齢層の改革開放以後の収益率とは違うことである。現在の中国社会の中堅以上を担っているのがこの文革世代であり，彼らはいろいろな分野で活躍している。彼らに聞いても「文革中，農村に数年行ったこと（上山下郷）は無駄だった」と過去を悔いている人は多くない。
12) 欧米における中国の教育の収益率にかんする比較的初期の計測例であるHossain (1997) によれば，1993年時点における初等，中等，および高等教育の収益率は，いずれも私的な収益率が社会的収益率を上回っていた。
13) たとえば李（2010）によれば，農村における教育のミンサー型収益率は5%以下と国際的にも低く，市場経済化とともに徐々に上がってきて，2004年には7%程度にまでなったが，それ以後むしろ低下し始めているという。

らに，(3) 女性の収益率が男性よりも高い。北京の女性の教育の収益率は 8％ で，男性よりも約 3％ 高かった[14]。また，(4) 都市の収益率は農村のそれよりも高く，ある研究では都市の収益率が大体 8％ だったのに対して，農村労働力のそれは 4％ ほどだった。(5) 所有形態別でも教育の収益率は異なり，一般に民営部門の収益率は国有部門のそれよりも高く，国有独占産業の場合は独占利潤のせいで比較的高い収益率を生み出している。(6) 教育水準が上がるに従って，収益率は高くなる傾向にある。このことは，現代中国において進学熱や留学熱，それに学歴社会化が激しくなったことの背景ともいえる。(7) 地域別に見ると，発達した東部沿岸部の教育の収益率が比較的高い。これは，沿岸部における経済成長が教育ブームを引き起こし，教育の高い収益率がよりよい人材を惹きつけたことと関連しているものと思われる。

　農民工の教育の収益率はとりわけ大きな関心を呼んできた。彼らの教育の収益率を計測した武（2009）は，社会科学院の調査データを基に，都市勤労者＞農民工＞農民の順に教育の収益率が高く，しかも訓練を受けた農民工の収益率は，同じく訓練を受けた都市の労働者のそれよりも上だったという。ほぼ同様の結論は，珠江デルタ 9 都市を調査して分析した羅忠勇（2010）によっても与えられている。もしこれらの計測が正しいとするなら，農民工がなぜ農村を離れるのか，その理由の一端が理解できる。また，農民，農民工，都市勤労者という 3 つの階層に所得格差が生まれる背景もこれにより一部説明できそうである。

　以上，改革開放以後の中国における教育の収益率について簡単にサーベイしてきたが，もちろん，こうして得られた結論は絶対的なものではない。調査データや調査時期，調査地域，さらに調査方法などによって収益率の計測結果が異なることは十分ありうる。また，説明変数をどのように増やすかによっても値は変わってくる。しかし，確かに一部に標準パターンから外れる傾向も見られたが，大きな趨勢として見たとき，これらの中国の収益率は決して国際的な一般的傾向（標準パターン）から著しく乖離しているわけではないことが分

---

[14] 農民工を別にして，女性の教育の収益率が男性より高いことは中国でも定説化している。黄・姚（2009）では，その結果にかんするサーベイがなされている。

かる。

5. 教育の収益率のダイナミックス

　教育の収益率は，前章で議論した格差の問題や第7章で取り上げた労働移動の問題に密接に関連している。すなわち，都市農村間の教育の収益率に格差があると，農村内の中学や高校を出たものはより高い収入を求めて都市へ移動するだろう。その結果，都市農村間に学歴格差が生じることになるし，しかも若者の移動が進めば進むほど格差は拡大していく。これがハーシュマンのいう「分極効果」である（第7章参照）。また高卒や中卒よりも高等教育の収益率が高いならば，農民の親たちは自分の子供たちを大学まで行かせようと必死になって働く。女性の方が教育の収益率が高いとなると，親は以前は軽視していた娘の教育にも比較的熱心になるだろう。この娘たちもよりよい収入を求めて都会へと流れていく。こうして教育の収益率格差が収入の格差を生み出し，また拡大させていくことになる。

　不平等は前章で見たクズネッツの逆U字仮説が示唆するように，一面では成長を促す要因になりうる。たとえば，格差が労働移動を生み出し，それが成長力をもたらし，その結果いずれは格差縮小のメカニズムが働き始めることも期待できるかも知れない。農民が農村から離れ農民工となって都市に出ていき，以前よりは高い収入を得るようになると仕送りによって農民たちの生活も豊かになり始める。それが教育投資の増大をもたらし，さらに多くの所得を獲得できる機会を持つようになる。こうした教育，格差，成長のダイナミックな関係が農民工（出稼ぎ労働）を通じてできるかも知れない。他方で，不平等は教育投資の適正配分を阻害し，成長力を削ぐものにもなりうる。かくして，分配と教育，それに成長とはいかなる関係があるのか，実証分析の結果に委ねられることになる。

　たとえば，龍（2011）は2000-08年の省別パネルデータを用いて，教育の不平等度，分配の不平等度（いずれもジニ係数で測る）と成長率の間にどのような相互依存関係があるのか，モデル（ラグ付きの連立方程式）を作って計測し，

分配の不平等は成長率にかんして抑制的であること，分配の不平等は教育の不平等をもたらすが，2年後には関係は逆転し，分配の平等化が教育の不平等を拡大すること，また長期的に見て分配の公正化が教育格差を改善していないこと，といった興味ある結論を導いている。あるいは，徐（2010）は分配の不平等度を分解し，技術水準，ならびに技術のある労働者（彼らの教育の収益率は当然高い）と技術の低い者の割合（これが技術進歩の性格によって決められる）によってどう変化するかを調べている。その結果，教育程度が高まるにつれて分配の不平等度は低下するが，技術偏向的な技術進歩はむしろ格差を拡大させることを，理論的に，かつ実証的に見出している。

　これらの結果はジニ係数の取り方や技術進歩の性格の測り方，あるいはそれらに関わる制度にも大きく関係してくるので，あくまでも仮説でしかないが，いずれにせよ，教育の不平等が労働市場や技術教育など，関係する制度と政策に大きく関わってくることだけは間違いないだろう。

第9章

環境クズネッツ曲線と中国の環境問題

はじめに

　開発経済学に環境問題が登場してくるのは1970年代以降である。それまでは自然・環境はある種の自由財と考えられていた。しかし1968年に国連のブルントラント委員会報告が出て,「持続可能な発展 (sustainable development)」という概念が誕生し,そして定着するに従い,開発経済学も環境問題を無視できなくなったし,また重視するようになった。中国における環境問題が注目を集めるようになったのは,やはり改革開放以後のことである。毛沢東時代にも環境問題は存在していたが,経済発展レベルが低かったこともあり,「中国的な」やり方(後述)で廃棄物や汚染が処理されてきた。

　本章では,まず環境と経済発展との関係や,環境問題で取り上げられるいくつかの基本的概念やモデルについて説明し(第1節),次に経済発展における環境問題を論じるさいに必ず出てくる環境クズネッツ曲線とその意味について考える(第2節)。そのうえで,この仮説が中国に妥当するのかどうかを検討する(第3節)。そして中国における環境政策の変遷を毛沢東時代から今日まで追いかけ(第4節),最後に地球温暖化問題に見られる中国の「途上国としての」主張を再検討してみよう(第5節)。

1. 環境と経済発展

　生産に用いられる資本には物的資本のほかに，前章で取り上げた人的資本があるが，環境意識の高まりとともに，「自然（ないしは環境）資本（natural or environmental capital）」という概念が生まれ，定着してきた。人間にとって自然環境は切っても切れない関係にあるが，従来はそれは自由財（free goods）と見なされ，使ってもタダ，廃棄しても誰もその費用は負担しないものと考えられてきた。しかし，自然資本は無限のように見えても実は有限なものであり，その資本を使うには費用がかかること，あるいは誰かがいつかは払わなければならないことが次第に認識されるようになった。大気でさえ有限なものであり，ましてや水は有限だからこそ価格が付くのである。

　公害は，こうした自然資本を汚染することによって外部不経済（external diseconomies）が発生することから生まれる[1]。たとえば，上流にある化学工場が汚水を流すことによって下流の住民の生活が侵害され，また水を使用している工場が被害を受けるとすれば，それがここでいう外部不経済に当たる。この外部不経済を内部化することによって公害問題を「経済学的に」解決しようとして持ち出されたのがピグー税（Pigovian tax）である。すなわち，公害排出企業の場合，社会的限界費用と私的限界費用とが大きく乖離しており，本来支払うべき社会的限界費用を支払っていないのだから，それと私的限界費用との差を税として支払え，という議論である。

　このことを図を使って説明しよう[2]。いま，ある工場が汚染物質の排出を含む生産をし，また簡単化のために生産量と汚染排出量とは比例するものとする。汚染は周囲の住民の健康を害し，汚染を削減すれば人々の健康の向上とそれによる医療費の低下という便益が得られる。生産が拡大するにつれて汚染物

---

[1] 公害は public nuisance（公的な不法妨害）という比較的軽度のものから，重度な環境汚染（environmental pollution）まで多種多様である。騒音を立てて近隣住民の安眠を妨害するのも一種の公害であるが，それは public nuisance といわれ，通常は環境汚染とは呼ばない。しかし，静かな大気という自然資本を不自然な音響によって汚染しているという意味では，やはり環境汚染の一種であると解釈できる。

[2] 以下の2段落は，中兼（1999）第9章第2節からの一部抜粋である。

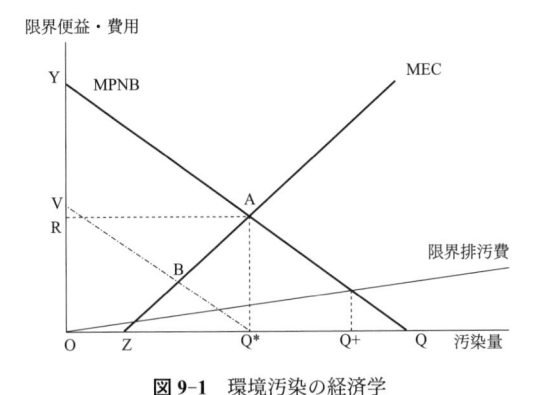

図 9-1　環境汚染の経済学
出所）天野（1997），43 ページの図を修正して，筆者作成。

質の排出量も増加するから，限界外部費用（MEC：marginal external cost），すなわち，1 単位の生産，1 単位の汚染物質を排出することによる被害の増大率は増加し，また生産を 1 単位増やしたときの私的限界便益（MPNB：marginal private net benefit），すなわちその生産物の私的限界便益から私的限界費用を除いた額は低下すると仮定しよう。そのとき，MEC と MPNB とが交わる A 点で決まる汚染量 Q^* が「最適汚染水準」となる（図9-1 参照）。あるいは，そのとき社会的便益（図の OYAZ）は最大となる。

ところで，私企業が私的利益を最大化しようとすると図 9-1 の Q 点まで汚染排出が増大するから，Q^* 点にまで自動的に生産・汚染を抑えるには私的費用を社会的費用に一致させればよい。そこで，Q^* 点における限界外部費用 Q^*A に等しい税をその工場の生産に課せば，その工場は社会的費用を組み込んだ純便益を最大にするように生産決定をするだろうと考えられる。これがいわゆるピグー税と呼ばれるものである。もちろん，直接規制によって汚染排出を抑制することはできる。しかしそれには規制のためのさまざまな費用がかかってくる。そのうえ，工場ごとに限界純便益，言い換えれば限界排出削減費用を均等化することは，現実にはありえない。しかしピグー税を導入すれば一律均等化は達成でき，かくして「経済理論的には」この汚染問題は「解決」されることになる。

ところが、実際このピグー税を実施することは不可能である。というのは、適用すべき税率を決定するには、全ての汚染工場の限界外部費用と限界排出削減費用にかんする完全な情報が必要となる（植田ほか1997, 22ページ）。したがって、限界外部費用に等しい税率をかけるというピグー税は実際に採用されたことがない。それに代わって、目標とする汚染（削減）水準を予め決め、その目標を達成するような税率を求める、いわゆるボーモル＝オーツ税の構想が浮上し、実際に一部の先進国でそれに近い税が採用されたのである（同上、第2章以下）。

　他方、取引費用がない理想状態の場合、公害は私的所有権を自然資本に付与することで交渉によって解決できるというのがコースの定理である。河が自然資本で、所有権が確定していないから化学工場は汚水を垂れ流すのである。もしこの河がある人の所有物だとすると、化学工場が無断で汚水を流すことを許さないだろう。そこで河の所有者と化学工場との間で交渉が始まり、「適切な価格」で汚水取引がなされる。また、高額の汚水垂れ流し料を支払わなければならないとすると、工場はできるだけ排水量を削減するように努力するだろう。こうすれば「社会的限界費用」を計算することなしに、公害が経済学的に解決されるはずである。

　同様なテーマとして「コモンズの悲劇」が挙げられる。すなわち、コモンズ（commons）という共有地があり、人々が自由にそこに羊を放牧できるとすると、羊の数が増えすぎて草がなくなり、荒れ地になってしまうケースがコモンズの悲劇といわれる。その場合、コモンズを誰かの所有地にすれば、所有者が適切に放牧地を管理するはずだから、そうした悲劇は起こらない。これも所有権を確定することにより、経済学的に解決されることになる。

　しかし、考えてみれば分かるように、こうした純経済学的思考と解決案には大きな無理がある。すなわち、公害（環境汚染）という外部不経済は他の外部不経済、たとえば鉄道廃止といった工場周辺の経済環境の変化による不経済とは質的に異なり、人間の生命や健康に直接絡んでいる。上記の例でいえば、河の所有者と化学工場との間で取り決められた「適切な価格」が汚水排出を可能とするといっても、そのために周辺住民の生命に危険が及ぶとすると、人命は

「地球よりも重い」という倫理原則が尊重・厳守される限り，その価格は本来「禁止的」でなければならないはずである。数人の生命が犠牲になることがほぼ確実に予想されるならば，1人当たり何千万円かの賠償金を取引価格（社会的限界費用）に組み込むような価格設定は認められない。同様に，回復不可能な公害や環境破壊をもたらす環境問題には，社会的限界費用を測ること自体が不可能になってくる。2011年3月11日に福島で起こった原子力災害は，取り返しのつかない被害を環境に与えてしまった。それを経済学的に処理することは事実上不可能である[3]。

2. 環境クズネッツ曲線

　環境問題を経済学的に解決することが理論上，あるいは倫理上困難だとしても，実際に経済発展の過程で環境問題は発生し，時には重大化するため，その抑制に取り組まなければならない。そうした環境問題の深刻さ，重大化，あるいは緩和は経済発展とどのように関係しているのだろうか？　このことを考える出発点というべき仮説が環境クズネッツ曲線（environmental Kuznets curve）である。すなわち，開発の初期には工業化も進んでいないので環境汚染は大したことはないが，開発とともに工業化が進み，また生活水準も向上し，モータリゼーションが進展してくるに従って，環境汚染が重大化していく。その段階では人々は環境の質よりも豊かさや雇用を求める。しかしある点を過ぎると，汚染抑止技術の導入が本格化し，また人々の環境意識も高まって，汚染が抑制されていく。このプロセスが逆U字を描くので，ちょうど所得分配におけるクズネッツ曲線にも似ていることから，環境クズネッツ曲線と名付けられている。

　それでは実際にこの仮説は妥当するのだろうか？　1990年代の初めに出たグロスマン＝クルーガーの論文以来，この仮説をめぐって今日まで数多くの実証研究が積み重ねられてきた（Grossman and Krueger 1991）。基本的にこの仮説

---

[3] 大気や海中に放出された放射性物質は，単に日本だけではなく，世界に今後も被害を及ぼしていく恐れがある。それをどうやって賠償できるのだろうか？

の妥当性を支持する成果が比較的多いが，それでも決着がついたとはいえない。事実，厳密な立証となると多くの疑問が出されている（Kijima et al. 2010）。それは，統計的検定における技術的問題もあるし，汚染の尺度を何にするのかによって結論が違ってくる可能性もある。汚染の尺度は多くの場合，以下の3種類のうちどれか，あるいは全てが採用されている。すなわち，(1) 汚染量総量，(2) 1人当たり汚染量，(3) GDPに対する汚染の量（これを「汚染集約度 (pollution density)」と呼ぶ），である。また，環境汚染は複雑であり，地域や時期によって，さらに汚染物質の種類や環境汚染自体の性格によって，事情が大きく異なってくる。SO_2とCO_2，大気汚染，水質汚染，あるいは産業廃棄物による汚染を全て同じように扱っていいはずがない。また先進国の経験と途上国のそれが同じようにこの仮説を支持するものとは限らない。したがって，国ごとに，汚染物質ごとに，また汚染尺度ごとに環境クズネッツ曲線の形状や当てはまり具合が異なる可能性があり，実際のデータによって検証していかなければならない。

3. 中国の経済発展と環境クズネッツ曲線

　環境クズネッツ曲線を世界レベルのクロスセクションで見たとき，きわめて特徴的なグループ分けができる。すなわち，移行経済国の環境汚染度は同じ発展水準の非移行経済国と比較して，著しく高いことである（速水 1995，中兼 2002）。このことは，社会主義体制の方が資本主義体制よりもはるかに環境汚染的である（あるいはそうだった）ことを示している。資本主義企業は利益追求のために環境を汚染するといわれたが，社会主義国家は国家目的のために環境を犠牲にしてきたのである。しかし，移行経済国の中では中国はやや汚染度が低い。それは，中国が環境クズネッツ曲線の第2局面にある，つまり経済発展とともに汚染水準が相対的に低下し始めているからだろうか？　決してそうではない。

　中国にこの仮説を当てはめた実証研究は決して少なくない。一般には以下のような式を立てて実証を行っている。すなわち，

$$\ln y_{it} = \alpha_{it} + \beta_1 \ln x_{it} + \beta_2 (\ln x)^2_{it} + \beta_3 (\ln x)^3_{it} + e_{it} \qquad ①$$

ここで，ln は自然対数，y は CO_2 や SO_2 の総排出量などの被説明変数，x は 1 人当たり所得，i は地域，t は時間，e は誤差項をそれぞれ表す。逆 U 字仮説が妥当するなら，2 次項まで取り，$\beta_1 > 0$，$\beta_2 < 0$ になるはずである。また曲線が N 字型になっているなら，$\beta_3 > 0$ になる。

あるいは①式を拡張して，たとえば人口密度 D を入れた②式を用いる場合がある。

$$\ln y_{it} = \alpha it + \beta_1 \ln x_{it} + \beta_2 (\ln x)^2_{it} + \beta_3 (\ln x)^3_{it} + \gamma D_{it} + e_{it} \qquad ②$$

人口密度が高くなればなるほど，（他の条件を一定として）その地域の環境は悪化するはずであるから，$\gamma > 0$ になると思われる。

たとえば劉・閻・孫 (2011) は，CO_2 の総排出量，1 人当たり排出量，それに GDP 当たりの排出量という 3 種類を被説明変数とし，1 人当たり所得を説明変数にして 3 次までの項を入れた①の回帰式を当てはめ，1952-2007 年の時系列データと 1995-2007 年の省別パネルデータの各々に 1 次項，2 次項，3 次項にかかる係数の有意性と符号とを調べている。その結果，長期の時系列に当てはめた場合，3 種類の説明変数とも $\beta_1 > 0$，$\beta_2 < 0$，$\beta_3 > 0$ となった。それを図に描くと，y を CO_2 の総排出量と 1 人当たり排出量でとれば，1 人当たり所得 x との間に（逆 U 字ではなくて）N 字のような型の関係が見られるが，そこには転換点はなく，GDP 当たりの排出量を y にすると，はっきりした逆 U 字関係が見られる。一方，パネルデータに①式を当てはめると，CO_2 総排出量は線形の関係が（所得が上がれば上がるほど排出量は増加する），1 人当たり CO_2 排出量では逆 N 字型の，しかも 2 つの転換点が検出された。GDP 当たりの CO_2 排出量で見ると，L 字型の関係が見られ，転換点は存在しない，という結果が得られた。

許・宋 (2010) は上式の 2 次項までを 1990-2007 年のパネルデータに当てはめ，地域別に分けたとき，全国，東部，中部で 1 人当たり CO_2 排出量が 1 人当たり所得と逆 U 字の関係になるが，西部ではそうした関係が見られないこ

とを実証している。このことは，環境クズネッツ仮説が地域によっても違ってくることを示している。また He（2008）は，1992-2003 年の省別パネルデータを基に産業による SO_2 排出にかんして ② 式を用いてほぼ同様な実証を試みており，その仮設が妥当することを示している。ただし，それは y を 1 人当たり排出量にした場合であり，面積当たりの排出量，つまり排出密度でとると，この仮説は支持されない。

より広範囲な汚染物質を取り上げ，環境クズネッツ仮説の妥当性をテストしたのが Groot et al.（2004）である。彼らは汚水，廃ガス，固形廃棄物という 3 種類の汚染物質を取り上げ，1982-97 年の 30 省市自治区パネルデータを用いて，総量，1 人当たり排出量，それに GDP 比排出量を ① 式に基づいて 1 人当たり所得と回帰させている。その結果は単純ではなく，たとえば，汚水にかんしては仮説が妥当するようだが，廃ガスについては所得とともに単調に増加する傾向が見られる。他方，Song et al.（2008）は 29 省市自治区の 1985-2005 年のパネルデータを利用し，同じように廃ガス，汚水，固形廃棄物という 3 種類の汚染物質の 1 人当たり排出量を被説明変数に取り，① 式を当てはめて実証を試みている。その結果，3 種の汚染物質とも所得水準に対して逆 U 字の関係が見られるが，汚水の場合には逆 N 字関係（ただし転換点が明瞭ではない緩やかな曲線を描く）があることを発見している。

いくつかの汚染量を総合して，総合汚染指数（pollution index）を作成し，それが所得水準の動きとどのような関係にあるのかを探ったのが Brajer et al.（2011）である。彼らは 2 種類の汚染指数を作り，3 種類の汚染物質個々のケースと同様に環境クズネッツ曲線を 139 都市，1990-2006 年のデータに当てはめ，概してその仮説が妥当することを実証している[4]。

ところで，このような環境クズネッツ曲線の存在，あるいは有効性を実証することは，一体中国にとってどのような意味があるのだろうか？ どうやらそこには，学術的，知的関心もさることながら，中国が，ないしは中国のある地区や都市がクズネッツ転換点の前にあるのか，後にあるのかを判断すること

---

[4] 取り上げた汚染物質は，SO_2，TSP（総浮遊粒子状物質），それに CO_2 である。

で，これからの環境汚染の悪化，ないしは改善を予測するという狙いがあるようである。言い換えれば，もし中国がその転換点の前に位置しているのなら，転換点に到達するためにあとどのくらい時間がかかりそうか，まだどの程度今後成長しなければならないのかが分かるし，逆に転換点を過ぎていれば，「自然に」環境が改善されていくことが期待されることになる。

4. 中国における環境政策の変遷

　毛沢東時代から今日に至るまで，長い歴史的視野の中で中国の環境政策の変化を見た場合，次のように区分することができるだろう。すなわち，公害や環境問題がほとんど意識されることがなく，積極的な対策が取られることのなかった毛沢東時代から，それを意識しつつも，それほど重大視しなかった改革開放の初期（およそ1980年代まで），そして本格的に対策に取り組むようになったそれ以降今日までの3期に分けられる。

　毛沢東時代は，ソ連と同様に公害に対する意識が非常に希薄だった。それは，1つには発展水準が低く，環境よりも生産が優先されたためであり，もう1つには公害は利潤追求の資本主義経済に特有なものであり，社会主義経済には起こりえないという「神話」があったためである。とはいえ，中国の指導者や政策当局者が公害問題に全く無関心だったかといえば，決してそうではない。1972年にストックホルムで開催された「国連人間環境会議」には代表団を送っているし，1973年には「環境の保護と改善にかんする若干の規定」（試行）が制定されている（植田2004）。実際，1973年に中国を訪れた我国公害研究の第一人者だった宇井純は，中国側からしつこいほどに日本の公害問題について尋ねられたと回想し，中国当局が当時公害問題に相当敏感になっていたことを窺わせている（宇井2004）。しかし現場ではそうした敏感さは見られなかったようで，現地を視察した彼は次のように述べている。

　「煤塵とか有毒ガス――多分，塩素酸カリの工場でしたので塩素ガスか二酸化塩素かの話だろうと思うのですが，そういうものについてはさすがに止める努力もある程度していました。しかし，全体として工場から出るものについて

はかなり無頓着で，その一例ですが，上海の燎原化工というかなり大きな工場でガスが漏れて周辺の農村に被害が出て補償したという話を聞きました」（同上）。

ましてや情報が統制されている以上，人々が他の地域で起こった公害事案を知ることはほとんどなかった。松花江における水銀汚染，それに起因する「水俣病」の発生は有名であるが，情報の非公開が被害の拡大を促した。しかし，それを止める手段が当時の中国にはなかった[5]。

毛沢東時代，一種の鎖国政策を採っていたこともあり，中国の技術は先進国に比べて大きく後れていた。ところが宇井は，そうした時代の中国における「土法」的な環境保護技術，たとえば煙突の前の煙道に仕切りを作ってススを除去する簡単な煤塵吸収装置を労働者が考え出したことに驚き，賞賛していた（宇井 1976）[6]。これはある意味で開発経済学における「適正技術（appropriate technology）」の一種といえようが，こうした装置によっては亜硫酸ガスは除去できない。近代的な脱硫装置を付けなければ解決できず，当時の中国はこうした技術に欠けていた。

そして何よりも産業構造が公害排出型だった。すなわち，序章と第 2 章で論じたように，毛沢東時代は重工業優先発展政策が採られ，鉄鋼，石炭，化学といった公害型産業が優先されて発展した時代だった。そのうえ技術が後れ，また政策当局の意識が「環境よりも成長」にあったから，三重の意味で公害が拡大していったといえよう。

---

5) 1976 年の唐山地震は 20 万人余りの犠牲者を出したと言われるが，そうした巨大な被害でさえ当時その実態は秘密にされていた。ましてそれに比べれば規模の小さい公害被害など，公表に値しないと政府は考えていたのだろう。

6) 彼は次のように述べている。「そういう話を聞きまして，やはりしろうとが本当にこわい。つまり，われわれは技術というものは技術者だけがもっているもので，労働者なんか何も知らないというふうにずっと学校で教えられておりますけれど，これはとんでもない間違いでして，現場で毎日働いていて技術とは一見縁のない労働者が，実はこういうものを作りあげていく」（宇井 1976, 24 ページ）。近代化批判が，一種の「大衆」とか「労働者」崇拝にねじれて転化していく典型例をここに見ることができる。これは，大学教授を「専門馬鹿」と貶した 1960 年代末の日本の大学紛争における学生たちの発想，あるいは文化大革命が吹き荒れた中国において，犬小屋 1 つ造れなかった建築学の大教授を革命派（学生）が揶揄した時の考え方に通じるものがある。

そうした状況は改革開放以後大きく変わった。1つは，環境汚染が深刻であることを当局が積極的に認め，情報も（一定程度であるが）開示するようになったことである。もはや公害をひた隠しにできる時代ではなくなった。もう1つは，公害防止には「適正技術」や「土法技術」では駄目で，近代的な技術の導入が必要だと認識するようになったことである。とはいえ，市場経済化の進展に政府の環境保護政策がついていけず，そのうえ，依然として「環境よりも経済（重経済，軽環境）」という観念が政府当局者や人々の頭の中にはあった。それゆえこの時代，中国の生態環境は悪化の一途を辿ることになった。「国内の多くの地方でスモッグがたなびき，汚水が垂れ流される"工業病"現象が現れ，環境問題のいっそうの悪化を食い止めるために，環境政策は汚染物資の排出を抑制し，工業の"三廃"（排ガス，汚水，廃棄物）を治めることが主になった」（李・陳・文 2008）。

1979 年の「環境保護法（試行）」において導入された環境汚染対策に「排汚費（汚染課徴金）」という制度がある[7]。すなわち，汚染物質の排出に対する罰金であり，一見すると前述したピグー税にも相当するように見えるが，決してピグー税そのものではない。というのは，社会的限界費用を計算してその徴収額を決めたものではなく（それが不可能であることはすでに述べた），私的限界費用に一定額を掛けたものに等しいからである。それゆえ，この費用を払いさえすれば後は「自由に汚染が可能」と受け取られやすく，図 9-1 にも示されているように，ピグー税を課したときに「理論的に」抑制されるはずの排出量 Q^* よりも多くの汚染物質の排出 $Q+$ を可能にしてしまう。したがって，地方政府の財政収入の増加にはなっても，本来の目的である公害防止や抑止にはほとんど効果がなかっただけではなく，むしろ公害を悪化させる要因の1つにもなった。

1989 年には「環境保護法」が制定され，本格的な環境保護制度が始まることになった。これが中国環境政策の第3期の始まりといえるかも知れない。それ以後，さまざまな環境関連の法律が制定されてきた。たとえば，水汚染防治

---

7) この制度にかんしては，櫻井（2004）が詳しい。

表 9-1　環境改善状況

	1990	1995	2000	2005	2010
工業排水量（万立方メートル）	2,486,861	2,155,111	2,218,943	2,159,779	2,118,585
うち処理した量	802,382	1,984,520	2,156,615	1,989,533	2,030,907
処理率（％）	32.3	92.1	97.2	92.1	95.9
廃ガス総排出量（万トン）	85,380	113,630	123,407	268,988	5,191,168
SO_2 排出量（万トン）	1,494	1,825	1,891	2,549	2,185

出所）『中国統計年鑑』各年版の数値を基に筆者計算。

法（1996年改正），大気汚染防治法（2000年改正），固形廃棄物環境汚染防治法（1995年），海洋環境保護法（2000年改正），環境影響評価法（2002年）などである。また第8次5カ年計画（1991-95年）以降，環境改善の目標がいっそう明示，強調されるようになり，こうした政策の展開によって，確かに公表数字から見る限り，汚染状況は改善されてきた。一例として工業排水量やその処理率，さらには SO_2 の排出量の推移を見てみよう（表9-1参照）。明らかに中国の環境は1990年代以降全体として，また傾向として改善してきており，その傾向は今日まで続いている。他の指標，たとえば固形廃棄物とその処理でとってもほぼ同様の結論が得られる。

　公式統計によれば，北京の2010年における「空気の質が2級以上」の日数は286日であり，2005年の235日より大幅に改善されたことになっている。しかし，中国がいう「空気の質」とは何だろうか？　2011年11月のCNNニュースは次のように伝えている。

　「北京の空を見上げると，時折重い霧が立ちこめ，ほこりが上空へと流れていることがある。そういう日に中国国家環境モニタリングセンターのウェブサイトを確認すると，大気汚染のレベルは『若干の汚染がみられる』と表示されている。他方，在北京米国大使館が大気汚染の程度をモニタリングし，その情報を公開しているアプリケーションでは，この日は『有害』と表示されていた。なぜこうした相違が生じるのか。北京市の環境モニタリングセンターを訪ねたところ，米国から輸入した計測機器を使っているとの返答が得られた。だが，基準が違うのだ。どちらも大気中に浮遊する粒子状物質（PM）を測定し

ているが，中国は粒径 10 マイクロメートル（マイクロは 100 万分の 1）以下（PM10），米国は同 2.5 マイクロメートル以下（PM2.5）という基準をそれぞれ採用している。PM2.5 の方が人体への悪影響が大きいとされる。米国大使館では，大気汚染の程度を 1（最も清浄）〜500（最も汚染の程度が大きい）の値で評価しており，米国内で許容上限とされる値は 35 である。しかし，北京では値が 400 近くに達する日もあるという」(CNN ニュース 2011 年 11 月 28 日より)。

中国の環境問題の解決は容易なことではない。第 10 次 5 カ年計画（2001-05 年）の環境計画達成状況を調べていけば分かるように，全て達成できたわけではないことはもちろん，計画には載っていないが，たとえば砂漠化は予断を許さない危険性を帯びている。問題は，質よりも量を追い求めてきたこれまでの開発戦略をなかなか修正できない点にある[8]。この点を含めて，次章で論じることにしよう。

5. 国際環境問題と中国の主張

2011 年に地球温暖化をめぐる国際会議 COP（Conference of the Parties）17 がコペンハーゲンで開かれ，予想どおりというべきか，先進国と途上国の対立により意見が集約できなかった。この会議における「主役」だったのが中国である。なぜなら，中国はいまやアメリカを抜き，世界最大の温室効果ガス排出国に躍り出たからである。歴年の，国別 CO_2 排出量を見てみよう（表 9-2, 9-3 参照）。1 人当たりで取ると中国はまだアメリカの 1/4 以下であるが，地球環境に与える影響は総量で見なければならないから，中国は国として世界で最も地球温緩化に責任を持たなければならない国に「昇格」したといえよう。

国際環境問題に対する中国の明示的，あるいは暗黙の立場と主張は次のように要約できそうである。

---

[8] 中国の環境問題の現状や取り組み，そして中国の持続的成長に向けた資源環境制約については，堀井編（2010）が詳しい。

表 9-2 各国の CO_2 排出量の推移

(億トン)

	1971	1973	1980	1990	1995	2000	2005	2006	2007
北米	4,670	5,070	5,184	5,242	5,540	6,191	6,340	6,236	6,321
アメリカ	4,331	4,701	4,755	4,825	5,096	5,680	5,807	5,713	5,792
欧州	6,194	6,732	7,646	8,027	6,507	6,310	6,557	6,654	6,608
欧州OECD	3,698	3,993	4,171	3,897	3,794	3,856	3,998	4,012	3,966
欧州非OECD	2,496	2,739	3,474	4,130	2,713	2,454	2,560	2,642	2,642
旧ソ連	2,253	2,471	3,106	3,745	2,440	2,222	2,306	2,376	2,375
アジア	2,131	2,428	3,300	4,947	6,232	6,819	9,428	10,077	10,659
中国	882	976	1,507	2,317	2,952	3,043	5,079	5,620	5,973
日本	746	891	913	1,060	1,137	1,183	1,205	1,198	1,220
OECD30	9,438	10,337	10,861	11,007	11,430	12,370	12,823	12,737	12,842
非OECD	4,573	5,075	7,060	9,559	9,664	10,231	13,403	14,244	14,955
世界	14,528	15,984	18,471	21,183	21,787	23,420	27,177	27,972	28,829

出所）エネルギー・経済統計要覧（2010）より。

(1) 温室効果ガスをこれまで最も排出してきたのは先進国である
(2) それゆえ，温暖化防止は先進国に主たる責任がある
(3) 中国は1人当たり排出量では依然として少ない
(4) 途上国にとっては経済発展が大事である
(5) 経済発展してきた先進国が地球を汚染してきた以上，途上国が汚染することに対して先進国は批判できない

　これらのうち，(1)は事実であることを認めるとしても，だからといって(2)は成り立つだろうか？　途上国も温室効果ガスを排出している以上，応分の責任は負ってしかるべきだと思うが，彼らにとっては(4)のロジックがある。(5)の主張は現在では強く途上国から出されているわけではないが，かつては一部の途上国がこのように主張していたことは確かである。中国としても本音はこのようなものだと思われる。しかし，最大の排出国となった以上，中国もある程度姿勢を軟化せざるをえなくなったようで，COP17で解振華（中国国家発展改革委員会副主任）は，2020年以降なら法的拘束力を備えた温暖化対策の新たな枠組みに中国が参加する意思があることを示唆した[9]。

表 9-3 各国の1人当たり CO_2 排出量の推移

(トン)

	1971	1973	1980	1990	1995	2000	2005	2006	2007
北米	20.4	21.6	20.6	18.9	18.7	19.8	19.3	18.8	18.9
アメリカ	20.9	22.2	20.9	19.3	19.1	20.1	19.6	19.1	19.2
欧州	8.31	8.88	9.60	9.51	7.59	7.30	7.49	7.58	7.50
欧州OECD	8.26	8.26	8.81	7.86	7.46	7.43	7.49	7.47	7.34
欧州非OECD	8.39	9.03	10.8	11.9	7.77	7.10	7.51	7.76	7.76
旧ソ連	9.19	9.9	11.7	13.0	8.39	7.72	8.10	8.36	8.35
アジア	1.04	1.14	1.35	1.70	1.98	2.02	2.64	2.79	2.93
中国	**1.05**	**1.11**	**1.54**	**2.04**	**2.45**	**2.41**	**3.90**	**4.29**	**4.53**
日本	7.06	8.24	7.82	8.58	9.07	9.32	9.43	9.38	9.55
OECD30	10.7	11.4	11.2	10.6	10.5	11.0	11.0	10.9	10.9
非OECD	1.59	1.69	2.04	2.27	2.11	2.07	2.54	2.67	2.77
世界	3.87	4.09	4.17	4.03	3.85	3.87	4.22	4.30	4.38

出所）エネルギー・経済統計要覧（2010）より。

　それでは，われわれ地球市民は地球温暖化問題についてどう考えればいいのだろうか？　まず，地球環境は大事な公共財であることを確認しておこう。公共財は「排除非可能性（non-excludability）」という性格を持つ。つまり，私的財と違って他人が勝手に使うことを排除できない性質のものである。それゆえ「ただ乗り（フリーライド）」が可能になってくる。しかし，公共財を維持するのに費用がかかる以上，本来ただ乗りは決して許されない。たとえば，ある国Aが自分の力で多くの森林を育て，結果的に地球全体に対して酸素を供給していたとしよう。しかし別の国Bがその恩恵を受けつつ，しかも空気を汚染していたとすれば，森林国Aの折角の努力が無駄になってしまう。したがって，本来なら空気と酸素という公共財に対しては，その費用は原則としてその財を享受している全ての国，全ての人々が支払わなければならないはずである。とはいえ，B国が最貧困国ならばその負担を免除されてもおかしくはない。なぜなら，それが一種の国際援助になるからである。しかし，すでに相当程度発展した中国のような「中所得国」の場合（終章参照），まして世界最大の排出国

9）もっとも，インドなどの反対に遭って，その後この姿勢を公式には修正することになった。

である以上，公共財維持負担の一定程度の責任と義務を免れることは難しい。

　もし仮に国際環境税（仮称）なるものを創設し，各国の負うべき責任に応じて「税」を徴収し，その税で国際環境という公共財を保全しようとするなら，一体どのような原則で各国に税を割り当て，またどのような方法でその税を徴収するか，世界各国が考えるべき課題になる。1つの方法として，各国，各地域がこれまでの温室効果ガス累積排出量に基づいてその税を拠出すべきだとしたら，またそれが上記のロジック(1)と(2)にも適応していると考えられるのだが，中国は相当な税を払わなければならないはずである。

第10章

開発独裁モデル
中国における政府と市場の関係

はじめに

　以上，開発経済学に登場してきた，あるいは経済開発に関連して西側の経済学の文献に現れたモデルや仮説をいくつか取り上げ，それとの関連で中国の開発経験を論じてきたが，「開発」という計画的行為を実行するには政治や国家のあり方が密接に関係してくるので，最後に「開発の政治経済学」を議論することにしよう。ここでの中心課題は政府，ないしは国家と市場との関係で，とくに開発独裁モデルを中心に中国の特殊性を考えてみることにしたい。

　まず開発独裁と開発主義の概念規定を行い（第1節），次に，一般論として政府と市場の役割，ならびに両者の関係について整理する（第2節）。そのうえで，1990年代に話題になった「東アジアモデル」について開発論ないしは開発思潮的視点から回顧してみる（第3節）。それと関連するが，政府と市場との関係という文脈で中国はどのように特徴づけられるのか，国民党時代の台湾との比較を中心に考え（第4節），開発独裁論の1つの根拠となった「成長に有利な独裁制」という通説を考え直してみる（第5節）。最後に，1990年代以降開発思潮の一大潮流となったセンの「自由としての開発」論を中国に当てはめた場合，どのようなことがいえるのか，われわれの考えを述べよう（第6節）。

1. 開発独裁とは，開発主義とは

「開発独裁（developmental dictatorship or autocracy）」は 1980 年代頃から使われるようになった概念であるが，通常それは経済開発を至上目的として実施される独裁体制ないしは権威主義的政治体制のことを指している。この概念が開発経済学，というよりも一般に開発問題を議論するさいに広く用いられるようになったのは，東アジア，とくに民主化以前の台湾と韓国における華々しい経済発展が背景にあった。それに対して「開発主義（developmentalism）」という言葉はもう少し広い意味を含んでいる。末廣昭は開発主義を次のように定義している。

「個人や家族あるいは地域社会ではなく，国家や民族の利害を最優先させ，国の特定の目標，具体的には工業化を通じた経済成長による国力の強化を実現するために，物的人的資源の集中的動員と管理を行う方法」（末廣 1998，18 ページ）。

そこでは，「国民の物質的満足感や成長への期待を最大限利用する」成長イデオロギーが経済的ナショナリズムに代わって用いられる。このような開発主義を実施する体制が「開発体制」と呼ばれる。

「開発主義のイデオロギーが，①国家による投資資金の集中管理と運営，②人的資源（労働力）の配分と労使関係への介入，③国民各層の『成長の共有（shared growth）』を実現するための社会的遂行の 3 つを伴い，かつこれら 3 つの政策を実現するために，法律や制度・組織の整備を目的意識的に行う場合」を末廣は「開発体制」と定義している（同上）。

その開発体制はさまざまあるが，中でも独裁体制は開発主義実施主体としてきわめて便利である。なぜなら，体制にとっての利害がすなわち国家および民族の利害であり，反対党や民衆の意見を聞くことなく，特定目標実現のために資金を投下できるからである。その結果，実現できた経済成長の恩恵に民衆も与ることになる。かくして，独裁体制による政治的不自由さえ忍べば，また体制に従順である限り，人々の物質的，金銭的満足感は得られ，同時に国力が向上することに対する民族的誇りも得られ，この体制は政治的安定性を確保でき

ることになる。またその安定性がさらなる経済発展を促進するとも期待される。われわれの言葉で換言すれば，開発独裁とは狭義の発展だけを追求する体制といえる。

こうした開発主義，またそれを実行する開発（独裁）体制が，とりわけ途上国における開発初期・工業化段階では有効だとこれまでしばしば指摘されてきた。渡辺利夫は次のように指摘している。

「開発途上国とは，低開発段階にあるがゆえに，高成長を求めながら成長資源において厳しい制約下におかれている国ぐにのことにほかならない。それがゆえに開発途上国は，成長を極大化すべく，限られた資源を最大限有効に使う特定部門に，他の部門に先んじてこれを集中的に投下しなければならない。産業民主主義体制下で，こうした資源配分を実現することが容易であろうはずはない。多くの開発途上諸国において『開発独裁』と呼ばれる権威主義体制が一般的であったのは，何よりそのことの反映である。貧困からの脱出を求める後発国が，しかも厳しい国際環境のもとで急速な成長を遂げようとするのであれば，権威主義的体制は多かれ少なかれ不可避である」（渡辺 1990，5-6 ページ）。

このことを別の観点からいえば，次のようにいえるだろう。すなわち，途上国が独立を達成したあと経済的に自立しようとすると，市場が十分に発達しておらず，競争力のある民間企業や金融機関が育っていない段階で，国家による投資資金の集中管理と運営に頼らざるをえない（と指導者が考える）。こうした国家と市場との関係，そして成長を極大にするには，果たして渡辺のいうように権威主義体制が不可避なのかどうか？　民主主義体制の下では全く不可能なのか？　この問題についてはのちほど取り上げることにする。

このような開発主義や開発体制は，ある段階になると変容し，場合により崩壊・消滅する。これを開発主義の逆説（パラドックス）と呼ぶ。

「経済開発の実現ないしは失敗が，その理念としての意味を掘り崩してしまう，という逆説がある。伝統の確認や独立の維持とは異なって，経済開発には，実現すべき具体的な目標という側面がある。この場合，経済開発に成功すれば目的を実現した以上目標としての意味が薄れ，また失敗すれば，目標を実現できなかった責任が問われざるを得ない」（藤原 1998，103-104 ページ）。

事実，韓国では独裁者だった朴正熙大統領の暗殺（1979年）以後，比較的短命の全斗煥政権を経て民主化しているし，台湾ではほぼ同じ頃に蒋介石・蒋経国総統体制が終了し，民主的な李登輝体制が成立している。これは，いずれも経済発展と工業化という目標が一定程度達成された後だった。他方，岩崎育夫にいわせれば，開発体制は世界のキーワードが「独立国家の自立と開発」にあった時代の産物であり，それなりに効果があったが，1980年代末から世界のキーワードが「民主主義と市場」に変わると，権威主義と国家主導を柱とする開発体制はその存在理由を失ったという（岩崎1998）。すなわち，経済発展そのものではなく，世界の趨勢が変化したことが開発主義と開発体制を終息させたことになる。それでは，もし現在の中国が開発主義だとするなら，いずれはパラドックスが起き，そして／あるいは世界の潮流に即して，その開発独裁体制を変容させていくのだろうか？

　今日の中国の政治経済体制を「開発独裁」と呼んだのは毛里和子である（毛里1993，295ページ以下）。それは毛沢東時代後期にとくに鮮明に現れた「儒教的社会主義」を捨て去り，平等よりも豊かさを，政治よりも経済を，さらに精神主義よりも物質主義を選択した共産党の政策全体，体制そのものを的確に表している。彼女はこう述べている。

　「中国は社会主義を棚上げにしてあらゆる方法，手段を動員して豊かさを追求するようになった。残っているのは，党権力，一元的政治体制，そして建前だけの公有制である……これが，かつて台湾や韓国がとった開発独裁とどう違うのだろうか」（同，296ページ）。

　もし単純化して経済体制としての資本主義を「市場＋私有制」として特徴づけるなら，中国は資本主義そのものではないが，限りなく資本主義に近いし（あるいは，「中国的特色のある資本主義」），「資本主義経済体制＋権威主義政治体制」を開発独裁体制と定義するなら，中国のいまの体制は十分開発独裁と呼ぶに値する[1]。

2. 開発における国家・政府と市場

　そもそも開発過程において国家や政府はどのような機能を果たすのだろうか？　古来より政府と市場の役割については政策論および経済学における中心的テーマであり，また論争の中心だった。戦後に開発経済学が誕生すると，ローゼンスタイン＝ロダンの「ビッグプッシュ」論に代表される「正統派（orthodoxy）」開発論は政府の役割と機能を強調したし，貧困の悪循環論を展開したヌルクセやミュルダールも，基本的にそうした立場に立っていた。他方，バランやドッブといったマルクス主義者たちによる「異端派（heterodoxy）」開発論も，社会主義計画経済を是とする観点であるから，正統派よりもいっそう政府の作用を重視した[2]。こうした観点や主張が修正されるきっかけとなったのが，第8章でも紹介したシュルツの新古典派的開発論である。それは資本よりも人間や技術が，政府よりも市場が経済発展の鍵を握るという強烈な信念に満ちている。その延長上に「市場原理主義」ともいうべきワシントン・コンセンサスがある。そこでの基本的スローガンは，「価格を適正化する（getting the prices right）」だった。すなわち，政府の過剰な介入を止め，市場＝価格メカニズムに調整を任せることによって，途上国の不均衡が是正され，経済発展が可能になる，というのである。

　開発における政府の役割を体系的に論じたのが世界銀行の報告書『世界開発報告1997』である（World Bank 1997）。政府（原文では国家）の果たすべき機能を市場の失敗への対処と衡平性（equity）の改善の2点に分類し，それを最低限の機能，中間的機能，介入的機能の3種類に整理している（表10-1参照）。この中で，おそらく最も意見が分かれるのが介入的機能の領域で，とくに「民

---

1) 経済体制と政治・社会体制の性格づけにかんしては，中兼（2010a）第1章参照。なお，渡辺利夫は「中国における狭義の市場移行が（2000年前後に）終了したとすれば，いま中国に存在するシステムは資本主義にほかならない」という（渡辺 2009，252ページ）。しかし，所有制の面から見れば，中国はまだ完全な資本主義ではなく，「亜資本主義」にとどまっている。図1-1，および第1章の注7参照。
2) 開発思潮（development thinking）を正統派と異端派に分類したのは，Hunt（1989）である。

表 10-1 国家・政府の機能

	市場の失敗への対応			衡平性の改善
最低限の機能	純粋公共財の供給 防衛 法と秩序 財産保護 マクロ経済管理 公衆保険			貧困層保護 対貧困プログラム 災害援助
中間的機能	外部性への対処 基礎教育 環境保全	独占規制 公益事業規制 独占禁止政策	不完全情報克服 保険(健康保険, 生命保険,年金) 金融規制 消費者保護	社会保障供給 再分配的年金 家族手当 失業保険
介入的機能	民間活動の調整 市場の強化 集団形成のイニシアティブ			再分配 資産再分配

出所) World Bank (1997) (海外経済協力基金開発問題研究会訳, 41ページ, 表1-1) より.

間活動の調整」にかんしては政府が行うべきだとする開発主義者と, 市場や民間に任せるべきだとする新古典派論者との間で真っ二つに意見が分かれると思われる.

　青木昌彦たちは,「市場拡張的 (market-enhancing)」という概念を用いて, 以下に述べる開発主義でもない, また新古典派的な「市場友好的 (market-friendly)」でもない, その中間に当たる市場と政府との関係を導き出す. つまり, 市場と政府とが代替・対立的なものではなく, 市場を拡張する機能を政府が開発過程において持つことを強調している (青木ほか 1997). 政府の役割とは,「コーディネーションの失敗を克服するような民間部門の制度の発展を促進すること」だという (同, 21ページ). しかし, 政府には果たしてそうした制度の発展を促進する能力があるのかどうかとなると, 話は別である. 三輪芳朗が繰り返し強調してきたように,「東アジアモデル」の先駆者であるはずの日本でさえ, 政府の能力はきわめて限られたものでしかなかった (三輪 1998)[3].

3. 東アジアにおける経験：アムスデンと村上泰亮

　日本の高度成長に引き続き，台湾でも韓国でも高度成長が実現して東アジアの経済が世界的注目を集めることになった。1993年に世界銀行により『東アジアの奇跡（*The East Asian Miracle*）』（World Bank 1993）が出版され，好成績を収めてきた東アジア地域（日本，NIEs，当時のフィリピンを除くASEANが対象で，中国は含まれていない）が比較的公正な所得分配を伴った高度成長を遂げていること，また比較的マイルドな金融抑圧（financial repression）や貿易主導型といった成長戦略があり，市場だけではなく，政府も積極的に経済活動に関与してきたことを成功の要因として指摘している。いうなれば，当時世銀で有力な開発思想だったワシントン・コンセンサス，あるいはその理論的背景を形作っている新古典派的開発論と違った，第3の開発論がある，といっているようなものである[4]。ただし，1997年に起こった「アジア通貨危機」は，危機が東アジアで発生したこともあって，このモデルの価値を著しく下げてしまうことになった。

　この東アジアモデルに「文明論」として強く惹かれたのが村上泰亮である。彼は自ら「開発主義」を次のように定義する。

　「開発主義とは，私有財産制と市場経済（すなわち資本主義）を基本枠組みとするが，産業化の達成（すなわち1人当たり生産の持続的成長）を目標とし，それに役立つかぎり，市場に対して長期的視点から政府が介入することも容認するような経済システムである。開発主義は，明らかに国家（あるいは類似の政治的統合体）を単位として設定される政治経済システムである。その場合，議

---

3) 三輪はこの本の中で，機械工業振興臨時措置法（機振法）や中小企業政策など，これまで有効とされてきた政府の産業政策を徹底的に検証し，その目的を実現する上でも，あるいは産業に働きかける上でも，政府の能力はきわめて限られていたことを精緻に立証している。ただし，この議論が市場が十分に発達していない途上国一般に適用できるかどうか，問題は残されている。

4) ここで，第1の開発論は1950年代に盛んになった古典派的開発論，第2の開発論は1960年代以降有力となる新古典派的開発論を指す。マルクス主義的，あるいはネオ・マルクス主義的開発論は無視する。なお，この報告書が日本政府の強い働きかけでできたことは知られている。

会制民主主義に対して何らかの制約（王制・一党独裁制・軍部独裁制など）が加えられていることが多い」（村上 1992，下 5-6 ページ）。

　中国は別にして，東アジアの多くの国が村上のいう意味での開発主義的な経済体制（私有財産制と市場経済）を作り，一党独裁制や軍部独裁制など，専制的，権威主義的政治体制の下で産業化（工業化）という目標に向かって，「国家を単位として」それを推進してきた。これが前述した「開発独裁」体制である。

　村上が開発主義の中心的柱として強調するのが「産業政策」である。彼のいう産業政策とは，単に政府がある特定産業を育成，保護するために採る施策のことではなく，もっと限定された意味で使われる。すなわち，「費用逓減の利点をできるだけ活かそうとする政策」で，その目的は「過当競争の抑制，あるいは『適度な競争』の維持」である。ここでは，「費用逓減」，言い換えれば「収穫逓増」がキーワードになっており，一般均衡論に代表される新古典派経済学，それゆえ「古典的経済自由主義」には原理的になじまない，別個の経済学の対象になるのだと主張されている。

　村上にいわせれば，かくしてこうした開発主義は「古典的経済自由主義」に対抗しうる性格を持っており，いずれは後者に吸収されてしまう一時的，過渡的なものではないという。彼から見れば，歴史とは従来の近代化論や唯物史観のいうように，さらにはフクヤマ（1992）の主張するように，1つのシステムに究極的には収斂していくといった，そうした「単線的」発展を辿るものではないのである[5]。

　村上によれば，開発主義政策の中には産業政策とともに平等化政策も含まれるという。なぜなら，産業化へ人々を組み込んでいくには極端な不平等は社会的不安定をもたらし，産業政策が有効に実施されなくなるからである。『東アジアの奇跡』で強調された東アジア経済における「成長の共有」という共通した成果は，その意味で自然な結果だといえる。

　東アジアの経済発展，そこに含まれている開発主義的政策に強い共鳴を寄せ

---

5) このことを真っ正面から論じたのが，村上（1998）である。

たのは村上だけではない。韓国の経済発展と経済政策に関心を持ち，村上のいう「古典的経済自由主義」，あるいはワシントン・コンセンサスや新古典派的開発論を批判するのがアムスデンである。彼女は朴正煕政権の下で国家主導により進められた韓国の工業化がなぜ成功を収めたのか，その過程と原因を追究する。

彼女にいわせれば，先発工業国であるイギリス，アメリカ，ドイツとは違い，日本や韓国，台湾のような後発工業国は，先発国から技術を輸入・学習することによって発展してきた[6]。そこでは，「国家が経済活動を促進するために意図的に相対価格を歪めるように補助金をもって介入する。……国家は補助金と引き替えに私的企業に成果標準を課してきた」のである（Amsden 1989, p. 8）。「価格を歪める」とは，まさに新古典派的開発論が主張する「価格適正化」と全く逆の措置である。そうした政府による市場介入と新規分野への企業誘導こそが，開発独裁体制下にあった韓国を急速な工業化と経済発展に導いた主たる要因だったという。1970年代に朴大統領が強力に推進した産業政策，つまり重工業政策は新古典派から見れば無用であり失敗だったが，彼女にいわせれば成功だったことになる[7]。

しかし，果たして韓国が権威主義的な体制を採ったから工業化に成功したのか，判断は難しい。「重化学工業化を選択し，推進するために，はたして（朴大統領が推進した）維新体制のような（独裁的）政治体制が必要だったのか，これは必ずしも自明ではない」（木宮 2003, 73ページ）。歴史に「もしも（if）」は禁物だが，仮に独裁体制がなかったとして工業化は全く不可能だったのかは簡単にはいえない。この点についてはもう一度あとで触れることにする。

---

6) イギリスの工業化が「発明（invention）」を基にして起こり，ドイツやアメリカの工業化が「革新（innovation）」によって起こったとするなら，「後進国」でいま起きているのは「学習（learning）」をベースにした工業化である，という（Amsden 1989, p. 4）。

7) ハーバード大学国際開発研究所と韓国の開発研究院が共同研究を行い，朴政権下の重工業政策にかんして批判的結論を出している。第1に，政府介入は不要であり，市場に任せていればもっと成功していた。第2に，政府介入は非科学的であり，投資プロジェクトの選択に当たって，韓国政府は単に日本などの経験を模倣しただけだった。これに対してアムスデンは真っ向から批判している。詳しくはアムスデン（2009）参照。

東アジア（日本や韓国，台湾）において，自由な市場と並んで政府の介入が経済発展をもたらしたというアムスデンの主張に実質上同意しているのがウェードである。彼はとくに台湾の経済発展に注目し，それが決して新古典派のいうような自由な市場経済だけで実現したわけではなく，政府の積極的関与と指導があったと強調する（Wade 1990）。

彼は東アジアの開発経験をいくつかの政策提言に集約させている。そのうちの2点だけをここで取り上げてみよう。1つは，将来の成長のための産業政策の必要性である。新古典派的な収穫逓減の世界から離れ，収穫逓増あるいは村上のいう費用低減の世界では，将来成長が期待される産業を育成するための投資を政府が促進する必要がある，と彼は考える。これは従来の幼稚産業保護論にきわめて近いが，それだけではなく，資金市場が未発達の途上国では，民間部門がこうした投資を行うことは期待できないというのである。しかし「東アジアモデル」を高く評価した世銀も，産業政策については有効ではなかったと見ており，この点の解釈が問題になってこよう。日本は，ウェードのいうように政府の特定産業振興政策（ターゲティング）に成功したわけではない。

もう1つの彼の政策提言は，第1点に関連して，競争的産業を育てるための保護貿易政策の必要性である。自由貿易ではなく保護貿易を，関税よりも輸入数量制限を，ウェードは途上国が採るべき政策として提唱する。しかし，WTOにほとんど全ての国が参加したいま，こうした政策の有効性には疑問符が付けられる[8]。いまや保護貿易の時代ではないことは自明ではないか。

4. 中国の特殊性：共産党と国民党の比較

世界にはこれまでも，また現在もなお数多くの開発主義的国家があるが，中国を普通の開発主義体制と見なすわけにはいかない。試みに，現代の中国と蔣介石・蔣経国時代の台湾とを開発主義的体制という視点から比べてみよう。田島俊雄によれば，現代の中国は歴史的タイムラグはあるものの，発展戦略や国

[8) それ以外にも彼は，政府管理下の銀行を中心とした金融システムや，貿易と金融の漸進的自由化などを提唱している。

有企業の役割などの面で見てかつての台湾ときわめて近いものがあり，中国はある意味で開発独裁時代の台湾を追いかけているという（田島1998）。確かに，毛里が指摘したとおり，中国も「社会主義」の看板を掲げつつも，実質は以前の台湾とほとんど変わらない（われわれのいう意味での）開発独裁体制を採っている。しかし，両者は全く同じだというわけではない。

両体制の最大の違いはイデオロギーの差（共産主義か三民主義か）にあるのではない。あるいは国有企業の支配力の差とか，重工業優先発展政策といった産業政策の性格の違いにあるのではない。そうではなく，社会の隅々まで党権力を張り巡らし，国家，社会（企業），党を一体化させ，政治統制を完璧なものに仕立て上げているかどうか，にあるように思われる[9]。台湾の国民党が少数派である「外省人」中心だったせいもあり，国民党による社会統制には限界があった。そうだからこそ，開発独裁のパラドックスも起こりえたのではなかろうか。また国民党は孫文のいう「憲政」をいずれは作り上げようと考えていた[10]。しかし，中国の指導部は現在の体制を究極的に最善と考えているようであり，民主主義とは相容れない「党主主義」を，もちろん多少の手直しはあるだろうが，基本的にはいつまでも維持しようとしている。

両体制の中軸にある国有企業を1つの例として取り上げてみよう。周知のように，中国では基本的に全ての組織で上から下まで階層ごとに党組織が作られ，かつてのように「党が企業決定に直接関与」することはないものの，いまだに人事権を実質上掌握している[11]。それに対して台湾では，国民党による

---

9) 内蒙古自治区開魯県の公安局では，どのような職場にもいる民警と協力（協警）人員は，必ず1人が20名の情報員を抱え，合計1万名の情報員を配置しており，その他の警察関係人員と合わせると，全県40万人の人口の中で情報員12,093名を擁しているという（丁2011, 52ページ参照）。丁は，これは世界で最も秘密情報員を持っていたかつての東独の2倍にも上るというが，東独では6人に1人が秘密警察シュタージの協力者だったことが体制崩壊後明らかになっており，中国は東独ほどではない。それにしても，人口規模を考えると，中国の党と警察による社会統制の強さが分かる。
10) 周知のように，孫文は軍政から訓政へ，そして憲政へという政治体制の発展過程を描いていた。開発独裁はその訓政段階に相当しよう。
11) もしある会社が会社-部-課の3層構造だとすると，会社レベルには党委員会，部レベルには党支部，課レベルには党小組が設けられる。ただし，規模の小さな組織や多くの外資の場合には，この原則は当てはまらない。

「党営企業（事業）」はあったものの，企業の中に中国のような党組織はなかった[12]。逆に中国では共産党による「党営企業（事業）」はない。なぜなら，企業，とくに国有企業全体を国家＝党が統治しているので，その必要がないからである。

政府と市場との関係についても，現代の中国と以前の台湾ではかなり違う。中国では，政府が鉄鋼業や自動車工業のような戦略的に重要な部門を国有大企業を使って抑えており，近年では「国進民退」といわれるように，民間部門を国家＝国有企業が吸収し拡大する傾向さえ一部では見られるが，国民党時代の台湾では経済の主軸は民間中小企業であって，当時の台湾国有企業は到底現代の中国の国有企業に太刀打ちできない。国有企業が市場競争においても民間部門と対抗する図式は，市場規模が大きく異なることもあるが，以前の台湾には見られなかった。中国では地方が大きな権限を持ち，地方の国有企業が重要な戦略産業にも参加していることから，地方間の競争も生まれる。かくして地方政府が市場に参与する構図ができている。このような状況は台湾では起こりえず，また他の開発独裁体制や社会主義経済体制でもなかった。こうしたことを考慮すると，中国は「中国的特色のある」開発独裁体制を採っているといえるかも知れない。

中国の改革開放期における開発独裁のもう1つの特徴は，市場や私営部門が台湾のようにもともとあったものではなく，「計画体制」の綻びの中から生まれてきたことである[13]。毛沢東時代には市場は抑圧され，私的商人は排除され，経済の中で価格メカニズムはほとんど機能しなかった。しかし，改革開放期に市場を若干許容するようになると，政府統制部門を浸食して市場や私営部門が急速に拡大していった。そうした成長のことを「計画からの成長（grow-

---

12) 台湾における国民党の「党営事業」については，松本（2001）が詳しい。この事業は1950年代からあったが，本格的に拡大し，「政府の開発・金融行政の政策ツールと化し，政府の産業政策・金融政策を補完する役割を担うことになった」という。

13) 序章でも述べたように，毛沢東時代を「計画経済」と呼ぶことには問題がある，というのがわれわれの立場である。しかし，ここでは後述するノートンの議論に合わせるために，敢えて「計画」という言葉を用いた。本来なら，行政的管理，もしくは統制経済と呼ぶべきものである。

ing out of the plan)」(Naughton 1995) という。それはあたかも，「計画体制」という堤防に小さな穴を開けると，その穴から水が溢れだし，最初はほんの小さな流れだったものが，次第に，また急激に穴をひろげ，ついには堤防を破壊して，すさまじい勢いとなって経済全体を覆い尽くすような，そうした市場化だった。台湾の市場化にはこのような急速な体制移行という意味での転換はなかった。なぜなら，国民党の独裁体制下においても資本主義経済がすでに確立しており，台湾企業の主役だった中小企業は全て民営企業だったからである。中国では抑えつけられていたぶんだけ，放出されたエネルギーはすさまじいものがある。逆に，そのような市場化が政府統制部門，たとえば国有企業に浸透していき，上述した「国進民退」のような歪められた国有化が進展していくことにもなっている。それを，悪い意味での「市場からの成長（growing out of the market)」と呼ぶこともできるかも知れない[14]。

5. 政治体制と成長：民主主義，独裁と成長

中国と台湾とのこうした開発体制の違いは，中国が必ずしも台湾の後を追いかけて体制変革をするわけではないことを示唆している。もう少し直截にいえば，台湾では確かに開発主義のパラドックスが起き，一定の経済発展水準を遂げたあと政治体制の民主化が進んだが，中国ではそうしたパラドックスはなかなか起こりにくい[15]。

開発体制の変化は，台湾の場合，上から起きた。すなわち，蒋経国という比較的開明な指導者がおり，李登輝という台湾人を抜擢して後継者に据えたことが，開発独裁の終了が近いことを暗に示していた。民主化しなければ，小さな台湾は巨大な中国に対抗できなくなることを，蒋経国が以前から認識していたのかどうかは分からない。しかし，多数派の本省人（台湾人）を少数派の外省

---

14) これはわれわれの造語である。ノートンのいう「計画からの成長」の結果出てきたのが市場だったのに対して，「市場からの成長」によって生まれるのは計画ではない。
15) 渡辺（1990）では，1989年の天安門事件を指して，民主化運動は「早熟症」であったが，経済発展に応じて民主主義が志向され始めたと捉えている。しかし，その後20年余りの実際の動きはそうした期待とはかけ離れたものだった。

人主体の国民党がいつまでも戒厳令の下で抑えつけておくことは無理であることを，彼はよく理解していたものと思われる。

　中国の場合，体制変化はむしろ下から起きてきた。人民公社解体のきっかけとなった農村における生産請負制がそうであるし，国有企業制度改革の口火を切った地方レベルでの民営化もそうである。また，上述したノートンのいう「計画からの成長」がそうである。しかし，こうした体制変化は決して一党独裁体制という基本的な政治体制を揺るがすことはなかった。そうした経済体制の変革により経済が活性化し，それがむしろ政治体制の安定・強化につながったのである。

　そもそも，成長と政治体制との間にはどのような関係があるのだろうか？この古くて新しい難題に対して多くの論者が答えを出そうと試行錯誤してきた。とくにバーロは，世界の約100カ国の1960-90年におけるデータを用いて成長と民主主義との関係を実証分析し，政治的自由が低水準の段階では民主主義は成長を促進し，ある程度の自由が達成されると逆に抑圧する傾向があることを見出している（Barro 1996）。いわば，政治的自由と成長との間には逆U字のような関係が見られるというのである。それ以降，成長と民主主義をめぐる議論は活発化していくが，たとえばタヴァーレスとワッツィアーグは，民主主義は人的資本を蓄積させることで成長にプラスの，また所得分配を改善させることでやや弱いがプラスの効果を，他方，物的資本形成を弱めることでマイナスの，また政府消費割合を高めることでやや弱いがマイナスの効果をもたらし，全体としては若干マイナスの効果を及ぼしているという（Tavares and Wacziarg 2001）。あるいは，フォンは政治体制と成長との関係を世界各国のデータに基づき計量分析にかけ，実証面から次のような結論を導いている（Feng 2003）。すなわち，民主主義の成長に対する直接的効果は曖昧であるが，正常な政権交代という間接的な効果を通して成長に対してプラスの効果を持ち，政治的不安定性は個人投資に対して有意な悪影響を及ぼすから成長に対してマイナスである。

　しかしわれわれの見るところ，成長と政治体制との間には一義的で，強い相関関係があるようには見えない。民主主義は成長のための政治的絶対必要条件

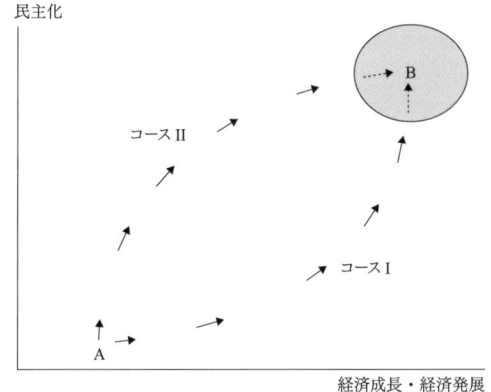

第10章 開発独裁モデル：中国における政府と市場の関係 243

図10-1 民主化と経済発展

出所）筆者作成。

ではないし，逆に成長が必ず民主主義をもたらすわけではなさそうである。実際，各種の実証分析の結果を総合すると，民主主義が成長を促進するか，逆に抑制するか，さらには無関係であるか，さまざまな結論が導かれており，促進することも，抑制することも，論理的に考えて両方ありうる（福味2006）。ただし，成長と政治体制には長期的に見て緩い，したがって多様な関係がありそうである（図10-1参照）。いま経済がA点にあるとして，Bに向かう経路は多様である。図ではIとIIの2つのコースしか描いていないが，その中間のさまざまなコースも可能である。しかもBは1つの点ではなく，かなり広い領域を表している。すなわち，到達目標はかなりの幅を持った，したがって民主化と成長との多様な組み合わせなのである。それは，第7章で述べた所得分配の不平等と社会的安定性の関係にも似ている。つまり，分配が不平等化すれば必ず社会が不安定になるかといえば，必ずしもそうではない（第7章第6節参照）。開発独裁論者は，低開発の段階で民主化すれば必ず社会的混乱が起き，それが経済停滞をもたらすと主張する。低開発の段階では経済発展すれば人々は満足し，社会は安定し，それがさらなる成長をもたらすのだと確信している。しかし，民主化が少なくとも長期的に見て社会的安定をもたらすことも，あるいは独裁が社会的混乱をもたらすこともある以上，両方の可能性があるよ

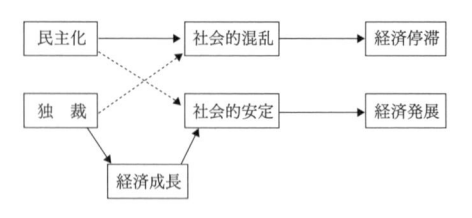

図 10-2　独裁―発展モデル
注）波線の関係はありえないと開発独裁論者は想定。
出所）筆者作成。

うに思われる（図 10-2 参照）。

　以上のことは，成長には民主主義が必要だという議論に対して，それを論理的にも実証的にも否定も肯定もできることを含意している。したがって，逆にいえば途上国が成長するには独裁，ないしは権威主義的政治体制が絶対不可欠ではないことになる。ただし，これまでの多くの実証分析の結果からは，開発主義的独裁体制の方が物理的な意味での資本蓄積を行うのに民主主義体制よりも有利だといえそうである。このことを第 2 章の議論と関係づけていえば，粗放的成長段階においては開発独裁体制は成長に対して，そして開発に対して確かに相対的に有効なシステムだともいえる。逆にいえば，集約的成長の段階に入ると，そうした体制の有効性は次第に低下してくるのではなかろうか。その段階でより強く求められてくるのは，広義の発展である。

　無論，次のようにいうことも可能だろう。すなわち，開発独裁国において独裁を維持しようとする指導者や執政政党にとって，資本蓄積の拡大や経済成長，最終的には国民の豊かさの追求とは実は単なる口実に過ぎず，真の狙いは自分たちが長年維持してきた既得権を保全することなのだ，と。同じように，中国の指導者たちは，「三権分立や民主主義体制は中国の国情に合わない」のは，そうなれば中国が不安定になり国家が分裂するからだというのだが，一面から見れば，彼らにとって現在の体制が既得権を保持するのに便利だからだともいえる。

6．「開発」の意味論：センの「自由としての開発」論と中国

　古典派的開発論にせよ新古典派的開発論にせよ，1950年代から70年代にかけての開発論には「政治」というものが，少なくとも直接的な形では登場してこなかった。例外ともいえるのがミュルダールの『アジアのドラマ』ではなかろうか。彼は「南アジア」（そこにはタイやマレーシアなどASEANも含まれている）を観察対象に，民主的計画化や腐敗の抑制の必要性を説いている（ミュルダール1974）。しかし今日，経済開発論と政治の問題は切っても切れない関係になってきた。

　1つは，腐敗や援助の問題がそうであるように，開発を行う主体である途上国のガバナンス（統治）の有効性が問われるようになってきたことである。いくら貯蓄があっても，それが有効に使われる政治体制がなければならない。海外からどれほど膨大な援助を受けたとしても，それが指導者の個人口座に振り込まれたら無意味となる。表10-1にあるような政府の役割をしっかりと果たせるような国家ではないと，開発はおぼつかない。

　もう1つは，政治が価値理念として開発目的の中に入ってきたことである。すなわち，物的豊かさを追求することが唯一の開発目的ではなく，人々の自由や安心を実現することも開発目的になってきたことである。「人間の安全保障 (human security)」という概念は，いまや開発や援助における普通名詞になった。序章で指摘したように，こうした開発思想の変化に大きな足跡を残したのがセンである。彼は「自由としての開発」を考え，人々の持っている潜在能力 (capabilities) を可能なものにしていくことこそ開発だと捉える。

　「開発とは，人々が享受するさまざまな本質的自由を増大させるプロセスであると見ることができる。……開発の目的は不自由の主要な原因を取り除くことだ。貧困と圧政，経済的機会の乏しさと制度に由来する社会的窮乏，抑圧的国家の不寛容あるいは過剰行為などである」（セン2000，1ページ）。

　彼からすれば，貧困とは所得が低いことではなく，低いために人々の潜在能力が欠如してしまうことこそが問題なのである。「貧困はたんに所得の低さというよりも，基本的な潜在能力が奪われた状態と見られなければならない」

（セン 2000, 99 ページ）。この「潜在能力」とは，人間にとって「達成可能な諸機能の代替的組み合わせを意味する。潜在能力はしたがって一種の自由（freedom）なのである」（同，84 ページ）。そしてこの自由の中に，言論の自由や結社の自由といった政治的自由，ないしは民主主義的価値も含まれている[16]。たとえ所得が比較的高くとも，人々を監視し抑圧するような体制の下では潜在能力を発揮できる余地と可能性は小さい。センは，まさに広義の発展こそが途上国に必要だと説いているのである。

　こうしたセンのような開発哲学から，中国のような抑圧的開発独裁を評価すればどうなるだろうか？　開発独裁体制が政治的抑圧を伴うから，センの基準からすれば，真の意味で開発していることにならないのではないか？　しかし単純にそう結論するわけにはいかない。

　一定程度の衣食住，生活水準，経済的機会を保障するから，それらとの代償に政治的抑圧を続けるというなら，センから見れば，当然それは真の開発とはいえないだろう。しかし，抑圧体制の下で，多くの国民が政治的・思想的自由以外の各種の潜在能力を発揮できる機会が与えられたならどうだろうか？　少数の人々の，たとえば言論という潜在能力が奪われていたとしても，大多数の人々にとって別な意味でのそうした機会が保障されるのなら，全体としては開発＝自由を得たことにならないだろうか？　実際，センは中国における人々の平均寿命の高さを評価している。第7章でも指摘したことだが，UNDP が発表する人間開発指数（human development index）が仮にセンのいう潜在能力の高さを大体表しているとするなら，中国は途上国の中で上位の成績を収めているのである。センは民主主義体制の下では飢饉とそれによる飢餓が発生しないと述べたが，改革開放以後の中国において一度も飢饉は発生していないし，これからも発生するとは考えられない。将来すさまじい自然大災害が中国を襲い，食糧生産が激減したとしても，飢饉は起こらないだろう。なぜなら，所得水準が

---

[16] 彼は，「権威主義的な政治が実際に経済成長の助けになるという証拠はほとんどない。経験に基づく証拠によれば，経済成長は厳しい政治体制よりも好ましい経済環境の問題だということがはっきりしている」（同，14 ページ）として，「開発独裁論」を徹底的に批判する。

上がり，膨大な外貨準備を持ち，財政も豊かになり，そして何よりも毛沢東時代と違って外に開かれているからである[17]。

　こうした反論は，政治改革よりも経済成長を優先させてきた中国の党および政府の公式的見解を弁護することにもなるし，また次章で取り上げる「中国モデル」賛美論者たちの主張にも沿ったものといえる。彼らはこういうだろう。つまり，「西側の価値観は絶対的なものではない。自由や人権，民主主義も1つではない。中国には中国の価値観があり，中国の自由と人権，中国の民主主義があるのだ」と[18]。とはいえ，非常に長期の歴史的スパンで見たとき，政治的自由を犠牲にしても経済成長と豊かさを追求することに比較的満足していた平均的中国人も，いつかは「人はパンのみに生きるにあらず」と気づき，そして自ら潜在的欲求を主張するようになるかも知れない。またその前に，どのようなメカニズムによるものか今のところよく分かっていないが，政治的自由の欠如が制度設計の障害となり，経済発展の桎梏になる可能性も否定できない。

---

17) 1959-61年の自然大災害が記録的な餓死者をもたらしたのは，飢餓のせいではない。当時，毛沢東が海外に救援を求めず，むしろ無理に食糧を輸出してソ連などからの援助借款を返済したが，このような「悪政」によるところが大きい。
18) 中国政府のこれまでの主張は一貫してこうした「価値多元論」に立っている。アメリカから「人権問題」を指摘されるたびに，中国はむしろ反発して頑なに自国の主張を繰り返してきた。最大の人権とは「人々に食べさせることだ」と中国政府はいってきたが，「中所得国」になったいま，中国にとって新たな「人権」の定義が必要になりそうである。

終 章

中国の開発経験をどう見るか

はじめに

　これまで，開発経済学に登場してきたさまざまなモデルや仮説，ないしは視点や枠組みを使いながら，現代中国，とくに改革開放以後の中国経済の推移やその特徴について議論してきたが，それはある意味で開発経済学の方法論としての有効性と限界を試すことにも通じる。

　当然のことであるが，物事には一般性と特殊性がある。開発経済学という枠組みやそこで展開されてきたいくつかのモデル・命題・仮説を，中国の経済発展の現実に当てはめたとき，妥当する部分と妥当しない部分が出てくる。妥当しない部分を指して，開発経済学が間違っているとか，限界があると即断するよりも，なぜそうした部分が現れるのか，その背景を探る方がはるかに建設的だと思われる。

　この章ではまず中国の開発経験が既存の，とくにマクロ的開発経済学に与えた貢献を整理し（第1節），その中でとくに重要だと思われる「市場創成のダイナミズム」と技術吸収について考えてみる（第2節）。その後，中国国内で大きな議論を巻き起こしてきた「中国モデル」を取り上げ，その内容と意味について開発論的視点から考えてみよう（第3節）。また胡錦涛・温家宝政権が打ち出した「調和の取れた（和諧）社会」，「科学的発展観」なるものをやはり開発経済学的観点から評価し（第4節），最後に中国が抱えるいくつかの難題について，「中所得（国）の罠」という観点から整理しておきたい（第5節）。

1. 中国の開発経験：その開発経済学への貢献と示唆

　ジェファソンは中国の開発経験が経済学へどのような貢献をしているのかを問い，新古典派的，あるいはワシントン・コンセンサスに基づく開発・移行戦略の否定にそうした貢献が見られるという（Jefferson 2008）。すなわち，弱い私的財産権制度，金融抑圧制度，権威主義的政治制度，腐敗と低い透明性水準，企業統治水準の低さ，法の支配の不完全性といったものが中国の制度的特徴であるが，それらが逆に高成長をもたらしたという，1つの逆説あるいはパズルが作られたと彼は捉える。同時に彼は中国の経済成長の基本に生産性の向上があり，ソロー型の成長モデル（第2章参照）が有用であることも指摘している。ルイス・モデル（第3章参照）も労働移動を通じた生産性増大モデルの一種とも解釈できるので，こうした古典的開発モデルが中国の発展過程を記述し分析するのに有効だといえよう。ジェファソンは述べていないが，本書で取り上げてきたペティ＝クラークの法則も，クズネッツの逆U字仮説も，あるいは比較優位論的な貿易モデルも，また雁行形態論なども，それぞれ中国の開発経験を見るさいの重要な準拠枠になる。人口転換や人口ボーナス，あるいは教育の収益率を含む人的資本論もそうである。

　それでは，従来の開発論の枠組みではうまく説明できない，それゆえわれわれから見て中国の特性を強く反映すると思われる現象と実態，あるいは従来の開発経済学ではそれほど重視してこなかったが，中国の開発経験を語るさいに無視できない，というよりも必要不可欠な事象とは何だろうか？　少なくとも，以下の5点が挙げられそうである。

(1) 人口規模の有用性（人口ダイナミックス）

　第6章でも述べたが，これまでの開発論では人口増加はマルサスの罠をもたらす，どちらかといえば否定的要因だった。しかし人口ボーナス論が登場すると，人口増加は従属人口に比べた生産年齢人口の増加をもたらすという意味で，成長に肯定的作用をもたらす，より正確にはもたらしうることが分かってきた。しかし，この人口ボーナスは一時的な効果でしかない。しかも，中国だけではなく，かつての日本も，台湾も韓国も，そしてほとんど全ての途上国に

も当てはまることである。しかし，人口増加がもたらした人口規模の経済は長期的効果を持っているし，中国が人口超大国だったからこそ莫大な額の外資を引きつけ，それにより高成長を生み出し，また持続できた（第6章第7節参照）。さらに，内生的成長論が示しているように人口の多さが多くの技術者を輩出させ，成長に貢献したことも無視できない。そうした多面的な人口の持つダイナミックスを改革開放以後の中国経済が如実に示してきたといえそうである。

(2) 郷鎮企業の発展（農村工業化論を超えて）

改革開放後，中国農村に郷鎮企業なる新しい部門が誕生し，それが市場化の波に乗って急成長してきたが[1]，これは従来の農村工業化論を超えるものでもあった。すなわち，開発経済学におけるこれまでの農村工業とは，農村内に小規模で，かつ農産物の加工を中心として作られた工業のことで，農民・農村・農業にとって単なる補足的な役割を果たすだけの存在だったが，中国の郷鎮企業はいわば都市と農村を繋ぐ第3の部門として，時には外国部門との密接な繋がりを持つ有力なチャネルとして発展してきた。一部の郷鎮企業は都市工業企業をも凌ぐ大型の資本設備を持ち，それは農村労働力の巨大な吸収先であると同時に輸出の一翼をも担い，国民経済発展の重要な戦力でもあった。しかし，1990年代末の制度改革，民営化の流れの中で，次第にその役割が変質してきた。

(3) 外資の役割（超雁行形態論の形成）

従来の開発経済学においては外国直接投資（FDI）の持つ意義について十分重視されてこなかったが，中国の経済発展にはこれがきわめて大きな役割を果たしてきた（たとえば，第4章第6節参照）。その結果，従来の雁行形態論を突き破るような新たな雁行形態的発展（超雁行形態論）が可能になった。すなわち，労働豊富な中国においてきわめて資本・技術集約的な産業が発展してきた。しかも，それは労働集約的な産業を比較劣位化することなく，そうした産業も引き連れて，広範囲な産業発展を可能とした。もちろんこのことを可能に

---

[1] この状況を中国語で「異軍突起」（新しい勢力が突然現れるさま）とよく表現されるが，制度的に社隊企業の後継であるだけに，「異軍」とはいえない。

したのは外資そのものの貢献ばかりではなく，グローバリズムの展開の中で産業集積やフラグメンテーションの進展も大きな役割を果たした。さらに，人口規模，地域差，それに毛沢東時代の技術蓄積など，いわゆる経済発展における中国の環境条件もこうした超雁行形態的発展に寄与している。それは同時に，単純な比較優位論的貿易モデルでは開発経済を論じることが不十分になってきたことを示唆している。

(4) 政府の役割（新たな開発独裁論）

　前章で論じたように，政府の役割にかんしても，そして／あるいは開発独裁論的に見ても，中国の経験はやや独特である。1つには，政府自身が国有企業を通じて市場のプレーヤーになりうることを，非効率性の問題はさておき示したことである。政府間の競争が国有企業に（一時的にせよ）競争を促すことを実証した。もう1つは，そうした中国における国有企業，とくに国有銀行を通しての経済支配は，かつての台湾や韓国に比べてはるかに強いことである。何よりも共産党による国家および社会に対するコントロールは，蔣介石・蔣経国時代の台湾とは比べようもないほどに強力である。それゆえ，台湾や韓国では起こりえた「開発独裁のパラドックス」も，中国においてはなかなか予想しがたいものがある。また世界が東ヨーロッパにおける体制の大転換とソ連邦の崩壊以後，「市場と民主主義」をキーワードとする状況になってきたものの，中国共産党が莫大かつ強固な既得権を放棄してまで，自らの開発体制を大きく変更させるとは考えにくい。それにもかかわらず，中国は長期にわたって成長してきた。

(5) 制度の創成・発展

　ある意味で，中国の開発経験の持つ開発経済学に対する最大の貢献は，市場を含む制度の創成と発展というダイナミックな過程を考えるヒントを与えてくれたことである。第1章で述べたように，速水は要素賦存の変化に伴う制度創成という長期的な過程を描き，誘発的制度革新論を提起した（速水1995）。たとえば何らかのきっかけで人口が増大すると，労働力が増え，労働の相対価格が低下し，その結果，他の条件を一定として労働使用的技術が開発され，その技術に対応した新たな制度が生み出される，と考えたのである。

中国における制度創成を考えたとき，こうした仮説は決して間違ってはいないし，また視点として有用である。たとえば郷鎮企業という新しい制度の誕生を考えたとき，集団農業体制の解体という外的条件が農村および農業における過剰労働力を生み出し，都市への労働移動が制限されているという制約の下で，そのことが農村内に郷鎮企業という新たな制度の創設を促し，さらに労働移動の統制が緩むと，農民工によって都市部に新たな経済を生み出す要因にもなった。これはまさにそうした誘発的制度革新の典型例の1つである。

　しかし中国の改革開放以後の制度的発展過程を見ると，この仮説が描くよりもその過程ははるかに複雑で，また内容豊かである。たとえば中国でどのように民営化が進んだのかを見てみよう。1990年代初め，四川省の一部の地域で秘密裏に行われた小規模な民営化が企業業績の改善をもたらすことが分かると，次第に周辺に拡がり始め，それが上層部に知れ渡ることとなって公認され，さらに中央に伝えられて全国に普及していく，というプロセスを取った。そこには誘発的制度革新仮説が想定するような要素賦存の変化といった要因は全くない。背景にあるのは市場経済の持つ自律的ダイナミズムと，基層（末端）−地方−中央という行政ピラミッド内部の意思決定メカニズムである。つまり，市場競争に敗れた国有企業が末端の行政機関と掛け合い，こっそりと民営化を進めると，地方が妥協してそれを許容するようになり，その実績が中央にまで伝わり，中央と地方との交渉が始まって，中央がそれを許容するようになると，さらに市場競争が拡大していくという，いわば水平的な交渉（市場競争）と垂直的な交渉（行政的意思決定）が相互に共鳴し合って，民営化を推進していったのである。民営化ではないが，似たようなプロセスは，1970年代末に安徽省の1農村でこっそり始まった農業の生産請負制が，人民公社制度を解体させた動きにも見られる。これは，ジェファソンとロースキーのいう「内生的改革（endogenous reforms）」，つまり改革（制度変化）が改革を生み出す連鎖的関係にも相当する（Jefferson and Rawski 1994）。中国ではワシントン・コンセンサスが想定するのとは逆に，私有化（民営化）が市場化を促したというよりも，市場化が民営化をもたらしたのである[2]。

2. 市場創生のダイナミズムと技術吸収

　上記のことから，中国の経済発展における市場創生のダイナミズムの一端が窺える。実は，この点こそ中国の開発経験が持つ開発経済学に対する最大の「貢献」であるように思われる。

　古典派的開発論にせよ新古典派的開発論にせよ，あるいはいまやほとんど顧みられなくなったマルクス主義的，ネオ・マルクス主義（従属論）的開発論にせよ，市場創成の過程を説き明かしたものは全くなかった。それは，従来の経済学に，そしておそらくは今後も，新しいものが創造される過程を分析する方法論がないからではなかろうか。これまでの経済学における動学（dynamics）とは，単に時間を変数に入れたものでしかなかった。

　古典派的開発論や新古典派的開発論，とりわけ後者は経済発展においては市場が存在し，かつ十分に発達していることが当然の前提だった。それゆえ，市場を創設するとか，育成するということは政府の仕事に入っていなかった。それでは，そもそも市場が成立し発達するとはどういう状況を指すのだろうか？少なくとも，(1)市場マインドを持った人々や企業が多数いること，(2)取引の対象（財やサービス，あるいは生産要素）が一定程度あること，(3)市場という制度を補完するさまざまな制度（ルールや規範）が整っていること，それに，(4)価格が取引と交換を成立させる唯一の，ないしは主たるパラメーターであること，以上4つの条件がなければならない[3]。こうした条件の一部が欠けているとき，外からこれらの条件を補う必要が出てくる。たとえば，一種の呼び水として市場関係制度を政府が作り，市場参加を促すような場合である。しかし，それにはかなりの限定を付けなければなさそうである。

---

[2] このことが，理論的に考えて市場拡大に効率的であるらしいということを，民営化（私有制）と市場との連鎖（nexus）から説明したのが中兼（2010a）である。

[3] 第1章で紹介した石川の市場発達の3要件とわれわれの4条件は完全には対応しない。(3)が市場を成り立たせるルールに対応することは当然として，(1)と(2)が社会的分業に強く関係するものの，流通インフラという要件は無視されている。市場取引には情報通信や交通，あるいは「場」を提供するための何らかのインフラがなければならないが，それは他の要件に比べてそれほど本質的要件ではないように思われる。

中国における「市場の発展」において特色があるのは，1つは，上述したように所有制改革の前に市場が発展していったこと，もう1つは，補完的制度の形成が不十分な中で事実上の（de facto）市場が展開していったことである。つまり，政府が用意して制度化された市場を作ったわけではなかった。敢えていえば，市場は自ら市場を作り出したのである。丸川知雄はテレビ産業を例に，改革開放以後，中国の各地で多くの地方国営企業がテレビ産業に参入し，中央の計画や統制を無視し，民間企業とも入り乱れて激しい競争を展開し，過剰生産の中で価格が急落していった有様を克明に描いている（丸川 1999）。すなわち，ワシントン・コンセンサスないしは新古典派的開発論の想定とは異なり，民営化を伴わずに国有企業同士が激しい競争を生み出しうることを，中国の経験は示している。また，契約法やその他の市場補完的制度が十分発達するのを待たずに，事実として（de facto）市場競争が進んでいき，それらの制度は後追いで作られていったのである。「政府が積極的に価格を自由化したのではなく，供給過剰になってメーカーが勝手に値下げしたのを政府が追認しただけだった」（同，46 ページ）。

それでは，なぜ多くの地方国有企業がテレビ産業に参入していったのだろうか？　彼らは「利潤最大化」行動を取るような，いわば私営企業が本来持っている市場マインドに溢れていたのだろうか？　そうとは言い切れない。テレビ産業という，当時としては花形の産業を各地方が持ちたいという見栄やメンツもあっただろう。そのうえ，地域間の競争意識が激しい生産・販売競争を生み出す大きな契機となった。そうした制度的前提になったのが毛沢東時代に遡る行政的分権化だった。彼らがわれわれのいう「市場マインド」をどれだけ持っていたかは分からない。しかし，多数の市場参加者がいたことが，ある条件の下で市場競争にも似た状況を作り出したのである。

宮希魁は，今日地方政府に「会社化（公司化）」の傾向が見られるという（宮 2011）。すなわち，地方政府（幹部）にとって GDP は会社の売上額に等しく，財政収入は利潤額に等しく，それぞれがより多くの実績（売上と利潤）を上げるために投資に熱中する。「中央が成長率を 8％ と確定すれば，省は 9 ないし 10％ を，市は 12％ を，県は 14％ をという。各地域は相互に競い合い（攀

比),そちらが決めた成長率が11%なら自分のところは絶対そちらより低くなるわけにはいかない,そちらが100億元の大プロジェクトをやれば,自分たちはどんなことをしてもそれを上回ろうとする」(同上)のである。すなわち,利潤最大化の動機ではなくとも,国有企業は競争し合うことになる。なぜ地方同士が競い合うかといえば,おそらくは地方(幹部)の評価と地位が自分の地域のGDPや財政収入の多寡や伸び率によって決められるからだと思われる。加藤弘之にいわせれば,(1) 政府による強力な市場介入権限,(2) 地域間,企業間,個人間の激しい競争と併せ,(3) 政府や政府組織内部における有効なインセンティブ・メカニズムの存在こそが中国「資本主義」の特徴だという(加藤2009)。こうしたメカニズムの解明は中国政治経済学の大きな課題である。

他方,民営化という所有制改革が市場を作り出し,新たな産業を生み出していく過程を描き,分析したのが園部哲史と大塚啓二郎である。そこでは日本や台湾も取り上げられているが,中国の,とくに揚子江下流地域である浙江省や江蘇省で郷鎮企業がどのように発展していったのか,産業集積の視点から考察されている(園部・大塚2004)。民営化が特化型の産業集積をもたらし,それがさらに産業連関を通して地域における雇用の拡大を生み出すというダイナミックな過程は,従来の開発経済学にはなかった視点である。あるいは,中国における自転車産業の展開と発展を克明に追いかけた駒形哲哉は,中国で技術がどのように吸収され,改良されていったのか,そしていかにして新たな産業を生み出していったのか,という開発経済学ではこれまで全くといっていいほど注目されてこなかった重要なテーマを取り上げている(駒形2011)。こうした産業発展論は,序章でも述べたように,マクロの開発経済学というよりも,ミクロのそれが扱う領域であり,今後の展開を待ちたい。

3.「中国モデル」再考

中国が高成長を遂げる中,建国60年を迎えた2009年頃から「中国モデル(中国模式)」にかんする議論が盛んに行われるようになった。その背景には,国力の著しく上がった自国の過去と現在に対する並々ならぬ自信と誇りがあ

る。「なぜわれわれは成長したのか，社会主義体制が，また共産党の指導があったからではないか」，さらには「この成功モデルは他の国にも模範となるのではないか」といった，中国人にとっても，あるいは政権にとっても心地よい優越感がそこには漂っているようである。

　このモデルに対する捉え方は人さまざまある。たとえば丁霞と顔鵬飛は，「中国モデルは中国的形態，中国的風格と中国的特色を持った『自主創造』の産物であり，……危機に瀕するグローバル資本主義に最終的に取って代わる整合的モデルである」と謳い（丁・顔 2011），あるいは張維為（ジュネーブ外交・国際関係学院教授）は「中国モデルは決して完璧なものではないが，その背後には数千年の文明の成果があり，国際社会の高度な競争の中で形成されてきたもの」と称えている（郭・李 2011）[4]。あたかも，改革開放によって新たな「中華文明」が築かれたかのようなほめ方である。

　それでは「中国モデル」とは一体何を指すのだろうか？　大まかにいえば，中国の 60 年，とくに改革開放以後の 30 数年の開発経験の総体のことであるが，その中の何に着目し，強調するのかは論者によって千差万別である。先に挙げた丁と顔は次の 4 点にこのモデルの特徴を集約している。すなわち，(1) 多重所有制の漸進的形成，(2) 国家のマクロ・コントロールを含む市場制度，(3) 多層的な，かつ急速な工業化，(4) 自主独立を基本とするグローバル化，である。(1) と (2) は制度にかんするものであり，(3) と (4) は実績，あるいは政策にかんしての特色である。また熱烈なる中国モデル論者である潘維は，政治，経済，社会の 3 面から中国モデルを定義し，その中で経済的な側面での中国モデルとは以下の 4 点から成り立つと考える。すなわち，(1) 国家の土地に対する支配権，(2) 国家の金融に対する支配権，(3) 自由な労働力市場，(4) 自由な商品・資本市場，である（潘 2009）。言い換えれば，所有制と市場という 2 つの制度において中国モデルの特殊性があると見ている。他方，改革派の論客である丁学良は中国モデルを構成する「支点」として，(1) 権力の枠組み（架構），(2) 社会統制，(3) 統制（管制）経済，という「鉄の三角形」を挙げている（丁

---

4) これは，2011 年に清華大学創立 100 周年記念行事の一環として中国内外の識者を集めて開かれたシンポジウムにおける発言である。

2011)。ここでは党や政府による統制に重きが置かれていることが分かる。また張宇は次のようにいう。「中国の経済モデルは，経済改革と制度変遷の面から見れば，工業化と社会主義憲法制度を背景とした市場化モデルである。対外開放とグローバリゼーションの面から見れば，開発途上で体制移行過程にある社会主義大国が経済のグローバリゼーションと融合するモデルである。経済発展の面から見れば，構造変化，対外開放，および制度創造を動力とする経済発展モデルである。中国の特色ある社会主義経済という面から見れば，改革開放以来形成されてきた社会主義市場経済を核とする経済改革と経済発展モデルである」（張2009）。要するに，共産党が指導する「社会主義市場経済」モデルが中国モデルだという。実際2009年の『発展・改革青書』は，(1)一党独裁と強力な政府，(2)経済改革優先の道，(3)市場化の推進，しかし市場原理主義に反対，(4)公有制主体の多種所有制，それに(5)中国的マルクス主義を，「中国モデル」の基本的構成要素だという（鄒主編2009）。これは，言い換えれば「開発独裁モデル」と表現してもよさそうである[5]。

　そのうえ，このモデルを固定的なものと見るかどうかについても意見が分かれるようだが，多くは形成過程にあるものと見ているようで，丁学良にいわせれば，「中国モデルは事前に設計された完璧な，またこの設計どおりに作られた固定不変の構造ではなく，常に変化していく過程，1つの力学的過程なのである」（丁2011, 12ページ）。賈康も丁と同じくこのモデルを「政治経済学的枠組み」で捉え，政治体制モデルとしては集権的な「ソ連モデル」から抜け切れておらず，「社会主義市場経済モデル」としても多くの矛盾や問題を抱えており，全体として「モデルが形成されているというにはほど遠い」と断定する（賈2011）。

---

[5] やや特殊であるが，姚洋は中国モデルの4つの基本要素として，(1)社会的平等，(2)「賢能体制（meritocracy）」，(3)制度の純潔性に先んずる制度の有効性，(4)中性的な政府，を挙げる（姚2011）。このうち，(2)はエリート集団としての共産党支配体制を，また(3)は実用主義や漸進主義的改革を，それぞれ表していると解釈できる。われわれから見ると，(1)や(4)が現代中国のモデルを典型的に表しているとは到底思えない。第7章で見たように，都市農村の格差（分断）を考えてみても社会的不平等が現代中国に蔓延しているし，政府がいろいろな領域と局面で市場に関与していることを見れば，とても中国政府が「中性政府」だとはいえない。

そもそも，このモデルが登場する過程を見てみると，先進国のイデオロギーである「資本主義と民主主義」（あるいはフクヤマのいうリベラルな民主主義と市場経済）に対抗する概念として持ち出されたことが分かる。つまり，「社会主義と独裁制」でも経済発展できることを中国は証明したのではないか，と主張しているともいえる。いわゆるワシントン・コンセンサスが「市場と私有制」を徹底的に称揚したのに対して，中国モデルの，いわば出発点または原点ともいうべき，ラモのいう「北京コンセンサス」は，明確にワシントン・コンセンサスを否定している（Ramo 2004）。ラモはこう述べている。「中国の新しい開発アプローチは，平等で平和的な高品質の成長を得たいという願いに突き動かされており，批判的にいえば，民営化と自由貿易のような伝統的観念をひっくり返すものである」。彼のいささか歯の浮くような中国賛美は別にして，「中国の新しい開発アプローチ」が中国の長期にわたる成長実績を背景にして，いまや無視できない存在になってきたことだけは事実だろう。ただし，何をもって「中国の新しい開発アプローチ」というのか，彼の議論は必ずしも明確ではない（Kennedy 2008）[6]。

われわれの見るところ，先に挙げた論者たちの捉える中国モデルの最大公約数は，少なくとも経済開発モデルとして見る限り，どうやら開発独裁モデルにほとんど等しい。ただし，前章でも指摘したとおり，それはあくまでも「中国的特色を持った」開発独裁モデルである。また体制移行モデルとして見ると，このモデルは「漸進主義」モデルにほぼ相当する。つまり，「中国モデル＝開発独裁モデル＋漸進主義モデル」と要約できそうである。それは決して「中国数千年の英知を集めた」特別のモデルだとは思えない。むしろ，マグレガーの表現を借りれば，中国共産党が「政治的現状を維持するために」編み出したモデルだといえる（マグレガー 2011）。ましてやこのモデルが他の途上国に，部分的にはともかく，総体として移転できるとはとても思えない。

われわれの大まかな判断に従えば，中国経済の発展過程は基本的に従来の開

---

6) ケネディは「どのバージョンの中国モデルを選ぶかにかかわらず，それに独自性（distinctiveness）を見つけることは難しく，その分析的有用性は限られている」と指摘している。

発経済学の枠組みで叙述し，整理することが可能であるし，その意味で中国の開発経験の多くは，少なくとも長期的に見れば，ほぼ「標準パターン」に従っているといえる。別の言い方をすれば，中国は特殊な国ではなく，全体として見れば「普通の」国なのである（中兼 2002）。もちろん，上述したように，開発経験から見た中国の特殊性はいくつかある。しかしこれらの特殊性は，たとえば郷鎮企業モデルが示しているように，標準パターンを圧倒してしまうほどの特異性を持っているというわけではない。そうした特殊性は，かなり長期のパースペクティブで見ると，人口規模が作り出す特殊な性格や，政治経済モデルとしての「開発独裁モデル」的要素を除けば，多くは次第に小さくなり，あるいは消えていく可能性が高いように思われる。

4.「調和の取れた社会」，「科学的発展観」と開発論[7]

胡錦涛・温家宝政権（以下，胡錦涛政権と呼ぶ）ができて 10 年，経済政策にかんする限り，そこでのキーワードは 1 つは「調和の取れた（和諧）社会」であり，もう 1 つは「科学的発展観」であった。この「調和の取れた社会」と「科学的発展観」を経済開発論的に再解釈すればどうなるだろうか？

「調和の取れた社会」の具体的内容は，2006 年 10 月の中国共産党第 16 期 6 中全会におけるコミュニケ（広報）「社会主義の調和の取れた社会構築のいくつかの重大問題にかんする決定」に典型的に表れている。そこでは，狭い意味での経済発展に直接関わるものとして，都市農村間と地域間格差の縮小，所得分配の是正，就業の改善，公共サービスの改善，社会保障体系の構築，資源利用効率の向上，それに生態環境の改善が挙げられている[8]。それ以前に「都市農村一体化」や「三農問題」の解決といった政策も打ち出されてきたが，それは「調和の取れた社会」建設政策の一環と捉えるべきだろう。

他方「科学的発展観」とは，2006 年 10 月に出された「国民経済社会発展第

---

7) この節と次の節は，大部分が中兼（2012）から取ってきている。
8) そのほかに，「社会主義民主法制」や法治の徹底，科学文化水準や健康水準の向上，人間関係の調和などが取り上げられている。

11次5カ年長期計画策定にかんする中共中央の提案（建議）」において謳われたものであり，そこでは「科学的発展観をもって経済社会発展の全局を統率し，人を基本とする（以人為本）ことを堅持し，発展観念を転換させ，発展モデルを創新し，発展の質を高め，経済社会発展を全面的で協調的で持続可能な発展の軌道に適切に変えなければならない」と指摘されている。この科学的発展観とは，発展が最重要課題（硬道理）であるものの，発展の速度だけを追求するのではなく，地域間や都市農村間の格差の是正を重視し，環境保護や社会保障制度などセーフティーネットを充実させることを狙った，「全面的，協調的，持続可能な発展を目指す」ものである（佐々木2006）。このことから見ても分かるとおり，「科学的発展観」と「調和の取れた社会構築」とは，実際にはかなり同じ内容を含んでいる。違いがあるのは，科学的発展観には「人を基本とする」と，「発展が最重要」という精神が含まれている点である。

　第9次5カ年計画（1996-2000年）の時から叫ばれていた成長方式の転換，つまり資源や生産要素を多投する粗放的，ないしは外延的成長パターンから，資源や要素の使用を節約し，技術進歩を中心とする集約的，ないしは内包的成長パターンへの転換も，上記の科学的発展観の中に事実上含まれている。かくして，胡錦涛政権の目標とした経済開発政策とは，一言でいえば，分配の公正（equity）と，成長方式の転換に示される効率（efficiency），それに環境改善の3点に集約できそうである。「和諧経済」という言葉は中国では使われないが，敢えていえば胡錦涛政権の目指した和諧経済とは，これら3つの課題の達成にあったといえる。それは，先にも述べたように（序章注4参照），本来ならば「ポスト鄧小平型の開発戦略」と呼ぶにふさわしい，開発戦略の転換でもあるはずだった。

　以上のことから次のようにいえそうである。すなわち，「調和の取れた社会」にせよ「科学的発展観」にせよ，開発経済学でこれまで議論されてきたことをいっているに過ぎず，とくに目新しい観点や目標が出されているわけではない。科学的発展観で強調されている「人を基本とする」考え方も，第8章で見てきた人的資本論の一種と考えればよい。問題なのは，公正と効率との，時には矛盾する2つの政策目標をどう実現していくのか，その道筋が必ずしも明確

ではないことである。鄧小平は「先富論」の中で格差拡大を容認し，むしろ積極的にそれを成長のための手段としようとした。「調和の取れた社会」論は，行き過ぎた格差拡大にブレーキをかけようと打ち出された方針であって，社会的安定を求める指導部が打ち出さざるをえない方針転換だった。しかしその方針が貫徹され，実行されたかといえば，第6章でも述べたように，胡錦濤政権下でも格差拡大は結果的に進んできたし，他方で成長方式の転換も実現できなかった。中国は，第2章で指摘した粗放的成長方式を依然として採ってしまったのである。すなわち，開発戦略の転換を狙ったにもかかわらず，実際上ほとんど転換できなかった。

　なぜだろうか？　それは，突き詰めれば格差拡大を容認し，粗放的成長方式を支持する既存の制度とそれに密接に結びついた分厚い既得権層があるからにほかならない。言い換えれば，制度改革の積み重ねである体制移行が，少なくとも所有制改革にかんする限り，あるところで止まってしまっているからでもある。

5. 「中所得（国）の罠」を超えて

　1人当たりGDPで2010年に4,382ドルに達した中国は，世界銀行基準からいえば「中所得国（middle income country）」の仲間入りをした。しかし果たして「上位中所得国（upper middle income country）」に向けてこのまま順調に成長していけるのだろうか？　台湾や韓国はすでに高所得国の段階に到達したが，中国も遅れて来たとはいえ，いずれはそこに到達できるのだろうか？　考えてみれば，鄧小平時代に中国が打ち出した20世紀末までに「小康水準」に，2050年までに世界の中進国へという目標は，前者はすでに基本的に達成したし，後者も少なくとも数字だけから見る限り，このままいけば前倒しで達成できそうである。

　2007年に世界銀行が「東アジアのルネッサンス」という報告書をまとめ，その中で「中所得（国）の罠（middle income trap）」という概念を提示し，中所得になった国がその上位のグループへと進むに当たって，どのような問題点

（罠）を克服しなければならないのかを指摘した（Gill and Kharas 2007）。その中でさまざまな争点が取り上げられているが，とくに強調されているのは国際的な地域統合，技術革新とそのための教育，金融機構と機能の強化，都市機能の重要性，格差の縮小と社会的統合，そして法の支配の貫徹と腐敗抑止である[9]。これらはいずれも現代の，そして近未来の中国に当てはまる。たとえば，都市機能の強化については，いま中国で進められている「都市農村一体化」政策にそのまま妥当するし，法の支配や腐敗の防止についてはいうまでもない。

　中国においてもこれは大きな反響を呼び，「中所得の罠（中等収入陥穽）」論が巻き起こった（たとえば，劉 2011 参照）。なぜなら，この罠とこれに関連した政策は全て中国経済がこれまでの粗放的成長から脱却し，集約的成長へ切り替えていくさいの重要な分野ならびに制度と深く関わってくるからである。たとえば金融機構とその機能を充実するには，国有銀行による（重工業を中心とする）大型国有企業への融資構造を改めなければならない。また国有企業の利潤が企業に貯め込まれ，一部は巨額の経営者報酬として支払われ，多くが不動産投資を含む過剰な投資に使われる構造を改善する必要がある[10]。技術の革新にしても同様である。曽錚は，中国は海外からの技術導入に依存する体質を改め，自ら新技術を創造していく体制を作り上げること，そのために技術人員や研究投資を増やすばかりでなく，応用技術の発展に精力を注がなければならないという（曽 2011）。そうしたことは，中国の経済体制をさらに制度化，市場化，民営化に向かって改革する必要性を示唆している。それには，やはり上述した政治の問題が絡まっており，政治体制自体の変革が求められているようである。しかし，マグレガーも指摘しているとおり，共産党体制を変えることは簡単ではない。

---

9) この本では規模の経済と産業集積が強調されているが，これらは中国経済発展のバネになったものである。
10) 「国有企業の上納利潤は最大 10％であり，それに 25％の所得税を加えても，国有企業内部に巨額の利潤が残る。巨額の利潤はまず過度の投資，とりわけ不動産開発投資に用いられる。近年，中央企業はほとんど『地王』（巨大不動産屋）の代名詞と化し，半数以上の中央企業は不動産開発経営に手を染めている。その次が国有企業内部の消費，とくに国有企業高級幹部に対するボーナスの支給である」（朱 2011）。

振り返ってみれば，胡錦涛政権の10年間，国有企業制度の抜本的改革には手を染めてこなかった。社会主義イデオロギーがそうさせたのでは必ずしもない。また江沢民政権時代の極度に成績不振に陥った国有企業が朱鎔基改革で整理され，立ち直ったからだけではない。むしろ，政府，共産党と国有企業が「癒着した」構造，あるいは呉軍華のいう「官製資本主義」体制が胡錦涛政権下に出来上がっているからではなかろうか（呉 2008）。政府は政策決定権を，党は人事権を，そして企業は利益配分権を，それぞれ分かち合っている。こうした構造は容易には解体しない。しかし，そのような構造とそれを作り出している体制を維持し続ける限り，いずれ中国経済はある種の「罠」に落ち込んでしまうに違いない。

世銀は中国の発展研究センターと共同で『中国2030』と題する報告書を著した。そこでの趣旨は，中国は2030年まで減速はするものの成長し続けるだろうこと，その結果2030年までにはアメリカを抜いて世界第一の経済大国になるだろうこと，しかしそのためには改革をさらに進め，政府の機能を再定義し，民営企業を発展させ，銀行や資本市場を整備し，土地，労働などの市場化を進め，「市場を基礎とした（market-based）」経済体制を作り上げることが必要だと唱えている。それは，上述した「中所得の罠」を脱却することと実質的に同じことをいっている。中国ばかりでなく，日本もそうだったように，これまで経済発展に成功してきたからといって，その開発経験，あるいはモデルを永久に続けられるわけではない。われわれの言葉でいえば，中国は絶えず開発戦略を見直し，修正していかなければならないのである。

将来を予測することは難しい。1980年代の初めの時点で，ソ連邦が10年後に崩壊することをほとんどの人が予想できなかったのと同様に，中国がかくも長期にわたって経済発展するとは予測できなかった。中国の将来についてさまざまな予測や推計がなされているが，短中期的な将来は別にして，長期的に中国と中国経済がどのような転換を遂げていくのか，どのような精緻な予測モデルを使っても正確な予測はできない。『中国2030』が予測するように，2030年まで必ず成長できるという絶対的保証はない。ただその可能性が高いといえるだけである。しかし，鄧小平型の開発戦略の成功に胡座をかくことなく，絶え

ざる改革，したがって体制移行をいっそう進展させることこそが中国にとって最も必要とされるということ，少なくともこの点だけは間違いなさそうである。

参考文献

日本語文献

青木昌彦・金瀅基・奥野（藤原）正寛編（1997）『東アジアの経済発展と政府の役割——比較制度分析アプローチ』日本経済新聞社

朝元照雄（2004）『開発経済学と台湾の経験——アジア経済の発展メカニズム』勁草書房

アジア経済研究所・朽木昭文・野上裕生・山形辰史編（1997）『テキストブック　開発経済学』有斐閣

天野明弘（1997）『地球温暖化の経済学』日本経済新聞社

アムスデン，アリス（2009）「「偉大な人物」と韓国の工業化」（趙利済・渡辺利夫・カーター・J・エッカート編『朴正煕の時代——韓国の近代化と経済発展』東京大学出版会所収）

池間誠（2009）「雁行型経済発展の形態論」（同編『国際経済の新構図——雁行型経済発展の視点から』文眞堂所収）

石川滋（1964）「長期展望の巨視的フレームワーク」（同編『中国経済の長期展望』アジア経済研究所所収）

石川滋（1971）「中国経済の仮説的模型展望（1967-81 年）」（同編『中国経済の長期展望』IV（上）アジア経済研究所所収）

石川滋（1980）『1980 年代の中国経済』日本国際問題研究所

石川滋（1990）『開発経済学の基本問題』岩波書店

石川滋（2006）『国際開発政策研究』東洋経済新報社

イースタリー，ウィリアム（2003）『エコノミスト　南の貧困と闘う』（小浜裕久ほか訳）東洋経済新報社

稲田光明・山本裕美（2012）「中国経済転換点の検証——ジャポニカ米生産の省別パネルデータに基づいて」『中国経済研究』第 9 巻，第 1 号，1-22 ページ

岩崎育夫（1998）「開発体制の起源・展開・変容」（東京大学社会科学研究所編『20 世紀システム 4　開発主義』東京大学社会科学研究所所収）

宇井純（1976）『中国と公害——「三廃」処理と資源総合利用』龍溪書舎

宇井純（2004）「『中国と公害』の回顧と展望」（中国環境問題研究会編『中国環境ハンドブック 2005-2006 年版』蒼蒼社所収）

ウィリアムソン，ジェフリー（2003）『不平等，貧困と歴史』（安場保吉・水原正亨訳）ミネルヴァ書房

植田和弘（2004）「中国環境経済・政策研究の回顧と展望」（中国環境問題研究会編『中国環境ハンドブック 2005-2006 年版』蒼蒼社所収）

植田和弘・岡敏弘・新澤秀則編（1997）『環境政策の経済学——理論と現実』日本評論社

ウェーバー，マックス（1971）『儒教と道教』（木全徳雄訳）創文社

絵所秀紀（2001）「独立後インドの経済思想(4)——マハラノビス・モデル」『経済志林』第 68 巻，第 3-4 号，21-83 ページ

大泉啓一郎（2007）『老いてゆくアジア――繁栄の構図が変わるとき』中央公論新社
大川一司編（1960）『過剰就業と日本農業』春秋社
大川一司・小浜裕久（1993）『経済発展論――日本の経験と発展途上国』東洋経済新報社
大来洋一（2010）『戦後日本経済論――成長経済から成熟経済への転換』東洋経済新報社
大塚啓二郎（2006）「中国　農村の労働力は枯渇――『転換点』すでに通過」『日本経済新聞』10月9日
大野幸一（2002）「開発戦略論の課題――複線型工業化の再考」（高阪章・大野幸一編『新たな開発戦略を求めて』日本貿易振興会アジア経済研究所所収）
小塩隆士（2002）『教育の経済分析』日本評論社
梶谷懐（2011）『現代中国の財政金融システム――グローバル化と中央 - 地方関係の経済学』名古屋大学出版会
葛象賢・屈維英（1993）『盲流――中国の出稼ぎ熱とそのゆくえ』（武吉次朗訳）東方書店
加藤弘之（1994）「農村工業化，都市化と人口移動」（中兼和津次編『近代化と構造変動』東京大学出版会所収）
加藤弘之（1997）『中国の経済発展と市場化――改革・開放時代の検証』名古屋大学出版会
加藤弘之・陳光輝（2002）『東アジア長期経済統計第12巻　中国』拓殖大学アジア情報センター編，勁草書房
加藤弘之（2003）『シリーズ現代中国経済第6巻　地域の発展』名古屋大学出版会
加藤弘之（2009）「どこへゆく中国の資本主義」（加藤弘之・久保享『進化する中国の資本主義』岩波書店所収）
河地重蔵（1972）『毛沢東と現代中国――社会主義経済建設の課題』ミネルヴァ書房
関志雄（2002）「中国の台頭と IT 革命の進行で雁行形態は崩れたか――米国市場における中国製品の競争力による検証」RIETI Discussion Paper Series 02-J-006
関志雄（2005）「『新自由主義者』vs.『新左派』の経済論争」（http://www.rieti.go.jp/users/china-tr/jp/051024gakusya.htm）
関志雄（2010）「ルイス転換点の到来を示唆する『民工荒』――産業高度化の契機に」（http://www.rieti.go.jp/users/china-tr/jp/ssqs/100428-1ssqs.htm）
木宮正史（2003）『韓国――民主化と経済発展のダイナミズム』筑摩書房
木村福成（2009）「東アジア経済の新たな潮流と雁行形態論」（池間誠編『国際経済の新構図』文眞堂所収）
邱永漢（1993）『中国人と日本人』中央公論社
金日坤（1992）『東アジアの経済発展と儒教文化』大修館書店
金堅敏（2010）「中国の高速鉄道整備で見られた『市場と技術の交換戦略』」（http://jp.fujitsu.com/group/fri/report/china-research/topics/2010/no-132.html）
クズネッツ，サイモン（1968）『近代経済成長の分析』（塩野谷祐一訳）東洋経済新報社
黒崎卓（2001）『開発のミクロ経済学――理論と応用』岩波書店
厳善平（2005）『中国の人口移動と民工――マクロ・ミクロ・データに基づく計量分析』勁草書房
厳善平（2008）「中国における『三農政策』とその転換」（武田康裕・丸川知雄・厳善平編『現代アジア研究3　政策』慶應義塾大学出版会所収）
厳善平（2010）『中国農民工の調査研究――上海市・珠江デルタにおける農民工の就業・賃

金・暮らし』晃洋書房
厳善平（2011）「農民工子女学校教育の政策と実態」（中兼和津次編『改革開放以後の経済制度・政策の変遷とその評価』早稲田大学現代中国研究所所収）
呉軍華（2008）『中国　静かなる革命』日本経済新聞社
小島清（2009）「雁行型経済発展論」（池間誠編『国際経済の新構図』文眞堂所収）
小島麗逸編（1978）『中国の都市化と農村建設』龍溪書舎
小島麗逸・鄭新培（2001）『中国教育の発展と矛盾』御茶の水書房
小林孝次（1993）「単位根検定，共和分検定，グレンジャー因果性検定」『創価経済論集』第22号，77-85ページ
駒形哲哉（2011）『中国の自転車産業——「改革・開放」と産業発展』慶應義塾大学出版会
小峰隆夫・日本経済研究センター編（2007）『超長期予測　老いるアジア——変貌する世界人口・経済地図』日本経済新聞出版社
斎藤修（2008）『比較経済発展論——歴史的アプローチ』岩波書店
櫻井二郎（2004）「中国の汚染課徴金制度」（中国環境問題研究会編『中国環境ハンドブック2005-2006年版』蒼蒼社所収）
佐々木智弘（2006）「胡錦濤政権の政治外交課題」（大西康雄編『中国　胡錦濤政権の挑戦』アジア経済研究所所収）
澤田康幸（2003）「教育開発の経済学」（大塚啓二郎・黒崎卓編『教育と経済発展——途上国における貧困削減に向けて』東洋経済新報社所収）
ジェトロ・アジア経済研究所編（2004）『テキストブック　開発経済学』有斐閣
塩野谷祐一（1965）「工業化の二部門パターン——ホフマン法則の批判」（山田雄三ほか編『経済成長と産業構造』春秋社所収）
朱立峰・寺町信雄（2010）「日中韓　ASEANの対米輸出構造の比較——関志雄論文の拡張」京都産業大学 DISCUSSION PAPER SERIES, No. 2010-01
シュルツ，T. W.（1969）『農業近代化の理論』（逸見謙三訳）東京大学出版会
唱新（2011）『資本蓄積と産業発展のダイナミズム——中国産業の雁行型発展に関する経済分析』晃洋書房
ジョーンズ，チャールズ（1999）『経済成長理論入門——新古典派から内生的成長理論へ』（香西泰監訳）日本経済新聞社
秦尭禹（2007）『大地の慟哭——中国民工調査』（田中忠仁ほか訳）PHP研究所
末廣昭（1998）「発展途上国の開発主義」（東京大学社会科学研究所編『20世紀システム4　開発主義』東京大学社会科学研究所所収）
末廣昭（2000）『キャッチアップ型工業化論——アジア経済の軌跡と展望』名古屋大学出版会
スコット，ジェームズ（1999）『モーラル・エコノミー——東南アジアの農民叛乱と生存維持』（高橋彰訳）勁草書房
セン，アマルティア（2000）『自由と経済開発』（石塚雅彦訳）日本経済新聞社
園田茂人（2008）『不平等国家　中国——自己否定した社会主義のゆくえ』中央公論新社
園田茂人編（2010）『天津市定点観測調査（1997-2010）——単純集計結果にみる時系列変化とその解釈』NIHU現代中国早稲田大学拠点WICCS研究シリーズ3，早稲田大学　現代中国研究所

園田茂人・新保敦子（2010）『教育は不平等を克服できるか』岩波書店
園部哲史・大塚啓二郎（2004）『産業発展のルーツと戦略——日中台の経験に学ぶ』知泉書館
田島俊雄（1998）「中国・台湾2つの開発体制——共産党と国民党」（東京大学社会科学研究所編『20世紀システム4　開発主義』東京大学社会科学研究所所収）
田島俊雄（2008）「無制限労働供給とルイス的転換点」『中国研究月報』第62巻，第2号，40-45ページ
陳光輝（2012）「中国の省間格差——新局面は出現したのか」『国民経済雑誌』第205巻，第3号，15-23ページ
津上俊哉（2011）『岐路に立つ中国——超大国を待つ7つの壁』日本経済新聞出版社
辻康吾編（1990）『現代中国の飢餓と貧困——2,000万人餓死事件への証言』弘文堂
寺岡伸章（2008）「胡錦濤の『科学的発展観』とはいったい何なのか」（http://www.spc.jst.go.jp/report/200801/report_tokubetu.html）
ドッブ，モーリス（1956）『後進国の経済発展と経済機構』（小野一一郎訳）有斐閣
戸堂康之（2008）『技術伝播と経済成長——グローバル化時代の途上国経済分析』勁草書房
唐成（2005）『中国の貯蓄と金融——家計・企業・政府の実証分析』慶応義塾大学出版会
中兼和津次（1999）『中国経済発展論』有斐閣
中兼和津次（2000）「中国経済——3つの転換」（毛里和子編『中国の構造変動第1巻　大国への視座』東京大学出版会所収）
中兼和津次（2002）『シリーズ現代中国経済第1巻　経済発展と体制移行』名古屋大学出版会
中兼和津次（2003）「中国の経済発展パターン——普通の国へ」（浜田宏一・内閣府経済社会総合研究所編『世界経済の中の中国』NTT出版所収）
中兼和津次（2007）「『三農問題』を考える」『中国21』第26号，26-47ページ
中兼和津次（2010a）『体制移行の政治経済学——社会主義国はなぜ資本主義に向かって脱走するのか』名古屋大学出版会
中兼和津次（2010b）「中国における市場経済化の進展——価格から見た市場統合を中心に」（同編『歴史的視野から見た現代中国経済』ミネルヴァ書房所収）
中兼和津次（2010c）「中国における『都市農村一体化』政策を考える」『中国経済研究』第7巻，第2号，1-14ページ
中兼和津次（2010d）「中国，経済発展，体制移行」『青山学院大学国際政経論集』第81号，119-139ページ
中兼和津次（2012）「『和諧経済』の理想と現実——粗放的成長の罠」『国際問題』4月号，17-26ページ
中西徹（1997）「二重構造と失業」（アジア経済研究所・朽木昭文ほか編『テキストブック開発経済学』有斐閣所収）
ヌルクセ，ラグナー（1955）『後進諸国の資本形成』（土屋六郎訳）巌松堂出版
ノース，ダグラス（1994）『制度・制度変化・経済成果』（竹下公規訳）晃洋書房
馬欣欣（2011）『中国女性の就業行動——「市場化」と都市労働市場の変容』慶應義塾大学出版会
馬欣欣（2012）「労働市場の多重構造と『ルイスの転換点』」（大橋英夫編『変貌する中国経

済と日系企業の役割』勁草書房所収）

裵茂基（1983）「韓国経済の転換点分析」（朴宇熙・渡辺利夫編『韓国の経済発展』文眞堂所収）

ハーシュマン，アルバート（1961）『経済発展の戦略』（麻田四郎訳）巌松堂出版

旗田巍（1973）『中国村落と共同体理論』岩波書店

速水佑次郎（1995）『開発経済学——諸国民の貧困と富』創文社

原洋之介（1985）『クリフォード・ギアツの経済学——アジア研究と経済理論の間で』リブロポート

バラン，ポール（1960）『成長の経済学』（浅野栄一・高須賀義博訳）東洋経済新報社

ハロッド，ロイ（1976）『経済動学』（宮崎義一訳）丸善

フェイ，ジョン・大川一司・レニス，グスタフ（1986）「経済発展の歴史的パースペクティブ——日本，韓国，台湾」（大川一司編『日本と発展途上国』勁草書房所収）

福味敦（2006）「民主主義・制度・経済成長——パネルデータによる多国間実証分析」『国民経済雑誌』第194巻，第6号，89-105ページ

フクヤマ，フランシス（1992）『歴史の終わり』（渡部昇一訳）三笠書房

藤原帰一（1998）「ナショナリズム・冷戦・開発」（東京大学社会科学研究所編『20世紀システム4　開発主義』東京大学社会科学研究所所収）

堀井伸浩編（2010）『中国の持続可能な成長——資源・環境制約の克服は可能か？』アジア経済研究所

本台進・羅歓鎮（1999）「農村経済の変貌と労働市場」（南亮進・牧野文夫編『流れゆく大河——中国農村労働の移動』日本評論社所収）

マグレガー，リチャード（2011）『中国共産党——支配者たちの秘密の世界』（小谷まさ代訳）草思社

松本充豊（2001）「台湾の政治的民主化と中国国民党『党営事業』」『日本台湾学会報』第3号，1-23ページ（http://www.jats.gr.jp/journal/pdf/gakkaiho003_02.pdf）

丸川知雄（1999）『市場発生のダイナミクス——移行期の中国経済』アジア経済研究所

丸川知雄（2010）「中国経済は転換点を迎えたのか？——四川省農村調査からの示唆」『大原社会問題研究所雑誌』第616号，1-13ページ

丸山伸郎編（1994）『90年代中国地域開発の視角——内陸・沿海関係の力学』アジア経済研究所

三浦有史（2010）『不安定化する中国——成長の持続性を揺るがす格差の構造』東洋経済新報社

三浦有史（2011）「中国農村の余剰労働力は枯渇したか」『アジア・マンスリー』2月号

三木毅（1971）『中国回復期の経済政策——新民主主義経済論』川島書店

南亮進（1970）『日本経済の転換点——労働の過剰から不足へ』創文社

南亮進（1990）『中国の経済発展——日本との比較』東洋経済新報社

南亮進（1998）「経済発展と民主主義」（南亮進・中村政則・西沢保編『デモクラシーの崩壊と再生——学際的接近』日本経済評論社所収）

南亮進・クワン・S. キム（2000）「所得分配と政治変動のダイナミズム：序論」（南亮進・クワン・S. キム，マルコム・ファルカス編『所得不平等の政治経済学』東洋経済新報社所収）

南亮進・牧野文夫・羅歓鎮（2008）『中国の教育と経済発展』東洋経済新報社
南亮進・馬欣欣（2009）「中国経済の転換点——日本との比較」『アジア経済』12月号，2-20ページ
ミュルダール，グンナー（1974）『アジアのドラマ（上）——諸国民の貧困の一研究』（小浪充・木村修三訳）東洋経済新報社
三輪芳朗（1998）『政府の能力』有斐閣
村上泰亮（1992）『反古典の政治経済学』中央公論社
村上泰亮（1998）『文明の多系史観——世界史再解釈の試み』中央公論社
村松祐次（1949）『中国経済の社会態制』東洋経済新報社
毛里和子（1993）『現代中国政治』名古屋大学出版会
吉川洋（1992）『日本経済とマクロ経済学』東洋経済新報社
李実（2009）「経済成長と所得分配——中国の経験」『フィナンシャル・レビュー』第4号，49-70ページ
柳随年・呉群敢編（1986）『中国社会主義経済略史（1949-1984）』北京周報社
劉徳強・高田誠（1999）「農家労働供給と出稼ぎ」（南亮進・牧野文夫編『流れゆく大河』日本評論社所収）
林毅夫・蔡昉・李周（1997）『中国の経済発展』（杜進訳）日本評論社
ロストウ, W. W.（1961）『経済成長の諸段階——一つの非共産主義宣言』（木村健康ほか訳）ダイヤモンド社
渡辺利夫（1985）『成長のアジア，停滞のアジア』東洋経済新報社
渡辺利夫（1990）『アジア新潮流——西太平洋のダイナミズムと社会主義』中央公論社
渡辺利夫（2001）『開発経済学入門』東洋経済新報社
渡辺利夫（2009）『アジア経済読本（第4版）』東洋経済新報社
渡辺利夫・金昌男（1996）『韓国経済発展論』勁草書房

英語文献

Adams, F. G., Byron Gangnes and Yochanan Shachmurove (2006), "Why Is China So Competitive ? Measuring and Explaining China's Competitiveness", *World Economy*, Vol. 29, pp. 95-122.
Amiti, Mary and Caroline Freund (2008), "The Anatomy of China's Export Growth", *World Bank Policy Research Working Paper*, No. 4628.
Amsden, Alice (1989), *Asia's Next Giant : South Korea and Late Industrialization*, Oxford University Press.
Ang, James (2009), "Household Saving Behaviour in an Extended Life Cycle Model : A Comparative Study of China and India", *Journal of Development Studies*, Vol. 45(8), pp. 1344-1359.
Aronson, Richard, Paul Johnson and Peter Lambert (1994), "Redistributive Effect and Unequal Income Tax Treatment", *Economic Journal*, Vol. 104, pp. 262-270.
Atkinson, Anthony, Thomas Piketty and Emmanuel Saez (2011), "Top Incomes in the Long Run of History", *Journal of Economic Literature*, Vol. 49, pp. 3-71.
Athukorala, Prema-Chandra (1993), "Manufactured Exports from Developing Countries and Their Terms of Trade : A Reexamination of the Sarkar-Singer Results", *World Development*, Vol. 21,

pp. 1607-1613.
Barro, Robert (1996), "Democracy and Growth", *Journal of Economic Growth*, Vol. 1, pp. 1-27.
Barro, Robert (2000), "Inequality and Growth in a Panel of Countries", *Journal of Economic Growth*, Vol. 5, pp. 5-32.
Becker, Gary (1964), *Human Capital : A Theoretical and Empirical Analysis, with Special Reference to Education*, Columbia University Press (佐野陽子訳『人的資本──教育を中心とした理論的・経験的分析』東洋経済新報社, 1976年).
Becker, Jasper (1998), *Hungry Ghosts : Mao's Secret Famine*, Henry Holt.
Bleaney, Michael and David Greenaway (1993), "Long-Run Trends in the Relative Price of Primary Commodities and in the Terms of Trade of Developing Countries", *Oxford Economic Papers*, Vol. 45, pp. 349-363.
Bloch, Harry and David Sapsford (1997), "Some Estimates of Prebisch and Singer Effects on the Terms of Trade between Primary Producers and Manufacturers", *World Development*, Vol. 25, pp. 1873-1884.
Bloom, David and J. G. Williamson (1998), "Demographic Transitions and Economic Miracles in Emerging Asia", *World Bank Economic Review*, Vol. 12, pp. 419-456.
Bloom, David, David Canning and Jaypee Sevilla (2001), "Economic Growth and the Demographic Transition", *NBER Working Paper*, No. 3685.
Brajer, Victor, Robert Mead and Feng Xiao (2011), "Searching for an Environmental Kuznets Curve in China's Air Pollution", *China Economic Review*, Vol. 22, pp. 383-397.
Burnside, Craig and David Dollar (2000), "Aid, Policies and Growth", *American Economic Review*, Vol. 90, pp. 847-868.
Chen, Shiyi, Gary Jefferson and Jun Zhang (2011), "Structural Change, Productivity Growth and Industrial Transformation in China", *China Economic Review*, Vol. 22, pp. 133-150.
Chenery, Hollis and Moshe Syrquin (1975), *Patterns of Development, 1950-1970*, Oxford University Press.
Chenery, Hollis, Sherman Robinson and Moshe Syrquin (1986), *Industrialization and Growth : A Comparative Study*, Oxford University Press.
Cheng, Leonard and Yum K. Kwan (2000), "What are the Determinants of the Location of Foreign Direct Investment ? The Chinese Experience", *Journal of International Economics*, Vol. 51, pp. 379-400.
Chow, Gregory (2002), *China's Economic Transformation*, Blackwell Publishers.
Démurger, Sylvie (2001), "Infrastructure Development and Economic Growth : An Explanation for Regional Disparities in China ?", *Journal of Comparative Economics*, Vol. 29, pp. 95-117.
Eckstein, Alexander (1977), *China's Economic Revolution*, Cambridge University Press (石川滋監訳『中国の経済革命』東京大学出版会, 1980年).
Fei, John and Gustav Ranis (1964), *Development of the Labor Surplus Economy : Theory and Policy*, R. D. Irwin.
Feng, Yi (2003), *Democracy, Governance, and Economic Performance : Theory and Evidence*, MIT Press.
Fleisher, Belton and Xiaojun Wang (2005), "Returns to Schooling in China under Planning and

Reform", *Journal of Comparative Economics*, Vol. 33, pp. 265-277.

Ford, J. L., S. Sen and Hongxu Wei (2010), "FDI and Economic Development in China 1970-2006 : A Cointegration Study", Department of Economics, University of Girmingham Discussion Paper.

Frank, Andre (1978), *Dependent Accumulation and Underdevelopment*, Macmillan (吾郷健二訳『従属的蓄積と低開発』岩波書店, 1980年).

Gao, Ting (2005), "Labor Quality and the Location of Foreign Direct Investment : Evidence from China", *China Economic Review*, Vol. 16, pp. 274-292.

Gerscnenkron, Alexander (1962), *Economic Backwardness in Historical Perspective : A Book of Essays*, Havard University Press (絵所秀紀ほか訳『後発工業国の経済史――キャッチアップ型工業化論』ミネルヴァ書房, 2005年).

Gill, Indermit and Homi Kharas (2007), *An East Asian Renaissance : Ideas for Economic Growth*, World Bank.

Gillis, Malcolm, Dwight Perkins, Michael Roemer and Donald Snodgrass (1996), *Economics of Development* (4th edition), W. W. Norton & Company.

Ginzburg, Andrea and Annamaria Simonazzi (2005), "Patterns of Industrialization and the Flying Geese Model : The Case of Electronics in East Asia", *Journal of Asian Economics*, Vol. 15, pp. 1051-1078.

Gries, Thomas and Margarethe Redlin (2009), "China's Provincial Disparities and the Determinants of Provincial Inequality", *Journal of Chinese Economic and Business Studies*, Vol. 7, pp. 259-281.

Groot, Henri, Cees Withagen and Zhou Minliang (2004), "Dynamics of China's Regional Development and Pollution : An Investigation into the Environmental Kuznets Curve", *Environment and Development Economics*, Vol. 9, pp. 507-537.

Grossman, G. M. and A. B. Krueger (1991), "Environmental Impacts of a North American Free Trade Agreement", *NBER Working Paper*, No. 3914.

Gustafsson, Bjorn and Shi Li (2000), "Economic Transformation and the Gender Earnings Gap in Urban China", *Journal of Population Economics*, Vol. 13, pp. 305-329.

Harris, J. R. and Michael Todaro (1970), "Migration, Unemployment and Development : A Two-Sector Analysis", *American Economic Review*, Vol. 60, pp. 126-142.

He, Jie (2008), "China's Industrial SO_2 Emissions and its Economic Determinants : EKC's Reduced vs. Structural Model and the Role of International Trade", *Environment and Development Economics*, Vol. 14, pp. 227-262.

Head, Keith and John Ries (1996), "Inter-city Competition for Foreign Investment : Static and Dynamic Effects of China's Incentive Areas", *Journal of Urban Economics*, Vol. 40, pp. 38-60.

Hiratsuka, Daisuke (2003), "Competitiveness of ASEAN, China and Japan" in Ippei Yamazawa and Daisuke Hiratsuka (eds.), *ASEAN-Japan Competitive Strategy*, Institute of Developing Economies.

Horioka, Charles (2010), "Aging and Saving in Asia", *Pacific Economic Review*, Vol. 10, pp. 46-55.

Hossain, S. I. (1997). "Making Education in China Equitable and Efficient", *World Bank Policy Research Working Paper*, No. 1814.

Huang, Yasheng (2003), *Selling China : Foreign Direct Investment during the Reform Era*, Cam-

bridge University Press.
Huang, Yasheng (2008), *Capitalism with Chinese Characteristics : Entrepreneurship and the State*, Cambridge University Press.
Hummels, David and Peter Klenow (2005), "The Variety and Quality of a Nation's Exports", *American Economic Review*, Vol. 95, pp. 704-723.
Hunt, Diana (1989), *Economic Theories of Development : An Analysis of Competing Paradigms*, Harvester Wheatsheaf.
Islam, Nazrul and Kazuhiko Yokota (2008), "Lewis Growth Model and China's Industrialization", *Asian Economic Journal*, Vol. 22, pp. 359-396.
Jefferson, Gary (2008), "How Has China's Economic Emergence Contributed to the Field of Economics ?", *Comparative Economic Studies*, Vol. 50, pp. 167-209.
Jefferson, Gary and Thomas Rawski (1994), "Enterprise Reform in Chinese Industry", *Journal of Economic Perspectives*, Vol. 8, pp. 47-70.
Jin, Jang C. (2004), "On the Relationship Between Openness and Growth in China : Evidence from Provincial Time Series Data", *World Economy*, Vol. 27, pp. 1571-1582.
Kanbur, Ravi and Xiaobo Zhang (2004), "Fifty Years of Regional Inequality in China : A Journey through Central Planning, Reform, and Openness", *United Nations University Research Paper*, No. 2004/50.
Kaplinsky, Raphael (2006), "Revisiting the Revisited Terms of Trade : Will China Make a Difference ?", *World Development*, Vol. 34, pp. 981-995.
Kennedy, Scott (2008), "The Myth of the Beijing Consensus", prepared for the conference, "'Washington Consensus' Versus 'Beijing Consensus' : Sustainability of China's Development Model", National Taiwan University Center for China Studies and University of Denver Center for China-US Cooperation, Denver, Colorado, May 30-31, 2008.
Kijima, Masaaki, Katsumasa Nishide and Atsuyuki Ohyama (2010), "Economic Models for the Environmental Kuznets Curve : A Survey", *Journal of Economic Dynamics and Control*, Vol. 34, pp. 1187-1201.
Kok, Recep and Bernur Ersoy (2009), "Analyses of FDI Determinants in Developing Countries", *International Journal of Social Economics*, Vol. 36(2), pp. 105-123.
Kumakura, Masanaga (2007), "What's So Special about China's Exports ? A Comment", *China and World Economy*, Vol. 15, pp. 18-37.
Kuroiwa, Ikuo et al. (2011), "Innovation Networks in China, Japan, and Korea : Evidence from Japanese Patent Data", *IDE Discussion Paper*, No. 285.
Lall, Sanjaya (2000), "The Technological Structure and Performance of Developing Country Manufactured Exports, 1985-98", *Oxford Development Studies*, Vol. 28, pp. 337-369.
Lall, Sanjaya, John Weiss and Jinkang Zhang (2005), "The 'Sophistication' of Exports : A New Measure", *World Development*, Vol. 34, pp. 222-237.
Lall, Sanjaya and Manuel Albaladejo (2004), "China's Competitive Performance : A Threat to East Asian Manufactured Exports ?", *World Development*, Vol. 32, pp. 1441-1466.
Lean, Hooi Hooi and Yingzhe Song (2009), "The Domestic Savings and Economic Growth Relationship in China", *Journal of Chinese Economic and Foreign Trade Studies*, Vol. 2(1), pp. 5-17.

Lee, Ronald and Andrew Mason (2006), "What is the Demographic Dividend ?", *Finance and Development*, Vol. 43, pp. 1-9.

Lewis, Arthur (1954), "Economic Development with Unlimited Supplies of Labour", *The Manchester Economic Studies*, Vol. 22, pp. 139-191.

Lin, Tun, Juzhong Zhuang, Damaris Yarcia and Fen Lin (2008), "Income Inequality in the People's Republic of China and Its Decomposition: 1990-2004", *Asian Development Review*, Vol. 25, pp. 119-136.

Liu, Zhiqiang (2008), "Foreign Direct Investment and Technology Spillovers: Theory and Evidence", *Journal of Development Economics*, Vol. 85, pp. 176-193.

Luo, Changyuan (2007), "FDI, Domestic Capital and Economic Growth: Evidence from Panel Data at China's Provincial Level", *Frontier Economics in China*, Vol. 2(1), pp. 92-113 (これは羅長遠 (2006)「FDI, 国内資本与経済増長——1987-2001 年中国省際面板数拠的証拠」『世界経済文彙』第 4 期, 27-43 頁の翻訳).

Lutz, Matthias (1999), "Commodity Terms of Trade and Individual Countries' Net Barter Terms of Trade: Is There an Empirical Relationship ?", *Journal of International Development*, Vol. 11, pp. 859-870.

Mah, J. S. (2005), "Export Expansion, Economic Growth and Causality in China", *Applied Economics Letters*, Vol. 12, pp. 105-107.

Mason, Andrew and Tomoko Kinugasa (2004), "East Asian Economic Development: Two Demographic Dividends", A paper presented for Conference on Miracles and Mirages in East Asian Economic Development, Honolulu, May 22, 2004.

Mayer, Jorg (2002), "The Fallacy of Composition: A Review of the Literature", *World Economy*, Vol. 25, pp. 875-894.

Meier, Gerald (1995), *Leading Issues in Economic Development* (6th edition), Oxford University Press.

Meng, Xing and Nansheng Bai (2007), "How Much Have the Wages of Unskilled Workers in China Increased ?" in Garnaut and Song (eds.), *China: Linking Markets for Growth*, Asia Pacific Press at the Australian National University.

Modigliani, Franco, and Richard Brumberg (1954), "Utility Analysis and the Consumption Function: An Interpretation of Cross-Section Data", in Kenneth Kurihara (ed.), *Post-Keynesian Economics*, Rutgers University Press.

Modigliani, Franco and Larry Shi Cao (2004), "The Chinese Saving Puzzle and the Life-Cycle Hypothesis", *Journal of Economic Literature*, Vol. 42, pp. 145-170.

Mottaleb, K. A. and Kaliappa Kalirajan (2010), "Determinants of Foreign Direct Investment in Developing Countries: A Comparative Analysis", *ASARC Working Paper*, No. 13.

Myint, Hla (1980), *The Economics of the Developing Countries*, Hutchinson.

Naughton, Barry (1995), *Growting out of the Plan: Chinese Economic Reform 1978-1993*, Cambridge University Press.

Naughton, Barry (2007), *The Chinese Economy: Transitions and Growth*, The MIT Press.

Oaxaca, Ronald (1973), "Male-Female Wage Differentials in Urban Labor Markets", *International Economic Review*, Vol. 14, pp. 693-709.

Ozawa, Terutomo (2002), "Pax Americana-led Macro-clustering and Flying-geese-style Catch-up in East Asia : Mechanisms of Regionalized Endogenous Growth", *Journal of Asian Economics*, Vol. 13, pp. 699-713.

Ozawa, Terutomo (2009), *The Rise of Asia : The 'Flying-Geese' Theory of Tandem Growth and Regional Agglomeration*, Edward Elgar.

Perkins, Dwight and Thomas Rawski (2008), "Forecasting China's Economic Growth to 2025", in Brandt, Loren and Thomas Rawski (eds.), *China's Great Economic Transformation*, Cambridge University Press.

Psacharopoulos, George (1994), "Returns to Investment in Education : A Global Update", *World Development*, Vol. 22, pp. 1325-1343.

Psacharopoulos, George and Anthony Patrinos (2002), "Returns to Investment in Education : A Further Update", *World Bank Policy Research Working Paper*, No. 2881.

Ramasamy, Bela and Mathew Yeung (2010), "A Causality Analysis of the FDI-Wages-Productivity Nexus in China", *Journal of Chinese Economic and Foreign Trade Studies*, Vol. 3, pp. 5-23.

Ramo, Joshua (2004), *The Beijing Consensus*, The Foreign Policy Centre.

Ravallion, Martin and Shaohua Chen (2004), "China's (Uneven) Progress against Poverty", *World Bank Policy Research Working Paper*, No. 3408.

Rawski, Thomas (1988), *Economic Growth in Pre-war China*, University of California Press.

Rodrik, Dani (2006), "What's So Special about China's Exports ?", *China and World Economy*, Vol. 14, pp. 1-19.

Rosenstein-Rodan, P. N. (1943), "Problems of Industrialisation of Eastern and South-Eastern Europe", *Economic Journal*, Vol. 53, pp. 202-211.

Sachs, Jeffrey (2005), *The End of Poverty : How We Can Make it Happen in Our Lifetime*, Penguin Books（鈴木主税・野中邦子訳『貧困の終焉──2025年までに世界を変える』早川書房, 2006年）.

Schott, Peter (2008), "The Relative Sophistication of Chinese Exports", *Economic Policy*, Vol. 23, pp. 5-49.

Schultz, Theodore (1964), *Transforming Traditional Agriculture*, Yale University Press（逸見謙三訳『農業近代化の理論』東京大学出版会, 1969年）.

Schurmann, Franz (1968), *Ideology and Organization in Communist China*, University of California Press.

Shen, Guobing and Anthony Gu (2007), "Revealed Comparative Advantage, Intra-Industry Trade and the US Manufacturing Trade Deficit with China", *China and World Economy*, Vol. 15, pp. 87-103.

Sigurdson, Jon (1977), *Rural Industrialization in China*, Harvard University Press.

Song, Tao, Tingguo Zheng and Lianjun Tong (2008), "An Empirical Test of the Environmental Kuznets Curve in China : A Panel Cointegration Approach", *China Economic Review*, Vol. 19, pp. 381-392.

Stern, Nicholas (1991), "The Determinants of Growth", *Economic Journal*, Vol. 101, pp. 122-133.

Sun, Qian, Wilson Tong and Qiao Yu (2002), "Determinants of Foreign Direct Investment across China", *Journal of International Money and Finance*, Vol. 21, pp. 79-113.

Tang, Tuck Cheong (2006), "New Evidence on Export Expansion, Economic Growth and Causality in China", *Applied Economics Letters*, Vol. 13, pp. 801-803.
Tavares, José and Romain Wacziarg (2001), "How Democracy Affects Growth", *European Economic Review*, Vol. 45, pp. 1341-1378.
Thirlwall, A. P. (1999), *Growth and Development with Special Reference to Developing Economies* (6th edition), Macmillan.
Timmer, Robert and Adam Szirmai (2000), "Productivity Growth in Asian Manufacturing : The Structural Bonus Hypothesis Examined", *Structural Change and Economic Dynamics*, Vol. 11, pp. 371-392.
Todaro, Michael (1994), *Economic Development* (5th edition), Longman.
Todaro, Michael and Stephen Smith (2003), *Economic Development* (8th edition), Addison Wesley (森杉壽芳監修, OCDI開発経済研究会訳『トダロとスミスの開発経済学』ピアソン桐原, 2010年).
Todaro, Michael and Stephen Smith (2009), *Economic Development* (10th edition), Pearson/Addison Wesley.
Tuan, Chyau, Linda Ng and Bo Zhao (2009), "China's Post-Economic Reform Growth : The Role of FDI and Productivity Progress", *Journal of Asian Economics*, Vol. 20, pp. 280-293.
Tung, An-chi (2003), "Beyond Flying Geese : The Expansion of East Asia's Electronics Trade", *German Economic Review*, Vol. 4, pp. 35-51.
UNCTAD (2008), *Trade and Development Report 2008*, United Nations.
USPTO (2011), "Patents By Country, State, and Year-Utility Patents (December 2011)" (http//www.uspto.gov/web/offices/ac/ido/oeip/taf/cst_utl.pdf).
Wade, Robert (1990), *Governing the Market : Economic Theory and the Role of Government in East Asian Industrialization*, Princeton University Press (その一部は邦訳がある。長尾伸一ほか訳『東アジア資本主義の政治経済学——輸出立国と市場誘導政策』同文館出版, 2000年).
Wang, Fuqin (2011), "Perceptions of Distributive Justice of the Residents in Contemporary China's Large Cities : An Empirical Study Based on the Survey in Shanghai", 『社会』第3期, pp. 155-183.
Whyte, Martin King (2010), *Myth of the Social Volcano : Perceptions of Inequality and Distributive Injustice in Contemporary China*, Stanford University Press.
Williamson, Jeffrey (1965), "Regional Inequality and the Process of National Development : A Description of the Patterns", *Economic Development and Cultural Change*, Vol. 13, No. 4, pp. 1-84.
World Bank (1993), *The East Asian Miracle : Economic Growth and Public Policy*（白鳥正喜監訳, 海外経済協力基金開発問題研究会訳『東アジアの奇跡——経済成長と政府の役割』東洋経済新報社, 1994年).
World Bank (1997), *The State in a Changing World*（海外経済協力基金開発問題研究会訳『開発における国家の役割』東洋経済新報社, 1997年).
World Bank (2012), *China 2030* (http://www.worldbank.org/content/dam/Worldbank/document/China-2030-complete.pdf).
Wu, Ximing and Jeffrey Perloff (2005), "China's Income Distribution, 1985-2001", *Review of*

Economics and Statistics, Vol. 87, pp. 763-775.
Yue, Changjun and Ping Hua (2002), "Does Comparative Advantage Explain Export Patterns in China?", *China Economic Review*, Vol. 13, pp. 276-296.
Zhang, Junsen, Pak-Wai Liu and Linda Yung (2007), "The Cultural Revolution and Returns to Schooling in China: Estimates Based on Twins", *Journal of Development Economics*, Vol. 84, pp. 631-639.
Zhang, Kenny and Minghuan Li (2004), "To Stay or to Move? Chinese Migrant Workers in Cities", *Vancouver Centre of Excellence Working Paper*, No. 4-22.

中国語文献（ピンイン順）

蔡昉（2007）「中国労動力市場発育与就業変化」『経済研究』第 7 期，4-14 頁
蔡昉（2007）「中国経済発展的劉易斯転折点」（蔡昉編『中国人口与労働問題報告 No. 8 ——劉易斯転折点及其政策挑戦』，社会科学文献出版社所収）
蔡昉（2008）「収入分配差距縮小的条件成熟了嗎？」『中国人口与労働問題報告 No. 9』社会科学文献出版社
蔡昉（2009）「未来的人口紅利——中国経済増長源泉的開拓」『中国人口科学』第 2 期，2-10 頁
蔡昉（2010）「人口転変，人口紅利与劉易斯転折点」『経済研究』第 4 期，4-13 頁
蔡昉主編（2006）『中国人口与労働問題報告 No. 7 人口比較経済研究 第 45 巻第 1 号 62 転変的社会経済後果』社会科学文献出版社
曹裕・陳暁紅・馬躍如（2010）「城市化，城郷収入差距与経済増長——基於我国省級面板数拠的実証研究」『統計研究』第 3 期，29-35 頁
車士義・郭琳（2011）「結構転変，制度変遷下的人口紅利与経済増長」『人口研究』第 35 巻，3-14 頁
陳建東・戴岱（2011）「加快城鎮化進程与改善我国居民的収入不平等」『財政研究』第 2 期，48-53 頁
丁霞・顔鵬飛（2011）「解読『中国模式』——基於経済発展的視角」『社会科学研究』19-25 頁
丁学良（2011）『弁論"中国模式"』社会科学文献出版社
董銀果・郝立芳（2011）「中国教育投資回報率度量的関鍵問題探析」『西南大学学報（社会科学版）』第 37 巻，115-121 頁
杜宇瑋，劉東皇（2011）「預防性儲蓄動機強度的時序変化及影響因素差異——基於 1979-2009 年中国城郷居民的実証研究」『経済科学』第 1 期，70-80 頁
範紅忠・連玉君（2010）「家庭内部和家庭外部的剰余労働力与民工荒——基於湖北漢川的農戸調査」『世界経済』第 11 期，99-116 頁
封進・郭瑜（2011）「新型農村養老保険制度的財政支持能力」『重慶社会科学』第 7 期，50-58 頁
宮希魁（2011）「評地方政府的公司傾向」『炎黄春秋』第 4 期，42-47 頁
国家統計局固定資産投資統計司編（1996）『中国国家固定資産投資統計 1950-1995』中国統計出版社
国家統計局国民経済綜合統計司（2005）『新中国五十五年統計資料滙編』中国統計出版社

郭曉科・李希光（2011）「中国模式的定義与探索——"百年清華・中国模式"高峰論壇綜述」『探索』第3期，175-179頁

韓朝華（2010）「国有工業的産業比重，効率与進退」『探索与争鳴』第4期，52-55頁

杭斌，申春蘭（2005）「潜在流動性約束与預防性儲蓄行為——理論框架及実証研究」『管理世界』第9期，28-35，58頁

何深静・劉玉亭・呉縛龍・Chris Webster（2010），「中国大都市低収入隣里及其居民的貧困集聚度和貧困決定因素」『地理学報』第12期，1464-1475頁

胡朝霞・焦根建（2010）「貿易与直接投資自由化対我国経済増長的影響：基於省份係数面板数拠模型的経験研究」『国際貿易問題』第11期，22-28頁

懐黙霆（2009）「中国民衆如何看待当前的社会不平等」『社会学研究』第1期，96-120頁

黄寧（2008）「中国貿易条件変化与対策研究」『経済界』第6期，86-89頁

黄志嶺・姚先国（2009）「教育回報率的性別差異研究」『世界経済』第7期，74-83頁

賈康（2011）「"中国模式"遠未形成」（謝平ほか主編『反思中国模式』中国経済出版社）

康建英・朱雅麗・原新（2006）「中国出生性別比偏高及未来女性赤字預測」『南方人口』第21巻第2期，59-64頁

孔炯炯（2007）「我国工業製成品的国際競争力分析」『統計与決策』第2期，59-61頁

李長頂（2009）「出口与増長——中国三十年経験実証（1978-2008年）」『財経科学』第5期，117-124頁

李菲・秦升（2007）「中国製造業国際競争力的顕示性指標分析」『統計与決策』第3期，80-82頁

李明華・陳真亮・文黎（2008）「生態文明与中国環境政策的転型」『浙江社会科学』第11期，82-86頁

李平・辛佳（2008）「中国貿易条件及其影響因素的実証分析」『商場現代化』第544期，16-17頁

李実（2011）「中国収入分配中的幾個主要問題」『探索与争鳴』第4期，8-12頁

李実・楊修娜（2010）「農民工工資的性別差異及其影響因素」『経済社会体制比較』第5期，82-89頁

李石新・鄭婧（2010）「中国経済発展影響農村貧困的実証分析」『湖南科技大学学報（社会科学版）』第13巻，91-95頁

李暁飛（2010）「我国農村教育回報率変動及其涵義」『安徽農業科学』第38巻，14152-14154頁

劉華軍・閻慶悦・孫日瑶（2011）「中国二酸化碳排放的環境庫茲涅茨曲線——基於時間序列与面板数拠的経験估計」『中国科技論壇』第4期，108-113頁

劉金金，郭整風（2002）「我国居民儲蓄率与経済増長之間的関係研究」『中国軟科学』第2期，24-27頁

劉旭青（2011）「転変経済発展方式，規避中等収入陥阱」『人民論壇』第8期，140-141頁

劉志永（2009）「対外貿易中"貧困化増長"問題及対策分析」『国際経済合作』第2期，17-21頁

龍翠紅（2011）「中国的収入差距，経済増長与教育不平等的相互影響」『華東師範大学報（哲学社会科学版）』第5期，138-145頁

羅楚亮（2010）「農村貧困的動態変化」『経済研究』第5期，123-138頁

羅忠勇（2010）「農民工教育投資的個人収益率研究——基於珠三角農民工的実証調査」『教育与経済』，27-33頁
馬磊・劉欣（2010）「中国城市居民的分配公平感研究」『社会学研究』第5期，31-49頁
毛其琳（2011）「経済開放，城市化水平与城郷収入差距——基於中国省際面板数拠的経験研究」『浙江社会科学』第1期，11-22頁
潘維（2009）「当代中華体制——中国模式的経済，政治，社会解析」（潘維主編『中国模式——解読人民共和国的60年』中央編訳出版社）
銭争鳴・易瑩瑩（2009）「中国教育収益率統計估計与分析——基於参数和半参数估計方法的比較」『統計研究』第26巻，43-50頁
石林梅・李倩倩（2009）「中国価格貿易条件与経済増長関係的実証分析」『求是学刊』第36巻（4）55-58頁
宋世方（2009）「劉易斯転折点：理論与検験」『経済学家』第2期，69-75頁
孫皓・石柱鮮（2011）「中国的産業結構与経済増長——基於行業労働力比率的研究」『人口与経済』第2期，1-5頁
田永勝（2005）『中国之重——32位権威人士解読"三農"問題』光明日報出版社
王朝明・姚毅（2010）「中国城郷貧困動態演化的実証研究：1990-2005」『数量経済技術経済研究』第3期，3-15頁
王徳文・蔡昉・張学輝（2004）「人口転変的儲蓄効応和増長効応——論中国増長可持続性的人口因素」『人口研究』第28巻，2-11頁
王弟海・龔六堂（2007）「増長経済中的消費和儲蓄——兼論中国高儲蓄的原因」『金融研究』第12期，1-15頁
王豊・安徳魯梅森（2006）「中国経済転型過程中的人口因素」『中国人口科学』第3期，2-18頁
王海軍（2009）「FDI，国内投資与経済増長的実証分析」『経済研究導刊』第68期，5-7頁
王金営・楊磊（2010）「中国人口転変，人口紅利与経済増長的実証」『人口学刊』第5期，15-24頁
王森（2010）「我国進出口貿易与経済増長関係的分析」『経済問題』第7期，52-54頁
汪偉（2008）「儲蓄，投資与経済増長之間的動態相関性研究」『南開経済研究』第2期，105-125頁
葦艶・李樹茁・費爾徳曼（2005）「中国農村的男孩偏好与人工流産」『中国人口科学』第2期，12-21頁
魏衆（2010）「中国当前的収入分配状況及対策分析」『経済学動態』第8期，55-62頁
呉福象・劉志彪（2009）「中国貿易量増長之謎微観分析1978-2007」『中国社会科学』第1期，70-83頁
呉敬璉（2011）「加快増長模式転型是我国徹底走出危機的必由之路」『中国流通経済』第1期，4-7頁
武向栄（2009）「中国農民工人力資本収益率研究」『青年研究』34-47頁
徐舒（2010）「技術進歩，教育収益与収入不平等」『経済研究』第9期，79-108頁
許広月・宋徳勇（2010）「中国碳排放環境庫茲涅茨曲線的実証研究——基於省域面板数拠」『中国工業経済』第5期，37-46頁
許啓発・蔣翠侠・劉玉栄（2011）「収入増長，分配公平与貧困減少」『統計研究』第28巻，

27-36 頁
楊国濤・尚永娟・張会萍（2010）「中国農村貧困標準的估計及討論」『農村経済』第 11 期, 10-13 頁
楊海軍・肖霊機・鄒澤清（2008）「工業化階段的判断標準――霍夫曼係数法的缺陷及其修正」『財経論叢』第 2 期, 7-14 頁
楊汝岱・朱詩娥（2008）「中国対外貿易結構与競争力研究：1978-2006」『財貿経済』第 2 期, 112-119 頁
楊穎（2010）「経済増長, 収入分配与貧困：21 世紀中国農村反貧困的新挑戦――基於 2001-2007 年面板数拠的分析」『農業技術経済』第 8 期, 12-18 頁
姚洋（2011）「中国模式及其前景」（謝平ほか主編『反思中国模式』中国経済出版社所収）
姚毅・王朝明（2010）「中国城市貧困発生機制的解読――基於経済増長, 人力資本和社会資本的視角」『財貿経済』第 10 期, 106-113 頁
姚戦琪（2009）「生産率増長与要素再配置効応：中国的経験研究」『経済研究』第 11 期, 130-143 頁
葉方同（2010）「我国新型農村医療体系研究綜述与展望」『経済学動態』第 1 期, 84-86 頁
葉普万・周明（2008）「農民工貧困――一個基於托達羅模型的分析框架」『管理世界』第 9 期, 174-176 頁
岳希明・李実・史泰麗（2010）「壟断行業高収入問題探討」『中国社会科学』第 3 期, 77-93 頁
曽錚（2011）「我国経済発展方式転変的理論, 実証和戦略」『財経問題研究』第 8 期, 3-10 頁
張軍（2002）「資本形成, 工業化与経済増長――中国的転軌特徴」『経済研究』第 6 期, 3-13 頁
張天宝・陳柳欽（2008）「外商在華直接投資決定因素的階段性差異研究――基於面板数拠的系統 GMM 估計」『当代経済科学』第 2 期, 78-87 頁
張瑜・王岳龍（2010）「外商直接投資, 溢出効応与内生経済増長――基於動態面板与中国省際面板数拠的経験分析」『経済与管理研究』第 3 期, 112-117 頁
張宇（2009）「中国模式的含義与意義」（『発展和改革藍皮書』社会科学文献出版社所収）
趙永楽・林竹・愈憲忠・宋成（2008）「中国農村剰余労働力転移的相関問題分析」『生産力研究』第 4 期, 27-28, 58 頁
鄭若谷・干春暉・余典范（2010）「転型期中国経済増長的産業結構和制度効応――基於一個随機前沿模型的研究」『中国工業経済』第 2 期, 58-67 頁
鍾水映・李魁（2009）「中国人口紅利評価」『経済理論与経済管理』第 2 期, 29-34 頁
周孝坤・馮欽・寥嵘（2010）「農村剰余労働力転移影響因素的実証研究」『統計与決策』第 16 期, 74-77 頁
朱珍（2011）「国企分紅制度――現行模式探討与憲政框架重構」『金融与経済』第 5 期, 32-35 頁
鄒東濤主編（2009）『発展和改革藍皮書　中国経済発展和体制改革報告 No. 2　中国道路与中国模式（1949-2009）』社会科学文献出版社

あとがき

　本書は，2011年度に青山学院大学国際政経学部において「中国経済I」と「中国経済II」を講義したさいの内容を膨らまし，まとめたものである。この講義は，私にとって最後の「中国経済論」となった。というのは，2010年3月に青山学院大学を定年退職し，2年間の非常勤講師も終わり，2012年3月をもって全ての講義を終えることになったからである。振り返ってみれば，私の「中国経済論」講義は，非常勤講師として勤めた1974年の一橋大学経済学部における「東洋経済」論から始まり，1978年に同大学に専任教員として赴任し1990年に東京大学経済学部に移籍するまでの12年間，また東京大学経済学部において「中国経済」を担当してから13年間，そして青山学院大学に移ってから9年間，実に38年の長きにわたって中国経済を論じ，講義してきたことになる。この間，試行錯誤の連続だったといえるが，『中国経済発展論』（有斐閣）を1999年に出版した前後から，開発経済学的視点で中国経済の発展過程を叙述することに決め，その結果が本書に収斂したといえる。その後，ルイス・モデルをはじめ7種の経済開発モデルから現代中国経済を論じた論文（中兼2003）を書き，それが本書のいわば原形となった。とはいえ，巨大で変化の激しい現代中国を捉えることは生やさしいものではなく，本書も結局は「中間製品」にとどまらざるをえない。

　この10年の間，中国経済研究の状況は大きく変化した。とりわけ，中国国内における研究論文の数は爆発的に増え，以前は『経済研究』や『管理世界』など，中国国内における代表的経済誌を数点フォローしておけば中国人による経済研究の動向や水準を大体摑めたのであるが，いまではそれだけでは収まらなくなってきた。中国における大学数，教員数の激増と，雑誌論文点数による成績評価が定着し，すさまじい数の雑誌論文が量産されることになった。ただしありがたいことに，日本よりもはるかに論文の電子化が進み，ほとんど全ての論文が中国語論文データベースであるCNKIに掲載されているために，キー

ワードを入れることで，こうした論文を検索でき，また入手できるようになった。本書で参考にした中国語論文はほとんどがそうしたやり方で閲覧したものだが，実際に使えたのはおそらく読むべき論文のうちのほんの数百分の一に過ぎないだろう。英語論文にかんしては，欧文論文データベース Econlit を利用したが，必要に応じて NBER や世銀のワーキングペーパーを検索した。いずれにせよ，中国経済の重要性の高まりに比例して研究論文の点数は「幾何級数的に（？）」増大し，それをフォローするだけでも大変なエネルギーを要する。本書はできるだけ最新の研究成果を取り入れる努力はしたつもりであるが，文献はあまりにも膨大であり，多くの必読文献を見落としている可能性がある。しかし，本書を1つのきっかけにして，読者1人1人が世界における中国経済研究の大海原に飛び込み，自ら自分の専門ないしは関心領域をサーベイし，より完全な研究紹介をしていただきたいと思う。本書が，少なくとも世界における最新の中国経済研究の一端を知る一助になれば幸いである。

　最後に，中国研究に取り組む姿勢について一言述べておきたい。学術書・研究書ではなく，啓蒙書といわれる中国関係の書物は毎年おそらく数百点は出版されているはずである。その中でとくに目につくのが「中国崩壊論」や「中国自壊論」といった類のジャーナリスティックな本である。たとえば，宮崎正弘『自壊する中国──ネット革命の連鎖』（文芸社，2011年）であるとか，ゴードン・チャン『やがて中国の崩壊がはじまる』（栗原百代・服部清美・渡会圭子訳，草思社，2001年），あるいは少し古くなるが長谷川慶太郎・中嶋嶺雄『解体する中国──ポスト鄧小平のゆくえ』（東洋経済新報社，1992年）といった類いの本である。こうした「中国崩壊論」には共通した特徴が見られる。1つは，中国の負の部分だけを強調していることである。格差拡大，農民暴動，民族紛争，不動産バブル，腐敗の蔓延，等々，中国の抱えるありとあらゆる「危機的状況」が大々的に取り上げられる。そうしなければ話題性や刺激性に乏しくなり，本が売れないからだろう。もう1つは，この点が重要なのであるが，それでは改革開放後30数年にわたってなぜ中国（共産党政権）が存続しえたか，そのメカニズムにかんする冷静で，透徹した分析が何もないことである。第3に，これはあくまでも憶測であるが，こうした論者は期待と現実とを混同

しているのではなかろうか。つまり，こうした本の著者たちは，本音をいえば「中国が早く解体，崩壊，自壊して欲しい，あのような国や政権は歴史の舞台から退いて欲しい」と願っているのではなかろうか。そうした期待が強く作用して，見る眼にある種の歪みをもたらしているように見える。

　私は，かつてある講演の中で「中国＝朝青龍」説を唱えたことがある。すでに引退してしまったこのモンゴル出身の横綱は，白鵬の登場以前は抜群の強さを誇り，数々の記録を打ち立てた。しかしその態度はきわめて傲慢で，その行動は実に粗暴であり，多くの相撲ファンから嫌われていた。力士にとっては絶対的存在のはずの師匠（元大関・朝潮の高砂親方）さえ殴打したことでも知られている。いまの中国には，その態度や行動様式から見てかつての朝青龍を思い起こさせるものが多々ある。しかし相手力士は，「なぜ朝青龍がかくも強いのか，そしてどのように強くなったのか」，好き嫌いは別にして，冷静に，客観的に分析・研究する必要がある。朝青龍を中国に置き換えてみれば，同じことが当てはまる。そうすることによって，中国の強さも，それに弱さも，そしてその歴史や構造もよりよく理解できると思われる。

　どの国であっても盤石な，永久不変の体制などありえない。かつてソ連がアメリカと覇権を争っていたとき，誰がこの国が1991年に解体し，地球上から消滅するなどと考えただろうか。1980年代には「ジャパン・アズ・ナンバーワン」ともてはやされた日本経済が，80年代末のバブルの崩壊とともに「失われた20年」を過ごすとは，多くの人は予測できなかった。またITバブルやリーマン・ショックを経て，アメリカ経済が凋落することを予測した人はほとんどいなかったのではなかろうか。中国の場合，常に「転換期を迎える」とか，「危機を迎える」とかいわれてきた。高成長から安定成長へ，成長重視から調和重視へと政策目標を大きく変更しようとしている今日こそ，また人口ボーナスがなくなりつつあるいまこそ，本当の意味での「岐路に立つ中国」（津上 2011）なのかも知れない。しかし，転換や危機の様相を探ることも重要だが，これまでの長期にわたる成長はどうして生まれたのか，なぜ強固な体制をいままで築くことができたのか，その内的メカニズムを追求し，かつ追究することも大事なことだと私は信じる。

感性は大事であるが，社会「科学」的分析を行う者は決して感性に流されてはいけない。以前，毛沢東時代の中国を賛美し文革にのめり込んだ知識人たちが，日本ばかりでなく欧米にも少なからずいた。彼らの誤りはいわゆる右側の人たちから幾度となく叩かれてきた。しかし今度は全く逆に，中国を毛嫌いし，中国の弱さや欠陥，また邪悪な面だけを強調し，ともすれば冷静な視点を失う論調が出てきた。かつて文革や毛沢東を賛美した人が，改革開放の「成果」にすっかり幻滅して，激烈なる中国批判を展開する場合さえある。しかし，これからはそうした没論理的で感性的な，というよりは感情的な中国認識・理解の愚を犯してはならない。とりわけ，日本人の8割近くが中国に嫌悪感を懐いているといわれる今日，そのことは大事である。序章でも指摘したが，われわれは対象としての中国を見るとき，一度は突き放して見なければならないのである。

　このことは，中国人留学生や研究者に対してもいえる。彼らと接し，議論して驚かされるのは，中国政府や共産党に批判的な人たちも，こと領土や主権問題，「台湾問題」，あるいは少数民族問題になると，途端に熱烈なる「愛国主義者」に変わり，中国政府の弁護人になってしまうことである。これも「統一口径」（尺度や考えを同じにする）のためだろうか。一例として日中間の懸案事項になっている尖閣諸島の領有権問題を取り上げてみよう。もし現行の国際法という「理性」的基準，すなわち，領有権を取得できる「先占」が成立する条件として，発見だけでなく領有意思の有効な表示と実効的占有が必要であるという国際法上の判例や準則に照らして考えれば，1969年に周辺に地下資源が発見されたことで突然領有権を主張し始めた中国政府の主張は合理的だろうか。その主張に無理があることは一目瞭然だと思うが，そうした議論を彼らはしようとしないか，あるいは避けてしまう。そのことを学問的に議論すること自体，どうやらタブーになってしまっているようである[1]。政治信条とは別に社会科学の土俵で勝負するときには，論理的に，または冷静な第3者の目でもって，中国政府による政策とその合理性を論じて欲しいものである[2]。

　最後に，本書の執筆，資料の検索，図表の作成に当たっては，資料や情報の

提供などで以下の方々のご協力をいただいたことを感謝の念を込めて記しておきたい（順不同，敬称略）。袁堂軍（復旦大学），韓朝華（中国社会科学院経済研究所），加藤弘之（神戸大学），大橋英夫（専修大学），唐成（桃山学院大学），田島俊雄（東京大学），中島賢太郎（東北大学），日置史郎（東北大学），川上桃子（アジア経済研究所），武田友加（一橋大学），陳光輝（神戸大学），厳善平（同志社大学），寶劍久俊（アジア経済研究所），伊藤亜聖（東京大学），トーマス・ロースキー（ピッツバーグ大学）。また本書の出版に当たっては名古屋大学出版会の橘宗吾氏のご支援と助言を頂いた。私にとっては橘氏のご援助を仰ぐのはこれで 3 回目であるが，氏の温かい励ましの言葉を受けなければ，本書は，少なくともすぐには日の目を見ることはなかっただろう。さらに本書の校正に当たっては，同出版会の三原大地氏のご協力を受けた。本書が少しでも読みやすくなっているとすれば，それは全て氏の丁寧な文章校正・修正の賜である。

　2012 年 6 月 4 日　天安門事件 23 周年の日に

中兼　和津次

---

1) このことをある国際学生セミナーで中国人留学生に投げかけたところ，「国際法だって人間が作ったものではないですか」と反論されたことがある。つまり，「だからそうした人為的な制度を絶対的基準にするのはおかしい」というのである。そこに中国人の「法」意識の特殊性が表出されていて興味深かった。確かに人間社会の制度，つまり規範やルールは全て人間が作ったものである。しかしそれを守ることによって社会が円滑に機能することを，人間は長い歴史の中で学んできた。
2) もっとも，領土にかんする公式見解を否定したり，あるいは疑問を投げかけた途端に，第 2 の「王千源」になってしまうかも知れない。王千源というアメリカ・デューク大学の中国人女子留学生が，2008 年に大学構内でチベット人と漢族の対話を呼びかけたところ，学内の留学生ばかりか，ネットからも大量のすさまじい罵詈雑言と非難を浴び，彼女の個人情報が漏れて，あるいは漏らされて，山東省の実家の前に汚物が撒かれるなど，両親にも身の危険が及んだという。

図表一覧

図 0-1	経済実績，制度，政策，環境条件 ……………………………………	6
図 0-2	現代中国経済を捉える3つのアプローチ ……………………………	7
図 1-1	現代中国経済発展の初期条件（歴史的遺産）とその推移 ………	34
図 1-2	米の省内地域価格変動係数：浙江，福建，広東，四川，黒竜江，湖北省 ………	38
図 1-3	米の省内平均価格：浙江，福建，広東，四川，黒竜江，湖北省 …………	38
図 2-1	ハロッド＝ドーマー・モデルと経済循環 ……………………………	46
図 2-2	投資率と貯蓄率の動き …………………………………………………	52
図 2-3	フェリトマン＝ドーマー・モデル（マハラノビス・モデル）………	56
図 2-4	国内総生産産業別構成 …………………………………………………	65
図 2-5	工業製品の生産趨勢：自動車，粗鋼，製紙，精糖，布 ……………	68
図 3-1	深圳市における最低賃金の動き ………………………………………	78
図 3-2	ルイス転換点 ……………………………………………………………	80
図 3-3	地域別過剰労働率の推計 ………………………………………………	86
図 3-4	日本における都市農村間所得格差 ……………………………………	87
図 3-5	郷鎮企業モデル（本台・羅モデル）…………………………………	94
図 3-6	ハリス＝トダロ・モデル ………………………………………………	96
図 3-7	中国における都市化の推移（1955-1995年）：韓国との比較 ……	100
図 4-1	中国の貿易依存度の推移 ………………………………………………	105
図 4-2	世界における交易条件の推移：2000-2007年 ………………………	110
図 4-3	中国における交易条件の推移：1980-2006年 ………………………	111
図 4-4	人民元レートの推移：元/ドル ………………………………………	114
図 4-5	経済成長とFDIとの内在的関係 ………………………………………	120
図 4-6	経済成長，貿易，FDIの内在的関係 …………………………………	125
図 5-1	雁行形態的発展（動態的国際分業）モデル …………………………	135
図 5-2	中国製造品輸出の技術集約度 …………………………………………	141
図 5-3	地域格差と生産の多様化 ………………………………………………	148
図 5-4	キャッチアップ型工業化モデル ………………………………………	150
図 6-1	低水準均衡の罠モデル …………………………………………………	154
図 6-2	中国における出生率と死亡率，人口増加率 …………………………	158
図 6-3	人口ボーナス・モデル …………………………………………………	161
図 6-4	人口ボーナスによる経済成長 …………………………………………	162
図 6-5	人口規模と成長 …………………………………………………………	169
図 7-1	中国におけるジニ係数の動き …………………………………………	179

図 7-2	都市農村間格差の推移：1978-2010 年	181
図 7-3	地域間（省間1人当たり所得）格差の動き	187
図 7-4	農村における貧困者比率の推移	189
図 7-5	成長，分配，社会的安定性の関係	197
図 8-1	中国における教育の普及(1)：初等教育の進展	207
図 8-2	中国における教育の普及(2)：高等教育の進展	207
図 9-1	環境汚染の経済学	215
図 10-1	民主化と経済発展	243
図 10-2	独裁—発展モデル	244

表 0-1	中国における開発戦略の変遷	10
表 0-2	現代中国経済政策略史	24-26
表 2-1	成長率と投資率，貯蓄率の相関	48
表 2-2	投資配分率の動き	59
表 2-3	改革開放後の成長会計	63
表 2-4	農業，工業，サービス産業の GDP 成長貢献度	65
表 2-5	ホフマン比率と軽工業・重工業比率	67
表 3-1	日本と中国における家電普及率：都市農村別比較	88
表 4-1	輸出の動態的 RCA（1970-2003 年）	106
表 4-2	加工貿易の推移	117
表 4-3	国有企業，私営企業，外資の経営効率（総資産利潤率）	127
表 5-1	フェイ＝大川＝レニスの局面移行論	134
表 5-2	中国の国際競争力係数の動き	138
表 5-3	OECD と高い輸出相似度を持つ国々	143
表 5-4	アメリカにおけるアジア各国の特許申請数	151
表 6-1	出生別性比	159
表 7-1	相対的貧困率の推移	191
表 8-1	世界における教育の収益率：ミンサー型収益率	204
表 8-2	世界における教育投資の社会的，私的収益率	205
表 9-1	環境改善状況	224
表 9-2	各国の CO_2 排出量の推移	226
表 9-3	各国の1人当たり CO_2 排出量の推移	227
表 10-1	国家・政府の機能	234

人名索引

*あとがき，文献の著者名は省略した。

ア 行

青木昌彦　234
赤松要　129-132, 136, 142, 146, 149
アトゥコラーラ, P.　111
アトキンソン, A.　176
アミティ, M.　140
アムスデン, A.　235, 237, 238
イースタリー, W.　45
池間誠　134
石川滋　37, 57, 58, 253
ヴァーノン, R.　129, 134, 149
宇井純　221
ウィリアムソン, J.　161, 174, 184
ウェード, R.　238
ウェーバー, M.　27, 39-41
王千源　285
大泉啓一郎　166
大川一司　133, 134
大塚啓二郎　77, 255
小沢輝智　134
温家宝　23, 62, 172, 248, 259

カ 行

賈康　257
華国鋒　21, 22, 25
ガーシェンクロン, A.　13, 27-29, 43, 54, 110, 129, 149
解振華　226
岳希明　183
加藤弘之　89, 186, 255, 285
カプリンスキー, R.　113
河地重蔵　6
関志雄　77, 144
カンブール, R.　186
顔鵬飛　256
ギアツ, C.　190
木村福成　147
宮希魁　254
ギラン, R.　82
金日坤　40

クズネッツ, S.　13, 145, 155, 160, 168, 173-176, 179, 184, 211, 217, 220, 249
熊倉正修　140
グリース, T.　186
クルーガー, A. B.　217
クルーグマン, P.　62
クレノウ, P.　146
黒岩郁雄　151
グロスマン, G. M.　217
厳善平　98, 285
ケンドリック, J. W.　61
胡鞍鋼　185
江沢民　8, 263
胡錦涛　8, 23, 25, 62, 172, 248, 259-261, 263
呉軍華　263
ゴードン・チャン　282
小島清　129, 131, 142
小島麗逸　101
駒形哲哉　255

サ 行

サーキン, M.　15, 168
サールウォール, A. P.　3, 4
蔡昉　77, 81, 85, 87, 164
斎藤修　29
サカロポウロス, G.　204
サックス, J.　129
ジェファソン, G.　249, 252
塩野谷裕一　64, 66
シャーマン, F.　20
朱立峰　144
シュルツ, T.　83, 200, 201, 233
朱鎔基　23, 263
周明　90
蒋介石　232, 238, 251
蒋経国　232, 238, 241, 251
ショット, P.　143
ジリス, M.　3, 153, 175
シンガー, H.　13, 110, 115
末廣昭　149, 150, 230
スコット, J.　201

スターン, N.　49
セン, A.　3, 4, 193, 229, 245, 246
曽錚　262
園田茂人　195
園部哲史　255
ソロー, R.　60, 61, 71, 249
孫文　239

タ 行

タヴァーレス, J.　242
田島俊雄　78, 238, 285
チェネリー, H.　15, 46, 60-62, 136, 168
ストラウト, A.　46, 136
チェン・シャオホワ　188
チャン・シアオポー　186
張維為　256
張宇　257
張軍　62
趙紫陽　22, 25
陳永貴　21
陳光輝　186, 285
ツォウ, G.（鄒至庄）　62
丁霞　256
丁学良　256, 257
デミュルジェ, S.　187
寺町信雄　144
鄧小平　8-10, 21-23, 25, 33, 53, 62, 104, 105, 116, 178, 206, 260, 261, 263, 282
トダロ, M.　2, 4, 77, 89, 95-97, 99, 153
ドッブ, M.　70, 233

ナ 行

中嶋嶺雄　282
ヌルクセ, R.　69, 81-83, 200, 233
ノース, D.　27, 30, 31, 42
ノートン, B.　35, 240-242

ハ 行

パーキンス, D.　62
ハーシュマン, A.　69, 185, 186, 188, 211
バーロ, R.　175, 242
馬寅初　24, 170
馬欣欣　184
白南生　78
長谷川慶太郎　282
旗田巍　37
ハンメルズ, D.　146

速水佑次郎　3, 27, 30-33, 42, 175, 251
バラン, P.　57, 70, 233
ハロッド, R.　47, 57
潘維　256
平塚大祐　143, 144
フェイ, J.　13, 76, 81-84, 133, 134
フェリトマン, G.　56
フォン, Y.　242
ブラインダー, A.　198
フランク, A.　105
ブランバーグ, R.　53
フリードマン, M.　101
ブルーム, D.　161
プレビッシュ, R.　13, 109, 110, 115
フロインド, C.　140
ベッカー, G.　13, 200-202
彭徳懐　24
朴正煕　232, 237
ポプキン, S.　201
ホリオカ, C.　54
ホワイト, M. K.　194, 195
ホワン, Y.（黄亜生）　33

マ 行

マイヤー, G.　3, 119, 172
マグレガー, R.　258, 262
マハラノビス, P. C.　56
丸川知雄　254
マルクス, K.　6, 55, 70, 102, 170, 233, 235, 253, 257
マルサス, R.　13, 154, 170
三浦有史　78, 194
南亮進　51, 84, 197
宮崎正弘　282
ミュルダール, G.　233, 245
三輪芳朗　234, 235
ミンサー, J.　202-204, 209
ミント, H.　104
村上泰亮　235-238
村松祐次　36, 37, 39
メイソン, A.　163, 166
毛其琳　183
孟昕　78
毛沢東　2, 8, 9, 12, 19-22, 24-26, 32, 33, 36, 39, 40, 48-52, 54, 57, 58, 62, 64, 66, 67, 90, 92, 100, 101, 104, 105, 107, 113, 118, 140, 142, 145, 170, 177, 178, 186, 189, 191, 205,

人名索引 291

206, 208, 213, 221, 222, 232, 240, 247, 251, 254, 284
毛里和子　7, 232, 239
モジリアーニ, F.　53

ヤ・ラ・ワ行

楊海軍　66
葉普万　90
姚洋　257
ライベンスタイン, H.　13, 154, 155
ラヴァリオン, M.　188, 189
羅忠勇　210
ラデレット, S.　129
ラモ, J.　258
ラル, S.　138, 139, 144
リカード, D.　29
陸学芸　101
李実　178-180

李登輝　232, 241
劉少奇　21, 25
林毅夫　51, 145
林彪　21, 25
ルイス, A.　13, 15, 16, 50, 76, 77, 79-85, 87, 89, 91-97, 99, 164, 167, 174, 200, 249, 281
レドリン, M.　186
レニス, G.　13, 76, 81-84, 133, 134
ロースキー, T.　36, 39, 62, 252, 285
ローゼンスタイン＝ロダン, P. N.　55, 69, 233
ローマー, P.　71
ロストウ, W. W.　45, 50-52, 149
ロドリク, D.　139
渡辺利夫　131, 231, 233
ワッツィアーグ, R.　242
ワハカ, R.　198, 199

事項索引

A-Z

COP（Conference of the Parties） 225, 226
Foxconn Technology（富士康） 126
GATT 113-115
GEM（gender empowerment measure） 184
IMF 8 条国 115
ISIC（国際標準産業分類） 140
UNCTAD（国連貿易開発会議） 109, 122
UNDP（国連開発機構） 193, 246
WTO 10, 23, 25, 103, 113, 115, 116, 140, 238

ア 行

アジア通貨危機 23, 25, 115, 235
アジアのドラマ 245
亜資本主義 33, 36, 233
異端派（heterodoxy） 233
一国二制度 25, 116
一長制 10, 20
イデオロギー 31, 33, 39, 70, 101, 230, 239, 258, 263
移動費用 79, 80, 88, 89
インフォーマル部門 95, 96, 99
ウィリアムソン仮説 173, 184-186
迂回生産 63
温州城 42
沿海地区発展戦略 22
エンゲルの法則 63
エントロピー尺 181, 182
汚染集約度（pollution density） 218
親方赤旗 183

カ 行

外国直接投資（FDI） 13, 30, 72, 103, 107, 112, 118-125, 127, 131, 132, 136, 140, 146, 168, 169, 187, 250
会社化（公司化） 254
開発思潮（development thinking） 233
開発主義（developmentalism） 28, 29, 70, 72, 229-236, 238, 241, 244
開発戦略 7-10, 12, 19, 23, 30, 53, 62, 103-105, 107, 113, 129, 145, 225, 260, 261, 263
開発独裁 14, 16, 145, 229-232, 236, 237, 239-241, 243, 244, 246, 251, 257-259
開発の政治経済学 14, 229
外部経済（external economies） 99
外部不経済（external diseconomies） 99, 214, 216
価格移転（transfer pricing） 112
価格交易条件 109, 112
価格適正化 237
科学的発展観 23, 25, 26, 62, 248, 259, 260
価格反応的（price responsive） 202
家計貯蓄 50, 52-54
加工貿易 103, 108, 116-118, 121, 138, 140, 141
過少雇用（underemployment） 82
過剰就業 82
過剰労働（surplus labor） 76, 86
過剰労働力 33, 77-79, 81-83, 85, 87-89, 91, 93-95, 101, 133, 201, 252
貨殖主義 36
価値観 34, 39-41, 247
価値多元論 247
家電普及 87, 88
過渡期の総路線 19, 24, 26
ガバナンス（統治） 245
下放 25, 100, 208
華北農村慣行調査 37
神との契約 40
為替レート 22, 112, 113, 115, 116, 122
環境クズネッツ曲線（environmental Kuznets curve） 14, 213, 217, 218, 220
環境条件 5, 6, 39, 43, 175, 185, 251
環境保護法 223, 224
環境要因（environmental factors） 5
雁行形態論 13, 15, 129-134, 136, 142, 144, 147-149, 152, 249, 250
慣習的農業 201, 202
官製資本主義 263
漢族化 160

事項索引　293

飢餓　20, 190, 246, 247
企業長単独責任制（一長制）　20
企業貯蓄　50, 53
飢饉　20, 154, 157, 246
技術　4, 27-32, 34-36, 40, 42, 47, 61-63, 71, 72, 75, 93, 99, 100, 110, 112, 113, 116, 119-121, 124, 126, 127, 130, 131, 133, 134, 137-142, 145-152, 163-165, 167, 174, 199, 201, 202, 206, 209, 212, 217, 218, 222, 223, 233, 237, 248, 250, 251, 253, 255, 260, 262
技術高度化指標（sophistication index）　139
技術伝播　71
技術のスピルオーバー　120, 121, 124
奇瑞　152
偽装失業（disguised unemployment）　82
期待賃金率　95-97
技能集約度（skill intensity）　140
逆分解（reverse decomposition）　199
逆U字仮説　13, 173, 175, 176, 179, 211, 219, 249
客観的格差　177, 194
キャッチアップ型工業化モデル　29, 150
キャッチアップ型工業化論　130, 149, 152
教育資本　36
教育の収益率　13, 15, 200, 202-204, 206-212, 249
行会　32
狭義の開発・発展　4, 231
共産主義　10, 20, 33, 50, 93, 102, 239
強蓄積　51
共同体　32, 37, 79, 174
近代的経済成長（modern economic growth）　155
近代部門　51, 79, 80, 84, 86, 89, 92-94, 174
金融抑圧（financial repression）　14, 235
グレンジャーの因果分析　49, 68, 73, 107, 165
グローバリズム　10, 251
グローバル　140, 146, 256
計画からの成長（growing out of the plan）　240
計画経済的　69
経済回復期　19
経路依存性（path dependence）　27, 30, 31
権威主義的政治体制　16, 230-232, 236, 237, 244, 249
限界外部費用　215, 216
限界原理　79, 80

限界資本係数　47-49, 57
限界資本産出高比率（ICOR）　47
研究開発投資　150, 151
健康栄養調査（CNHS）　190
交易条件（terms of trade）　108
交易条件悪化説　13, 103, 111
公害　170, 214, 216, 217, 221-223
広義の開発・発展　4, 11, 244, 246
公共財　227, 228
公私合営化　24
後進性の優位（後発性の利益, advantage of backwardness）　13, 27, 28, 30, 43, 129, 149
後進性の劣位　28
合成の誤謬（fallacy of composition）　113
構造ボーナス（structural bonus）　60
郷鎮企業　33, 35, 77, 92-94, 97, 250, 252, 255, 259
高度化指標（sophistication index）　130
高度大衆消費社会　50
高齢化　54, 153, 156-158, 161, 163-167, 170
国際環境税　228
黒人（黒戸）　160
国進民退　240, 241
国民党　19, 33, 35, 229, 238-242
国有企業　22, 23, 25, 52, 69, 90, 127, 128, 145, 178, 183, 187, 192, 239-242, 251, 252, 254, 255, 262, 263
国有銀行　251, 262
国連人間環境会議　221
五小工業　25
戸籍制度　15, 90-93, 97, 100, 101, 158, 160, 164, 182, 192
国家計画委員会　24, 31
古典的経済自由主義　236, 237
古典派的開発論　235, 245, 253
五反運動　24
戸別請負制　22
個別主義　36
コモンズの悲劇　216
コモンロー（慣習法）　31
雇用構造　63, 65

サ　行

最小臨界努力（minimum critical effort）　155
財政請負制　25
最適汚染水準　215

産業構造　3, 5, 13, 15, 36, 44, 45, 60, 63-69, 111, 131, 187, 222
産業集積（agglomeration）　14, 99, 125, 126, 146, 147, 255, 262
産業政策　67, 69, 70, 235-240
産業の連関度　63, 64
三権分立　244
三線建設　10, 25
三大差別　93
三農問題　92, 259
三反運動　24
三民主義　33, 239
吉利（ジーリー）　152
ジェンダー格差　184
市場拡張的（market-enhancing）　234
市場からの成長（growing out of the market）　241
市場競争　36, 41, 110, 240, 252, 254
市場経済の発達　37
市場原理主義　233, 257
市場創成のダイナミズム　248
市場マインド　253, 254
市場を基礎とした（market-based）経済体制　263
自然資本（環境資本, natural or environmental capital）　214, 216
自然成長率　47
自然大災害　20, 24, 246, 247
持続可能な発展（sustainable development）　26, 213, 260
私的限界費用　214, 215, 223
私的限界便益　215
私的収益率　202, 204, 205, 209
ジニ係数　173, 175, 176, 178-181, 186, 211, 212
資本の生産弾力　60
市民（citizens）　102
社会主義改造　20, 24, 26
社会主義建設の総路線　24
社会主義工業化　10, 26, 29, 55, 64
社会主義市場経済　22, 25, 257
社会的限界費用　214, 216, 217, 223
社会的収益率　202, 204, 205, 209
社会的選好（preference）　41
社会的な共通資本（social overhead capital）　32
社会的な共同行動（collective action）　32

社会的排斥（social exclusion）　91, 92
社会的不安定性　174, 194
社会扶養費　159
社会保障体制　166
社隊企業　93, 250
自由　22, 23, 33, 37, 39, 63, 66, 70, 87, 88, 92, 94, 96, 102-104, 113-116, 126, 193, 200, 213, 216, 223, 230, 238, 242, 245-247, 254, 256, 258
収穫逓増（increasing returns to scale）　30, 236, 238
重工業化　10, 44, 54, 55, 59, 62, 66-68, 90, 145, 186
自由財（free goods）　213, 214
重層的追跡過程　131
従属人口比率（dependency ratio）　162, 164, 165
従属論　105, 108, 119, 200, 253
十大関係論　24
集団所有　93, 94
自由としての開発　193, 229, 245
自由貿易論　103, 104, 115
集約的成長（内包的成長）　61, 164, 167, 244, 260, 262
主観的格差　177, 193, 194
儒教　33, 40, 41
儒教的社会主義　232
儒教文化論　40
儒教論　27, 39
純バーター交易条件（net barter terms of trade）　109
順貿易志向型（pro-trade oriented）　132
商業化点（commercialization point）　81
上山下郷運動　208
初期条件　5-7, 27, 34, 36, 43, 133, 150, 187
食料不足点（shortage point）　81
食糧を要とする政策　64
所得交易条件　109, 112
所得水準の収束仮説　154
自力更生　9, 10, 104, 105, 118, 186
心意　36, 39
新型農村合作医療　166
新型農村社会養老保険　167
人権　247
人口オーナス（demographic onus）　163
人口ダイナミックス（population dynamics）　162, 249

事項索引　295

人口転換 (demographic transition)　13, 153-158, 160, 161, 163, 165, 167-169, 249
人口爆発 (demographic explosion)　156
人口ボーナス (demographic bonus or dividend)　13, 54, 153, 160-167, 169, 170, 249, 283
新古典派成長論　71, 72
新古典派的開発論　233, 235, 237, 245, 253, 254
新左派　126
新人口論　24, 169, 170
人的資源　36, 146, 230
人的資本　13, 35, 36, 121, 147, 187, 192, 200-202, 205, 206, 209, 214, 242, 249, 260
浸透効果 (trickle-down effect)　185
信念　39, 40, 233
人民元　25
人民公社　10, 20, 22, 24, 25, 33, 93, 94, 208, 242, 252
新民主主義　19, 26
人民代表　91
「真理の基準」論　22
進料加工　117
スターリン型開発戦略　8-10, 20, 29, 51, 55, 66
スターリン批判　9
スラム　95, 96, 99, 101
生産財工業　29, 54-56, 58, 64, 66, 67, 69, 75
生存賃金 (subsistence wage)　79, 86
生存賃金率　79, 80
静態的な顕示的比較優位 (static RCA)　106
成長会計 (growth accounting)　60-62, 64, 106, 107
成長会計モデル　44, 60
成長の共有　230, 236
成長の質　69
正統派 (orthodoxy)　233
制度的効率性　47
性比　158, 159
政府　3, 4, 19, 21, 32, 35, 39, 41, 52, 55, 59, 69, 70, 88, 93, 96, 97, 101, 104, 113-115, 122, 131, 146, 157, 167, 178, 185, 188, 193-196, 206, 223, 229, 233-238, 240-242, 245, 247, 251, 253-255, 257, 263, 284
政府の能力　234, 235
西洋の衝撃 (Western impact)　32
世界資本主義システム　200
世界投資報告 (World Investment Report)　122
浙江村　96
絶対的貧困　3, 172, 188-190, 192, 193
尖閣諸島　284
選挙法　91
潜在能力　3, 209, 245, 246
漸進主義　257, 258
銭荘　32
先富論　10, 22, 178, 261
全要素生産性 (TFP)　61-63, 121, 164
総合汚染指数 (pollution index)　220
相対的貧困　188, 190-192
粗放的成長（外延的成長）　61, 62, 244, 261, 262
ソ連一辺倒　10, 19
ソローの残差 (Solow's residual)　61
村落共同体　37

タ 行

第1次産業　63, 65
第2次産業　63-65
第3次産業　63-65, 99
大寨に学ぶ運動　21, 25
大躍進　20, 24, 49, 82, 157, 170, 190, 205
タイル指数　173, 181-183, 198
タイル尺度　176, 180
多重所有制　10, 256
男児選好　158, 159
地域格差　11, 125, 126, 147, 148, 173, 184-188
地球温暖化　213, 225, 227
地方分権化　20, 36, 186
中間技術 (intermediate technology)　93
『中国 2030』　263
中国製新幹線　151
中国総合社会調査 (CGSS)　192
中国モデル（中国模式）　1, 14, 16, 247, 248, 255-258
中所得国　135, 193, 204, 205, 227, 247, 261
中所得（国）の罠 (middle income trap)　248, 261
中ソ対立　9, 10, 24
中ソ友好同盟相互援助条約　19, 24
中ソ論争　20, 24
超越型発展　51, 59
超過出生（超生）　157
超雁行形態　126, 146, 148, 250, 251
調整期　21

貯蓄　41, 44-46, 49-54, 59, 70, 73, 80, 119, 126, 136, 153, 161, 163, 245
貯蓄関数　53
貯蓄率　18, 44-53, 57, 69, 80, 90, 127, 154, 163-165
賃金率　61, 79-81, 84, 85, 87, 89, 95-97, 123, 201
ツーギャップ理論　46
定期市（集市）　32
低水準均衡の罠（low level equilibrium trap）　154, 155
適正技術（appropriate technology）　93, 222, 223
鉄鋼を要とする（以鋼為綱）政策　58
天安門事件　22, 25, 113, 241, 285
転換点　13, 16, 27, 76-81, 84-87, 89, 91-93, 95, 133, 164, 167, 173, 206, 219-221
天職（Beruf）　40
伝統部門　79, 80, 84, 86, 93, 174
党委員会　10, 20, 239
党営企業（事業）　240
投資　4, 13, 22, 26, 32, 35, 41, 45-53, 56-60, 62, 64, 69, 70, 80, 103, 107, 118-124, 131, 132, 136, 140, 146, 154, 161, 163-165, 168, 169, 187, 201-203, 205, 209, 211, 230, 231, 237, 238, 242, 254, 262
投資財工業　29
投資配分率　56-59, 69
党主主義　239
鄧小平型開発戦略　8-10, 53, 104, 105, 179, 263
統制経済　10, 240
動態的国際分業　135
動態的な顕示的比較優位（dynamic RCA）　106
特殊な二重経済　89
特定産業振興政策（ターゲティング）　238
都市化　3, 52, 77, 92, 97-102, 158, 180, 182, 183
都市農村一体化　91, 102, 259, 262
都市農村分断（rural-urban divide）　77, 89
土地改革　19, 24
土地収用　23, 195, 196
特許申請数　151
特区（special economic zones）　25, 35, 116-118, 123
飛び越し型（leap frogging）の発展　132

土法技術　223
取引費用（transaction costs）　30, 216

ナ 行

内生的改革（endogenous reforms）　252
内生的成長（endogenous growth）　45, 71, 154, 250
内部収益率（internal rate of return）　202, 203
南巡講話　9, 22, 25, 206
二重為替レート　25
二重構造モデル　13, 92
二重構造論（dualism）　76
二重レート制　114
二等公民　91
人間開発指数（human development index）　193, 246
人間の安全保障（human security）　245
ネオ・マルクス主義者　200
農業集団化　10, 20, 24, 52
農業を基礎とする政策　24, 64, 100
農村工業化　250
農村社会主義教育運動　21, 24
農田基本建設　82
農民工　76-79, 81, 88-90, 93, 94, 96-98, 112, 177, 178, 183, 184, 192, 194, 199, 210, 211, 252

ハ 行

排除非可能性（non-excludability）　227
排汚費（汚染課徴金）　223
裸足の医者　205
『発展・改革青書』　257
発展なき成長（growth without development）　113, 172
ハリス＝トダロ・モデル　13
ハロッド＝ドーマー・モデル（HDモデル）　13, 16, 44-46, 48, 49, 56, 57, 71, 136, 154, 164
反右派闘争　20, 24
半植民地　35, 36
反都市化政策　100
反貿易志向型（anti-trade oriented）　132
半封建　36
東アジアの奇跡（East Asian miracle）　162, 235
東アジアのルネッサンス　261
東アジアモデル　14, 229, 234, 235, 238
ピグー税（Pigovian tax）　214

事項索引　297

ビッグプッシュ・モデル　45, 69
必要最低生活水準　188
人手論　169, 170
1人っ子政策　54, 155, 157-160, 168, 170
人を基本とする（以人為本）政策　26, 260
ピューリタン　40
標準パターン　13, 15, 59-61, 64, 67, 99, 100, 156, 168, 172, 179, 205, 210, 259
標準分解（standard decompositon）　199
貧困者比率（head count ratio）　188, 189, 191
貧困線（poverty line）　188
貧困の悪循環（罠）（poverty trap）　13, 46, 51, 155
貧困の共有（shared poverty）　190
貧困率　188-192
ヒンズー　41, 43
フェリトマン＝ドーマー・モデル（FDモデル）　13, 16, 29, 44, 54, 56-59
不均整成長論　45, 69
複線型　104
不公平感　173, 193-195
仏教　41
扶養率　162, 164, 165
フラグメンテーション（fragmentation）　14, 138, 146, 147, 251
ブルントラント委員会　213
プレビッシュ＝シンガー命題　103, 108, 111-113
プロダクト・サイクル論　129, 134, 149
『プロテスタンティズムの倫理と資本主義の精神』　40
文化　3, 4-6, 8, 18, 21, 24-26, 31, 34-36, 39-43, 49, 72, 75, 88, 100, 160, 176, 193, 204-206, 208, 222, 259
分極効果（polarization effect）　185
分税制　25
平均原理　79
平均対数偏差（MLD）　181
北京コンセンサス　258
ヘクシャー＝オリーンの定理　29, 129, 134
ペティ＝クラークの法則　13, 15, 45, 63, 64, 99, 249
勉強無用（読書無用）論　208
貿易依存度　105, 106, 121, 145, 168
貿易構造　44, 103, 108, 130, 140, 143, 147
包括的開発（comprehensive development）論　71

法治　11, 259
ボーモル＝オーツ税　216
保護貿易論　103, 104
保証成長率（warranted rate of growth）　47
ホフマン比率　64, 66, 67
ホフマン法則　13, 45, 55, 59, 63, 64, 66, 67, 69
ポリティカル・エコノミー論　201
ボルボ　152

マ 行

マクロ的開発　14, 248
マハラノビス・モデル　16, 44, 54, 56
マルサスの逆説　153, 170
マルサスの罠（Malthusian trap）　11, 153-155, 160, 167, 170, 249
ミクロ的開発　14, 15
「3つの代表」論　25
嬰児殺し（infanticide）　158
水俣病　222
民営化　23, 94, 126, 242, 250, 252-255, 258, 262
民工潮　95
ミンサー型収益率（Mincerian rate of return）　203, 209
民主主義　231, 232, 236, 239, 241-244, 246, 247, 251, 258
民辮教師　205
無制限労働供給　79
毛沢東型開発戦略　8-10, 25, 48, 55, 187
盲流　95, 97
本台・羅モデル　94
モラル・エコノミー論　201

ヤ 行

唯物史観　34, 236
誘発的制度革新（induced innovation）　27, 30, 31, 33, 251, 252
輸出加工区（export processing zones）　105, 116
輸出構造の相似指数（export similarity index）　143
輸出志向型（export-oriented）　104
輸出主導型（export-led）　104, 106, 107, 113, 115
輸出代替（export substitution）　133, 134
輸出ペシミズム　103, 109
輸入代替（import substitution）　104, 108,

109, 133, 134, 142
緩い集権制　　9
要素賦存　　31, 32, 42, 97, 132, 133, 147, 251, 252
幼稚産業　　126
幼稚産業保護論　　238
4つの窓口　　116, 118
4人組事件　　21, 25
予備的貯蓄（precautionary saving）　　54

ラ 行

ライフサイクル　　53, 54
来料加工　　117
リーマンショック　　26, 105
利潤最大化　　16, 254, 255
リプチンスキー定理　　112
離陸（takeoff）　　50, 51
歴史的遺産　　27, 33-36, 41

レニス＝フェイ・モデル　　79, 81, 133
労働移動　　13, 15, 16, 33, 37, 44, 66, 68, 77, 80, 81, 87, 88, 92, 95, 97-99, 211, 249, 252
労働価値説　　64
労働蓄積　　82
労働の限界生産力　　61, 79, 81, 82, 84-86, 89, 174, 201
労働の生産弾力性　　61
労働分配率　　61, 63

ワ 行

和諧経済　　260
和諧社会　　23, 172
ワシントン・コンセンサス　　71, 233, 235, 237, 249, 252, 254, 258
ワハカ＝ブラインダー分解　　183, 184, 198, 199

《著者略歴》

なかがね　かつじ
中兼　和津次

1942年　北海道に生まれる
1964年　東京大学教養学部卒業
　　　　アジア経済研究所調査研究部研究員，一橋大学経済学部教授，東京大学大学院経済学研究科教授，青山学院大学国際政治経済学部教授等を経て
現　在　東京大学名誉教授（経済学博士）
主　著　『体制移行の政治経済学』（名古屋大学出版会，2010年）
　　　　『シリーズ現代中国経済1　経済発展と体制移行』（名古屋大学出版会，2002年）
　　　　『中国経済発展論』（有斐閣，1999年，アジア太平洋賞大賞・国際開発研究大来賞）
　　　　『中国経済論』（東京大学出版会，1992年，大平正芳記念賞）

開発経済学と現代中国

2012年9月30日　初版第1刷発行
2014年8月30日　初版第2刷発行

定価はカバーに表示しています

著　者　中　兼　和津次

発行者　石　井　三　記

発行所　一般財団法人　名古屋大学出版会
〒464-0814　名古屋市千種区不老町1名古屋大学構内
電話(052)781-5027/FAX(052)781-0697

©Katsuji NAKAGANE, 2012　　　　Printed in Japan
印刷・製本　㈱クイックス　　　　ISBN978-4-8158-0710-8
乱丁・落丁はお取替えいたします．

Ⓡ〈日本複製権センター委託出版物〉
本書の全部または一部を無断で複写複製（コピー）することは，著作権法上の例外を除き，禁じられています．本書からの複写を希望される場合は，必ず事前に日本複製権センター（03-3401-2382）の許諾を受けてください．

中兼和津次著
体制移行の政治経済学
―なぜ社会主義国は資本主義に向かって脱走するのか―
A5・354頁
本体3,200円

中兼和津次著
経済発展と体制移行
シリーズ現代中国経済1
四六・264頁
本体2,800円

毛里和子著
現代中国政治［第3版］
―グローバル・パワーの肖像―
A5・404頁
本体2,800円

岡本隆司編
中国経済史
A5・354頁
本体2,700円

加藤弘之著
中国の経済発展と市場化
―改革・開放時代の検証―
A5・338頁
本体5,500円

梶谷 懐著
現代中国の財政金融システム
―グローバル化と中央-地方関係の経済学―
A5・256頁
本体4,800円

城山智子著
大恐慌下の中国
―市場・国家・世界経済―
A5・358頁
本体5,800円

川上桃子著
圧縮された産業発展
―台湾ノートパソコン企業の成長メカニズム―
A5・248頁
本体4,800円

末廣 昭著
キャッチアップ型工業化論
―アジア経済の軌跡と展望―
A5・386頁
本体3,500円